KB079344

전자민주주의 :
새로운 정치패러다임의 모색

Electronic Democracy:
The Search for a New Political Paradigm

Kim, Yong Cheol | Yun, Seongyi

ORUEM Publishing House
Seoul, Korea
2005

전자민주주의 :
새로운 정치패러다임의 모색

김용철 · 윤성이

서 문

　우리는 정보사회로의 진입이라는 일대 변혁을 경험하고 있다. 변화의 이면에는 인터넷으로 통칭되는 새로운 정보통신기술의 등장과 확산이 자리하고 있다. 신속성과 동시성으로 상징되는 "인터넷 시간"(Internet time)은 이미 우리 일상에 깊숙이 침투해 있으며, 자발성과 익명성으로 대변되는 사이버공간이 삶의 공간으로 추가되고 있다. 이메일, 전자상거래, 사이버강의, 인터넷신문, 전자카페가 이제 우리 일상의 한 단면을 구성하고 있다. 정치과정 역시 예외가 아니다. 사이버보좌관, 전자게시판, 인터넷 선거운동, 화상회의, 사이버공동체, 전자투표 등은 이미 우리의 정치생활에 적용되고 있다. '사이버정치'(cyberpolitics)가 우리에게 익숙한 용어가 된 지 오래이다.

　사이버정치란 인터넷의 확산으로 인해 출현하는 새로운 정치현상들을 일컫는다. 그것은 대체로 세 범주로 유형화된다.[1] 첫째, 인트라넷 정치(intranet politics)이다. 이는 가상공간상에 존재하는 집단 및 공동체들 내부에서 발생하는 정치현상을 뜻한다. 사이버공동체의 출현과 소멸, 공동체의 규칙형성과 의사결정, 구성원의 가입과 탈퇴를 둘러싼 정치적 갈

---

1) Michael Margolis and David Resnick, *Political As Usual: The Cyberspace Revolution* (London: Sage Publications, 2000), pp. 8-21.

등과 흥정이 그것이다.

둘째, 가상공간에서의 저작권, 프라이버시, 표현의 자유 등과 같은 공적 이슈와 관련하여 국가나 국제사회가 채택·집행하는 규제현상(politics that affects the net)이다. 인터넷은 새로운 대중적 커뮤니케이션 매체이자, 경제활동의 중요한 수단으로 등장하고 있다. 따라서 국가와 국제사회의 인터넷 정책은 매우 중요한 정치적 영역이 되고 있다.

셋째, 인터넷의 정치적 활용(political use of the net)이다. 이는 시민사회, 정치사회, 국가 등 모든 행위자들이 자신들의 정치적 목적을 성취하기 위해 인터넷을 정치과정에 적절히 활용하는 영역이다. 인터넷의 정치적 활용은 관련행위자들의 이해관계에 직접적으로 영향을 미치며, 이는 다시 행위자들을 갈등과 타협의 장으로 이끈다.

사이버정치의 확산은 우리에게 어떤 의미를 지니는가? 이에 대한 대답은 결코 쉽지 않다. 많은 학자들이 그 질문의 출발점이자 응답의 귀결점으로서 '전자민주주의'(electronic democracy)라는 용어를 인용한다. 기술적 관점에서 전자민주주의란 시민과 지도자 사이에 정치정보 및 의견 교환을 활성화시키기 위해서 인터넷 기술을 이용하는 것을 의미한다.[2] 그러나 내용적으로 전자민주주의가 과연 무엇을 의미하는가에 대해서는 그 견해가 분분하다. 어떤 이들에게는 직접민주주의를 뜻하며, 다른 이들에게는 대의민주주의의 보완을 뜻하기도 한다. 만약 전자민주주의가 직접민주주의를 의미한다면, 그것은 단기적으로 실현 불가능한 얘기이거나 먼 미래의 얘기일 가능성이 높다. 그러나 전자민주주의가 대의민주주의의 보완이라면, 그것은 현재나 가까운 미래의 얘기임에 분명하다. 우리는 전자민주주의를 '대의민주주의의 보완' 혹은 '참여민주주의의 증진'을 통한 민주주의의 질적 향상을 추구하는 좀 더 현실적인 개념으로 접근하고자 한다.

---

2) Christopher F. Arterton, *Teledemocracy: Can Technology Protect Democracy?* (Newbury Park, CA: Sage Publications, 1987), p. 14.

인터넷의 기술적 특성—다량의 정보제공, 쌍방향대화, 신속성, 저비용 등—이 민주주의의 질적 향상을 보장하지는 않는다. 전자민주주의가 민주주의의 질적 향상으로 이어지기 위해서는 기술적, 제도적, 시민적 요건들이 모두 구비되어야만 한다.[3] 인터넷 기술은 그 가운데 하나의 변수에 불과하다. 더욱 무겁고 중요한 변수는 시민적 요건이며 제도적 요건이다. 기술적 요건만을 강조하는 전자민주주의로는 결코 민주주의의 질적 향상을 꾀할 수 없다. 민주주의의 향상은 정치행위자인 우리 인간의 민주적 교양과 시민적 행동에 달려 있다.

이 책의 관심사는 전자민주주의의 가능성과 한계이다. 즉 새로운 정보통신기술인 인터넷이 어떻게 정치과정에 활용될 수 있으며, 인터넷의 정치적 활용이 초래할 긍정적인 측면과 부정적인 측면을 분석한다. 그리고 이를 바탕으로 전자민주주의의 한계를 살펴보고, 민주주의의 질적 향상을 위한 전자민주주의 구현방안과 그 미래를 전망한다.

이 책은 모두 10개의 장으로 구성되어 있다. 제1장 정보사회와 전자민주주의에서는 정보사회의 특징을 설명하고 인터넷의 도입이 정치과정에 미치는 영향에 대해 살펴본다. 기존 학자들의 전자민주주의에 대한 전망과 평가를 낙관론과 비관론으로 정리하여 전자민주주의에 대한 다양한 시각들을 제시한다. 제2장은 정보사회의 정부형태로서 전자정부의 개념과 추진현황을 살펴본다. 전자정부는 단순히 행정의 전산화 혹은 행정조직의 변화만을 의미하지 않는다. 그것은 정부의 개념에 대한 근본적인 변화이며, 따라서 정치적 이슈임을 강조한다.

제3장부터 제6장은 정치사회의 인터넷 활용에 관한 이슈를 다루고 있다. 의정활동, 정당정치, 선거운동, 그리고 투표과정에서 인터넷이 어떻게 활용될 수 있으며, 어떠한 문제점들이 발생할 것인가에 대해 분석하였

---

3) 강상현, "전자민주주의와 시민참여: 사이버스페이스의 참여 민주적 공간화를 위하여," 크리스챤 아카데미 시민사회 정보포럼 (편),『시민이 열어가는 지식정보사회』(서울: 대화출판사, 1999), p. 153.

다. 제7장과 제8장은 시민사회 영역에서의 인터넷 활용 문제를 소개한
다. 제7장에서는 정보통신기술의 발달로 인해 가장 많은 혜택을 받을 것
으로 전망되는 시민운동의 변화 모습에 대해 살펴본다. 제8장에서는 사
이버공동체의 가능성에 대한 다양한 시각을 소개하고 한국과 미국의 사
이버공동체 현황에 대해 살펴본다. 이 책에서는 전자민주주의 구현에 순
기능적 역할을 할 수 있는 사이버공동체 모형을 현실공동체와의 상호보
완적 시각에서 찾고 있다.

제9장에서는 정보불평등, 전자감시와 전제정치, 그리고 숙의민주주의
의 훼손 등 전자민주주의가 직면할 수 있는 문제점과 한계에 대해 분석
한다. 그리고 책의 결론 부분인 제10장에서는 참여민주주의로서의 전자
민주주의의 구현 단계에 대해 설명하고 전자민주주의를 구현하기 위해
요구되는 기술적 요소와 사회제도적 요소들에 대해 살펴본다.

끝으로, 이 책의 출판을 흔쾌히 허락해 주신 부성옥 사장과, 편집을 맡
아주신 최선숙 과장께 감사드린다. 또한 원고 교정을 위해 수고해준 전
남대 정치학과 석사과정 이진영 · 황옥자와 경상대 정치행정학부 최지선
조교에게 고마움을 표한다. 그리고 이 책이 정치학도를 포함한 여러 사
회과학도들에게 사이버정치 및 전자민주주의에 대한 논의와 연구에 조
금이라도 보탬이 되길 바란다.

2005년 2월
김용철 · 윤성이

▌목 차▐

제1장

정보사회와 전자민주주의

1. 정보사회의 특성

인류는 이른바 '제1의 물결'이라 불리는 농업혁명과 '제2의 물결'로 불리는 산업혁명이라는 두 차례의 대변화를 경험하였으며, 현재는 '제3의 물결'로 통칭되는 정보통신혁명을 맞이하고 있다. 인류가 이미 겪은 두 번의 변화는 그 이전과는 전혀 다른, 그리고 그 전 시대의 사람들이 상상할 수도 없었던 새로운 생활방식을 창출해냈다. 현재 우리가 맞이하고 있는 '제3의 물결' 역시 과거와는 전혀 다른 모습의 새로운 삶을 가져다 줄 것이며, 그로 인한 변화는 농업혁명이나 산업혁명보다 훨씬 더 빠른 속도로 우리에게 다가올 것으로 예상된다. 농업혁명이 완성되기까지는 수천 년이 흘렀고, 산업혁명의 완성은 약 300년이 걸렸다. 이에 비해, 정보통신혁명은 불과 수십 년 안에 인류의 일상을 크게 바꿔 놓을 것으로 예측되며, 그 변화의 속도도 더욱 가속화될 것이다.[1]

정보통신혁명의 시초는 마이크로 프로세스와 퍼스널 컴퓨터가 개발·

---

1) 앨빈 토플러, 『제3물결의 정치』(서울: 한국경제신문사, 1995), p. 34.

보급되기 시작한 1970년대로 거슬러 올라갈 수 있으나, 오늘날 우리가 말하는 정보사회는 대체로 1990년대 중반 이후부터 그 모습을 드러내었다. 퍼스널 컴퓨터의 보급과 더불어 인터넷의 확산이 본격적으로 이루어지면서 우리사회는 과거 산업사회와는 전혀 다른 모습으로 변화하기 시작하였다. 인터넷으로 인한 변화는 정치·경제·사회·문화 등 우리 사회 전 부분에 걸쳐 동시에 진행되었으며, 변화의 방향과 그 끝이 어디에 이를지 누구도 예측하기 힘들 정도로 새로운 패러다임의 시대를 맞게 되었다.

인터넷은 1969년 미국 국방성(Department of Defense) 프로젝트의 일환으로 시작되었으며, 최초의 인터넷은 국방성 산하 고등연구프로젝트국(ARPA: The Advanced Research Projects Agency)의 이름을 따서 아르파넷(ARPANET)이라 명명되었다. 1983년부터 정보전달 방식을 현재 사용하는 표준통신규약인 TCP/IP(Transmission Control Protocol/Internet Protocol)를 사용하기로 결정함으로써 상호 호환성을 확대시켰다. 이후 1991년 월드 와이드 웹(World Wide Web)과 이메일의 상용화, 그리고 1993년 웹브라우저 모자익(Mosaic)의 개발을 통해 인터넷은 웹을 중심으로 본격적으로 보급되기 시작하였다.

(1) 산업사회와 정보사회의 차이

21세기는 정보사회 또는 지식사회라 일컬어지고 있다. 정보사회는 흔히 정보가 사회의 기축적인 재화가 되는 사회로 정의된다. 농업사회에서는 풍요한 자연자원이, 그리고 산업사회에서는 공업생산력이 국부의 원천이 되었듯이, 정보사회에서는 지식과 정보자원이 국부의 원천이 된다는 것이다. 이와 같은 시각에서 정보사회를 정의한다면, 정보사회란 '정보와 지식이 사회의 주된 재화 또는 생산요소로 등장하는 사회'라 할 수 있을 것이다. 이제까지는 물질적 재화가 부(富)의 원천이었던데 비해, 이제부터는 지식 및 정보와 같은 정신적 재화가 부의 원천이 되며, 산업사회의 양대 생산요소였던 노동과 자본은 정보사회에 들어서면서 지식에 의해 대체된다는 것이다.

정보화의 진행은 우리 생활 전반에 걸쳐 커다란 변화를 가져오고 있다. 〈표1-1〉에서 보듯이 정보통신기술이 각 분야에 도입됨으로 인해 산업분야뿐만 아니라 정치·행정·사회·경제 등 사회 전 분야에 걸쳐 지속적으로 변화가 발생하고 있다. 나아가 정보화는 우리의 생활양식과 사고체계에까지 영향을 미치고 있다. 예컨대, 행정에 있어 정보화는 전자정

〈표 1-1〉 정보사회의 변화 내용

	긍정적 결과	부정적 결과
정치적 측면	정치참여의 확대 자유의 확대 수직적 위계질서의 해체	'보이지 않는 손'에 의한 통제 프라이버시 침해 정보권력의 강화
사회·문화적 측면	개인적 자율성 신장 사회적 협력의 증대 의사소통기회의 증가 정보의 자유로운 접근 지적 수준의 상승 정보의 보편적 이용	코드화된 인간 개인의 고립화 생활의 탈인간화 정보의 홍수 문화의 향략화 세대/계층간 불평등의 심화
경제적 측면	생산성 향상 노동의 질적 향상 새로운 직업의 창출 창의성·자율성의 중시	노동수용의 감소 탈숙련화 수많은 직업의 소멸 스트레스의 심화
국제관계 측면	지구촌의 상호협력체제 발전도상국의 발전기회 지식정보의 국제적 공유 핵무기 및 재래무기의 감소	정보강대국의 지배 국제적 정보격차의 심화 정보/문화 제국주의 비핵첨단무기체제의 강화

출처: 박형준, 『정보화의 문명사적 의미와 국가전략의 방향』(서울: 박영률출판사, 1996), pp. 30-31에서 재구성.

부의 구현으로 진행되고 있으며, 그 결과는 행정생산성의 향상과 대국민 서비스의 개선으로 나타나고 있다. 각종 행정정보가 전자화되고 관련 부처들이 이를 공유함으로써 행정처리에 걸리던 시간이 과거에 비해 엄청나게 단축되었다. 전자결재시스템의 도입으로 결재에 걸리던 시간이 몇 분의 일로 단축되었으며, 종이문서 중심의 행정처리가 전자적 처리로 전환됨으로써 시간과 비용의 절감을 가져다주고 있다. 경제활동의 양식도 사이버 쇼핑몰을 통한 상품매매가 증가하고 있으며, 기업 간 전자상거래가 일상화되고 있다.

전체적인 사회구조면에서 볼 때, 정보화시대의 사회는 산업화시대에 비하여 다음과 같은 변화를 보이게 된다. 부의 원천이 물질적 자원에서 정보자원으로, 노동은 육체노동에서 지식노동으로, 생산방식은 대량생산에서 다품종 소량생산으로, 조직은 계서적 조직에서 네트워크 조직으로, 권력구조는 중앙집중형에서 분산형으로 전환된다.

이상의 변화 중에서 정치 분야와 직접적으로 관련되는 사항은 조직과 권력구조의 변화로 볼 수 있다. 네트워크 조직과 분산적 권력구조의 발달은 곧 민주주의의 발달을 의미한다. 정보화가 정치영역에 미치는 영향은 긍정적인 측면과 부정적인 측면이 동시에 제시되고 있다. 정보화가 참여의 확대를 가져올 것이라는 견해가 있는가 하면, '보이지 않는 손'에 의한 통제를 가져올 것이라는 부정적 견해도 있다. 권력구조의 면에서도 수직적 위계질서가 해체될 것이라는 것이 일반적인 전망이나, 기존 엘리트 집단들의 정보권력이 더욱 강화될 것이라는 우려도 존재하고 있다.

국제관계의 측면에서도 지식정보의 국제적 소유로 발전도상국들에게 발전의 기회를 제공하고 지구촌 상호협력체제가 만들어질 것이라는 긍정적 전망이 있는 반면, 선진국들의 정보 우위와 독점현상으로 국제적 정보격차는 더욱 심화될 것이며 정보/문화 제국주의 현상이 나타날 것이라는 비관적 전망도 있다.

정보사회가 산업사회와 질적으로 구분되는 새로운 형태의 사회로 간주되는 근거는 대체로 다음의 세 가지 측면에 기인한다.

〈표 1-2〉 일반 재화와 구분되는 정보재의 특징

정보재의 특징	내 용
비소모성	정보는 아무리 사용해도 소모되지 않는다.
비이전성	일단 정보를 소유하면 이를 타인에게 양도하더라도 이전되지 않고 소유주에게 계속 남아있게 된다.
누적효과성	정보는 쌓이면 쌓일수록 그 효과가 누증된다.
비분할성	물질적 재화는 여러 사람들에게 분할되어 소비되지만 정보는 집합되어 있는 그대로 사용된다.
의존가치성	정보는 다른 자원의 응용과 평가에 필요한 것이지 직접적으로 사용되는 것이 아니다.
자기조직성	정보간 융합이 쉽게 일어날 수 있다.
전유불가능성	재산권에 대한 법적 개념이 잘 적용되지 않는다.
저장성	인간의 서비스와 달리 정보서비스는 저장할 수 있다.
무한재생산성	대부분의 정보는 복제를 통해 매우 낮은 가격으로 무한히 재생산 할 수 있다.
무한가치성	하나의 정보가 여러 사람에게 공유됨으로써 총가치가 무한히 증가될 수 있다.
가치의 불확실성	정보가치는 정보에 고유한 것이 아니라 사용자와 사용 목적에 따라 천차만별로 달라진다.

출처: 한국전산원, 『정보사회의 개념정립 및 정보화 추진방안에 관한 연구』(서울: 한국전산원, 1996), p. 49.

첫째, 기축재화의 차이이다. 산업사회에서는 물질적 재화가 중요한 자원이지만, 정보사회에서는 정보재(information good)가 기축재화가 된다. 토지와 노동, 자본과 같은 물직적 재화가 유한한데 반해 지식과 정보, 데이터와 같은 정보재는 무한성을 지닌다.[2] 왜냐하면, 〈표 1-2〉에서 설

---

2) 한국전산원, 『정보사회의 개념정립 및 정보화 추진방안에 관한 연구』(서울: 한국전산원, 1996), p. 79.

명한 대로 정보재는 비소모성 · 비이전성 · 누적효과성 · 비분할성 · 의 존가치성 · 무한재생산성 등의 특징을 지니기 때문이다.

둘째, 정보사회와 산업사회는 과학기술의 내용에 있어서도 뚜렷한 차 이를 보인다. 산업사회 역시 과학기술에 대한 의존도가 높았으나, 산업 사회의 기술은 육체노동의 생산성을 향상시키는 데 주력하였던 반면 정 보사회는 지식노동의 생산성 향상에 초점을 두고 있다. 즉, 과거 산업사 회의 기술이 물리적 노동력을 확장하거나 대체하는 것임에 반해 정보기 술은 정신 노동을 대체 혹은 강화해 주는 것이다. 벨(Daniel Bell)은 물리 적 기술이 물리적 힘이나 숙련 그리고 작업의 반복 등 '육체적' 수준의 인간 능력을 강화한 반면 컴퓨터 프로그램으로 통제되는 새로운 과학기 술은 인간의 '판단' 을 알고리즘(algorism)으로 대체한다고 주장한다.[3]

셋째, 정보사회는 산업사회와는 근본적으로 다른 사회운영의 원리가 지배한다. 토플러(Alvin Toffler)에 따르면 산업사회의 지배원리가 표준 화 · 집중화 · 집권화 · 동시화 · 대형화였다면, 정보사회의 지배원리는 다양화 · 탈대중화 · 분산화 · 분권화 · 소규모화 등으로 완전히 바뀌게 된다.[4] 산업사회의 경제는 대량생산과 대중사회를 만들어냈다. 그러나 지식과 정보에 바탕을 둔 정보사회에서는 더 이상 노동의 양이 상품의 가치를 결정하지 않는다. 대신 정신적 노동의 질이 상품의 가치를 결정 하는 탈대량화와 다양화의 경제로 변모하게 된다.

(2) 정보사회의 특성

앞서 살펴본 바와 같이 정보사회에서는 산업사회와는 전혀 다른 사회 운영원리의 지배를 받게 된다. 정보사회의 주요 특성을 간추려 보면 ① 시간과 공간의 압축, ② 경계의 이완, 그리고 ③ 네트워크화 등을 들 수

---

3) 서규환(역).『정보화사회와 문화의 미래』(서울: 디자인하우스, 1980), p. 60.
4) 한국전산원, 앞의 책, p. 92.

있다.[5] 이를 구체적으로 살펴보면 다음과 같다.

첫째로 시간과 공간의 압축이다. 정보사회에서는 시간적 그리고 공간적 차원에서 거리가 압축된다. 우선 정보사회는 시간의 거리가 소멸되는 '탈역사성의 사회'(post-historic society)이다. 전통사회는 시간이 일정한 면(面)에 갇혀 있는 '면의 사회'라 할 수 있다. 과거에 일어난 일이 현재와 미래에도 계속 반복되는 고정된 시간의 사회이다. 근대 산업사회는 시간이 고정된 것이 아니라 과거로부터 미래로 끊임없이 흐르는 '선(線)의 사회'이다. 과거와 미래는 다른 것이며 사회는 선과 같이 흐르는 시간 축을 따라 계속 변화하고 진보해나간다. 그러나 정보사회로 접어들면서 시간개념은 다시금 바뀌고 있다. 역사가 진보한다거나 과거·현재·미래가 인과관계의 선으로 연결되어 있다는 생각이 더 이상 통용되지 않는 '점(點)의 사회'로 변화하고 있다. 점은 위치일 뿐 거리가 없다. 따라서 미래는 현재의 역사가 진보한 것이 아니라 현재와 무관하게 나타나는 것일 수도 있다. 정보사회에서는 공간적 차원에서도 거리가 압축된다. 산업사회에서 교통수단의 발달이 물리적 거리를 대폭 단축시켰다면, 정보통신기술의 발달은 이보다 훨씬 강력하고 광범위하게 거리를 압축시키고 있다. 컴퓨터 네트워크를 통해 지구 어느 곳의 사람들과도 실시간 접촉이 가능하게 되는 소위 '지구촌 마을'의 실현을 가능케 한다.

둘째, 경계의 이완이다. 산업사회가 기업 간, 사회영역 간, 그리고 국가 간 경계가 비교적 완고한 사회였다면, 정보사회는 이러한 모든 경계가 흐릿해지는 무경계 사회(borderless society or fuzzy society)가 된다. 일차적으로 경계란 물리적 거리에서 생겨나는 것이나, 거리의 소멸과 함께 지리적 경계의 개념이 모호해진다. 과거에는 물리적으로 떨어져 있는 지역 및 국가 사이의 문화와 풍습, 언어와 제도 등은 뚜렷한 차이를 보였으나,

---

5) 위의 책, pp. 94-101에서 재정리.

지식과 정보가 시공간적 한계를 넘어 활발하게 교류되는 정보사회에서
는 지역 간 그리고 국가 간에 존재하는 경계의 폐쇄성이 무너지고 있다.
정보통신 네트워크를 매개로 하여 지식과 정보, 자본과 사람이 지역과
국가 간의 경계를 넘어 자유롭게 이동하게 된다. 정보사회에서는 영역
간의 경계도 모호해지게 된다. 공공부문과 민간부문, 생산자와 소비자의
구분이 모호해질 뿐만 아니라, 정치·경제·문화 등 사회 각 영역의 구
분이 허물어지게 된다. 사회는 한편으로 가속적인 분화를 경험하지만,
그 분화된 실체들은 분리된 것으로 존재하는 것이 아니라 서로 연결되어
네트워크를 이루면서 상호영향을 주고받게 된다.[6]

셋째, 네트워크 사회이다. 산업사회가 단일화·획일화된 수직적 위
계질서(hierarchy)를 기반으로 하고 있는데 비해, 정보사회는 다원화·
수평화된 네트워크에 의해 움직인다. 모든 일들이 단일 시스템 아래에
서 획일적으로 이루어지던 산업사회와 달리, 네트워크 사회에서는 다양
한 독립된 시스템들의 협력에 의해 이루어지게 되고, 여기에서는 각 시
스템들의 협력과 통합을 가져올 수 있는 정보의 흐름이 매우 중요하다.
이는 개개의 정보가 네트워크와 연결되면서 혁신과 상호작용으로 수많
은 기회를 창출하기 때문이다. 다양한 시스템들을 연결하는 네트워크
는 외부성(externality)의 특성을 지닌다.

산업사회에서는 소수가 독점하는 자원일수록 그 가치가 더욱 커지는
희소성의 원칙이 지배하였으나, 정보사회에서는 사용자의 수가 많을수
록 네트워크의 가치가 더욱 커지는 외부경제 효과를 보인다. 즉 전화나
팩시밀리와 같이 소수가 사용할 때는 가치가 제한적이나, 사용자가 늘
어날수록 그리고 다른 사람들과 의사소통 할 수 있는 기회가 늘어날수
록 그 가치는 증가하게 된다. 마이크로소프트사의 윈도우(Windows)도
이와 비슷한 현상으로 성장하였는데, 윈도우 사용자가 늘어나면 늘어날

---

6) 박형준, 『정보화의 문명사적 의미와 국가전략의 방향』(서울: 박영률출판사,
1996), p. 21.

수록 그 가치 또한 빠른 속도로 증가하여 왔다.

2. 인터넷과 새로운 정치과정

인터넷의 등장과 확산은 정치커뮤니케이션의 변화를 초래할 것이다. 그리고 커뮤니케이션 양식의 변화는 정치과정에 있어서 새로운 역학과 행태를 생성해 낼 것이다. 그 변화는 기존의 대의민주주의를 대체하는 직접민주주의의 구현이 아니라, 대의민주주의의 취약점을 보완하는 방향으로 이루어질 것이다.

(1) 정보사회의 정치

정보통신기술의 발달은 행정, 경제, 사회 전반에 걸쳐 패러다임의 전환이라 할 만한 커다란 변화를 가져오고 있다. 행정분야에서는 정보통신기술이 도입됨으로써 업무생산성과 대국민 서비스 향상에 커다란 성과를 거두고 있다. 전자적 문서업무 처리와 전자결재의 도입은 업무처리시간을 대폭 단축시켰으며, 민원업무에 있어서도 원스탑 서비스(one-stop service)가 가능하여 과거처럼 민원서류 발급을 위해 관할 관공서를 몇 번씩 방문하고 오랜 시간을 기다릴 필요가 없어졌다.

전자상거래의 발달로 고객들은 상품을 구매하기 위해 굳이 시간을 내어 백화점을 방문하지 않더라도 가정에서 인터넷을 이용하여 간단히 필요한 물건을 구입할 수 있다. 이러한 전자상거래는 기업의 입장에서도 별도의 대규모 매장이나 판매사원을 유지할 필요가 없기 때문에 상당한 인력과 비용 절감효과를 얻을 수 있다. 또한 기업들은 지식정보관리시스템(Knowledge Management System)을 구축하여 회사 내 지식정보자원을 최대한 공유하고 활용함으로써 기업의 경쟁력 강화에 커다란 성과를 거두고 있다.

이처럼 각 분야에서 정보통신기술은 생산성 향상, 서비스 개선, 경쟁력 강화 등에 크게 기여를 하고 있다. 그러면 정치분야에 있어 정보통신기술의 발달은 어떤 변화를 가져올 것인가? 새로운 정보통신기술이 현대정치가 갖고 있는 정치혐오증, 정치무관심, 탈정치화 현상 등의 문제들을 해결할 수 있을 것인가?

토플러(Alvin Toffler)를 비롯한 미래학자들은 산업혁명이 농업사회를 산업사회로 대체하였듯이 '정보혁명'은 산업사회와는 완전히 구분되는 '정보사회'의 도래를 초래할 것이라고 주장한다. 토플러에 따르면 정보사회에서는 다수결에 기반을 둔 대중민주주의가 아닌 소수세력(minority power)의 다양성이 존중되는 '모자이크 민주주의'(mosaic democracy)가 등장하며, 국가의 중요한 결정을 대표자에 의존하던 대의민주주의 대신 국민 스스로가 대표자가 되고 중요 정책결정에 직접 참여하는 반(半)직접민주주의가 등장할 것이라 한다.[7] 네이스빗(John Naisbitt) 역시 새로운 정보통신기술이 확산됨으로써 과거 시간과 공간의 한계로 인해 대규모 정치체제하에서는 불가능하였던 직접민주주의가 가능해질 것이라고 주장한다.[8] 이들은 전자민주주의를 곧 직접민주주의의 실현으로 본다. 즉 전자투표방식을 이용한 국민재의제(referendum)나 국민투표(plebiscite)가 활성화됨에 따라 국민들은 과거 대표자에게 위임하였던 정책결정권한을 다시 찾아와 자신들과 관련된 주요 이슈에 대해 직접 결정을 내리게 될 것이라고 주장한다.

그러나 정보통신기술을 이용한 직접민주주의 실현에 대해서는 많은 반론이 제기되고 있다. 예컨대, "정보통신기술을 이용한 직접민주주의 구현이 현실적으로 가능할 것인가," 그리고 "만약 가능하다 하더라도 모

---

7) Alvin Toffler and Heidi Toffler, *Creating a New Civilization: The Politics of the Third Wave* (Atlanta: Turner Publishing Inc., 1995).

8) John Naisbit. *Megatrends: Ten New Directions Transforming Our Lives* (Warner Books, 1986).

든 국민이 국가정책결정에 참여하는 것이 과연 바람직할 것인가"에 대해
서는 많은 의문이 제기되고 있다. 아터튼(Christopher Arterton)은 텔레데
모크라시(teledemocracy)가 민주주의를 개선할 수는 있으나 근본적으로
변혁시킬 수 없으며 이상적으로 완성할 수도 없다고 주장한다. 그는 전
자민주주의가 대의민주주의를 대체하기보다는 단지 국민과 정치지도자
사이의 정보와 의사교환의 흐름을 촉진시키는 역할을 할 것이라 주장하
며, 정보통신기술의 발달이 시민들의 정치참여 수준에 근본적인 변화를
가져올 것이라는 주장에 대해서는 회의적인 입장을 보인다.[9]

전자민주주의 예찬론자들은 정보통신기술의 정치적 활용이 시민참여
의 증가와 질적 향상을 꾀하여 그간 '국민 없는 정치'로 비판받아 왔던
대의민주주의의 문제점을 극복하고, 궁극적으로 직접민주주의의 구현을
가능하게 할 것이라고 주장한다. 그러나 과연 정보통신기술의 발달은 현
재의 대의민주주의체제를 직접민주주의체제로 대체할 수 있을 것인가?
또한 모든 국민이 국가의 정책결정에 직접 참여하는 것이 바람직한가?
또한 정보통신기술의 정치적 활용이 민주주의의 질적 향상을 보장하는
것인가? 이처럼 정보통신기술을 이용한 직접민주주의는 기술적 가능성
과 현실적 필요성의 측면에서 실현이 의문시된다. 국가정책결정에 있어
일반국민의 의사를 직접적으로 묻는 전자투표는 아직은 결과조작과 운
영상 오류의 위험을 갖고 있다. 또한 일반 국민들이 국가정책과 관련된
복잡한 사안들을 충분히 이해하여 현명하고 객관적인 판단을 내릴 수 있
는지, 또한 그럴 필요가 있는지도 의문이다. 이러한 측면에서, 정치분야
에 있어 정보통신기술은 기존의 패러다임에서 완전히 벗어난 새로운 방
식의 민주주의를 추구하기보다는 대의민주주의의 한계를 보완하는 수단
으로 활용될 것으로 예상된다. 따라서 향후 예상되는 전자민주주의의 모
습은 정보통신기술을 이용한 직접민주주의의 지향보다는 국가권력에 대

---

9) Christopher Arterton, *Teledemocracy: Can Technology Protect Democracy?*
   (Newbury Park, CA: SAGE Publications, 1987).

〈그림 1-1〉 정보통신기술의 발달과 정치과정의 변화

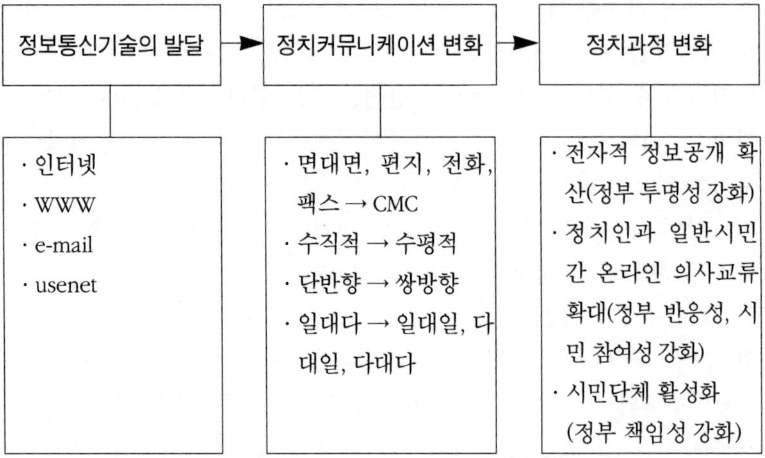

정보통신기술의 발달 ▶	정치커뮤니케이션 변화 ▶	정치과정 변화

· 인터넷
· WWW
· e-mail
· usenet
	· 면대면, 편지, 전화,
	  팩스 → CMC
	· 수직적 → 수평적
	· 단반향 → 쌍방향
	· 일대다 → 일대일, 다
	  대일, 다대다
		· 전자적 정보공개 확
		  산(정부 투명성 강화)
		· 정치인과 일반시민
		  간 온라인 의사교류
		  확대(정부 반응성, 시
		  민 참여성 강화)
		· 시민단체 활성화
		  (정부 책임성 강화)

한 견제와 시민사회 권력 강화에 중점을 둘 것으로 보인다.

정보통신기술을 이용한 국가권력의 견제와 시민권력의 강화는 〈그림 1-1〉에서 보듯이 전자적 정보공개 및 정보공유의 확산, 사이버공간을 이용한 정치인과 시민, 시민과 시민 간 의사교환의 확대, 시민운동단체의 활성화 등을 통해 가능하다. 과거 정부가 독점하던 정보를 인터넷 홈페이지 및 전자메일 등을 통해 공개함으로써 일반 국민들은 정부 활동을 효과적으로 감시하고 견제할 수 있으며, 이러한 활동은 정부의 투명성을 높이게 될 것이다. 또한 새로운 정보통신기술이 갖는 쌍방향성은 일반시민들이 정부 관료나 정치인들에게 국정에 관해 질문하고 답변을 얻을 수 있는 기회를 확대시킬 것이다. 시민운동단체들은 인터넷 홈페이지, 이메일, 그리고 온라인 토론 등을 이용하여 자신들의 이념과 목표를 널리 홍보하고 일반시민들을 효과적으로 조직하고 동원할 수 있게 되어 국가권력에 대한 견제를 강화할 수 있을 것이다.

(2) 커뮤니케이션 양식의 변화

정보사회에 있어 정보가 갖는 의미와 유통양식은 산업사회의 그것과
는 근본적인 차이가 있으며, 이러한 차이가 정치과정의 변화를 촉발하는
동인이 된다. 정보사회의 정의에 대해서는 다양한 견해가 있으나 일반적
으로 '정보와 지식이 사회의 주된 재화 또는 생산요소로 등장하는 사회'
라 정의할 수 있다.[10] 정보사회에서는 생산활동이 물질과 동력을 중심으
로 행해지는 것이 아니라 정보에 의한 생산활동이 주가 된다. 즉 정보사
회에서는 지식이 경제력이나 강제력의 부속물이 아니라, 경제력 및 강제
력의 본질적인 요소로 등장한다.

정보사회에 있어 국가의 일상적인 활동을 결정하는 정책결정권은 정
보에 의해서 결정된다.[11] 즉 고급정보를 보다 많이 소유하는 자가 정책결
정권을 가지게 되며 나아가 국가권력을 소유하게 된다. 또한 이러한 정
보는 앞서 살펴본 바와 같이 노동이나 자본과 같은 일반재화와 달리 비소
모성, 비이전성, 무한재생산성, 무한가치성의 특징을 지닌다. 이러한 정
보재의 특성으로 인해 정보는 노동이나 자본과 같은 일반재화에 비해 소
수가 독점하기 힘들며 보다 많은 사람들이 평등하게 공유할 가능성이 높
다.[12] 정보사회에서 권력의 원천인 정보가 평등하게 공유될 수 있다는 것
은 사회 권력 구조의 민주화에 중요한 영향을 미친다.

독점을 거부하는 정보재의 특징과 함께 컴퓨터 기술을 이용한 새로운
정보 유통방식이 정보의 공유와 확산을 촉진한다. 컴퓨터매개커뮤니케

---

10) 정보화사회의 다양한 정의에 대해서는 소영진, "정보사회의 개념정립을 위한 시
   론," 최성모(편), 『정보사회와 정보화정책』(서울: 나남, 1998)을 참조.
11) Gerald M. Goldhaber, Dennis III, S Harris, Gary Richetto M. and Osmo A.
   Wiio, *Information Strategies: New Pathways to Corporate Power* (Englewood
   Cliffs: Prentice Hall. 1979), p. 8.
12) Harlan Cleveland, "Government is Information (But Not Vice Versa)," *Public
   Administration Review*, 46:6 (1986), p. 605.

이션(CMC: Computer-Mediated-Communication)의 발달은 기존의 정보
유통양식을 완전히 바꾸어 놓았다. 컴퓨터 기술을 이용한 커뮤니케이션
양식은 기존 매체가 지닌 시간과 공간의 한계를 극복하고 대량의 정보를
빠른 시간에 전달하고, 정보전달을 위해 면대면 접촉을 하거나 동일공간
에 모일 필요성을 제거하였다.

　이처럼 시간과 공간의 장애에서 벗어나면서 정보접근 비용과 정보획
득 비용이 획기적으로 감소하게 되고 궁극적으로는 많은 사람들이 적은
비용으로 정보를 공유할 수 있게 되었다. 정보생산자나 보유자가 정보를
사이버 공간에 공개함으로써 정보수요자는 필요한 정보를 거의 비용을
들이지 않고 편리한 시간에 획득할 수 있으며, 이로 인해 개인이 획득할
수 있는 정보의 양은 획기적으로 증대된다.

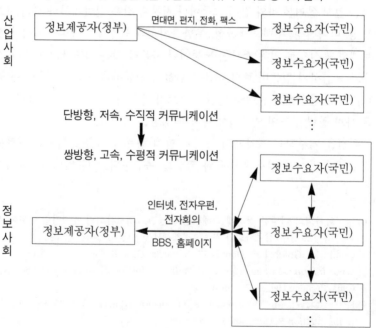

〈그림 1-2〉 정보통신기술의 발달과 커뮤니케이션 양식의 변화

정보의 공유 및 확산에 기여하는 CMC의 중요한 특성 가운데 하나는
협송전달(narrow-casting)이 가능하다는 점이다. 기존의 이질적이며 특
성화되지 않은 대중을 상대로 하였던 방송(broadcasting)이 소수의 동질
적이며 특성화된 계층을 상대로 하는 협송으로 전환됨으로써 필요한 정
보를 필요한 수요자에게만 전달할 수 있게 되었으며, 정보수요자도 자신
이 필요한 정보를 선별적으로 습득할 수 있게 되었다. 이러한 협송기술
은 리스트서버, 유즈넷, 뉴스그룹 등의 운영에 활용되어 비슷한 관심을
가진 개인들이 필요한 정보를 서로 교환하고 관련 주제에 관해 활발하게
토론할 수 있게 하였다.

정치과정에 중대한 영향을 미치는 CMC의 또 다른 특성은 쌍방향 통신
이 가능하다는 점이다. 신문, 라디오, TV 등의 기존 매체가 단방향, 일 대
다수 통신에 의존하는데 반하여 CMC 매체는 쌍방향, 일 대 일, 다수 대
일, 다수 대 다수라는 새로운 통신방식을 가능하게 하였다. 이러한 변화
는 정치영역에서 이전에 '정치적 청중' 혹은 '정치적 수용자' 에 불과했
던 개인들을 '정치적 참여자' 로 바꾸어 놓을 수 있는 가능성을 제공하였
다. CMC를 이용한 쌍방향 통신이 가능해짐에 따라 일반국민들이 직접
정책담당자나 정치인들에게 질문하고 토의할 수 있으며 전자공청회나
사이버토론방 등을 통하여 국가정책에 관하여 서로 협의하고 토론할 수
있게 되었다.

(3) 정보통신기술과 정치과정

정보통신기술의 발달은 정보접근의 확대, 정치인과 일반국민 간의 접
촉 확대, 시민운동단체의 활성화를 가져올 것으로 전망된다. 이는 궁극적
으로 정부의 투명성, 책임성, 반응성을 강화시키고 일반 국민의 정치참여
를 향상시킬 것으로 기대된다. 다시 말하면, 정보통신기술의 발달이 대의
민주주의를 완전히 대체하고 전자투표 등을 이용한 직접민주주의를 구
현하기보다는 대의민주주의의 문제점을 보완하는 방향으로 정치과정의

변화를 가져올 것이다.

1) 정보접근의 확대

과거의 면대면 접촉, 종이문서, 전화, 팩스 등을 이용한 정보유통은 전달할 수 있는 정보의 양과 속도에 한계가 있었으며 대체로 단방향 의사소통이 주를 이루었다. 반면에 정보화시대에는 CMC를 통해 정보생산자와 수요자의 위치에 상관없이 필요한 정보를 필요한 수요자에게 빠른 시간에 적은 비용으로 전달할 수 있게 되었다.[13] 이로 인해 과거에 주요 정보생산자인 정부가 독점하였던 정보를 많은 국민들이 공유할 수 있게 되었다.

정보접근 확대의 핵심은 정부의 투명성 제고와 국민의 알권리 실현에 있다. 정부가 독점적으로 보유하던 정보가 공개됨으로 인해 국민들은 정부활동에 대한 감시와 견제의 수단을 보유하게 되고, 관료와 정치인들은 정책결정과 집행과정에 있어 보다 투명하고 책임 있는 자세를 견지하게 될 것이다. 정보공개는 또한 국민들의 정치참여확대를 위한 준비단계이다. 국가정책에 대한 정확하고 다양한 정보제공은 국민들에게 정치에 대한 관심과 참여 동기를 부여할 것이며, 또한 국민들은 충분한 정보를 가질 때 올바른 정치적 판단을 내릴 수 있기 때문이다.

전자민주주의가 구현되기 위해서는 두 가지 측면의 정보—① 권력 감시에 필요한 정보와, ② 참여의 질을 높이기 위한 정보—에 대한 효율적 접근이 가능하여야 한다. 권력 감시에 필요한 정보의 제공여부는 사실상 권력자의 의지와 그 사회의 전반적인 정보공개 수준에 의해 결정되는 까

---

13) CMC의 특성과 민주주의 발달에 미치는 영향에 대해서는 Robert Gualtier, *Impact of the Emerging Information Society on the Policy Development Process and Democratic Quality* (OECD Publication Services, 1998); 윤성이, "정보기술의 발달이 정부 정책결정과 민주주의 발달에 미치는 영향," 『정보화동향분석』131호 (1999) 등을 참조.

닭에 정보통신기술이 개입할 수 있는 여지는 별로 없다. 권력엘리트들이 자발적으로 자신들의 권력을 감시하고 통제할 수 있는 정보를 사이버공간을 통해 공개할 것으로 기대하는 것은 매우 순진한 생각일 것이다. 낙관론자들의 주장은 인터넷이 정부에 대한 걸러지지 않은 정보의 제공처가 될 것이며, 인터넷의 정보제공 기능은 정부의 권력 남용을 견제할 수 있다는 것이었다. 그러나 권력엘리트들은 자신들의 권력을 위협할 수 있는 정보에 대한 접근을 제한할 것이며, 나아가 새로운 미디어를 자신들의 이익보호를 위해 사용하고자 할 것이다.[14] 따라서 전자민주주의 구현 여부는 단지 사이버 공간만의 문제가 아니라 현실정치의 수준과 밀접히 연관되어 있다고 할 것이다.

현실정치의 수준과 별개로, 정보통신기술의 발달 자체가 기여할 수 있는 부분은 기왕에 공개된 정보를 사이버 공간을 통해 얼마나 효율적으로 전달할 수 있느냐의 대목일 것이다. 즉 정보의 체계적 전달의 문제이다. 인터넷의 등장은 시민들에게 과거처럼 정보부족이 아니라 정보과다의 문제를 초래하고 있다. 정보과다의 문제는 네티즌이 필요하다고 생각하는 정보를 효과적으로 획득하는 데 장애가 된다. 이러한 정보범람의 상황에서는 정보의 체계적인 전달은 매우 중요한 요소로 등장하게 된다.

2) 정치참여의 증대

정보통신기술의 발달이 시민들의 정치참여를 촉진하여 민주주의의 질적 향상에 기여할 것이다. 그러나 시민참여의 형태에 대해서는 ① 전자투표를 통한 직접민주주의 실현과 ② 사이버공간을 이용한 토론기회 및 정보제공 확대라는 두 가지 엇갈린 주장이 존재하고 있다.

---

14) Richard Davis, *The Web of Politics: The Internet's Impact on the American Political System* (New York: Oxford University Press, 1999), pp. 179-182.

직접민주주의 vs 대의민주주의

토플러는 정보통신기술을 이용하여 일반국민의 광범위한 정치참여가
가능하게 되는 21세기는 소수 엘리트에 의한 정치보다는 일반국민이 광
범위하게 정책결정과정에 참여하는 반(半)직접민주주의의 시대가 될 것
이라고 전망한다.[15]

베커(Ted Becker)도 정보통신기술의 발달이 직접민주주의를 구현하
는 데 기여할 것으로 본다. 그는 전자포럼이나 전자공청회를 통한 활발
한 정보의 교환도 가능해 졌지만, 시민 개개인의 의사표시가 최대한 반
영될 수 있는 투표행위가 전자적으로 가능해졌음을 지적한다. 베커는 정
치적 현안에 관해 시민들이 직접 결정할 수 있는 투표권이 민주주의의
핵심임을 전제하면서, 전자민주주의는 책임성과 투표권을 그 핵심적 요
소로 구성해야 한다고 주장한다.[16] 또한 1992년 미국 대통령 선거 후보였
던 로스 퍼로(Ross Perot)는 "전자타운홀"(electronic town halls) 개념을
제시하였다. 전자타운홀은 미리 정해진 정책 대안에 대해 버튼을 눌러
정책에 대한 의견을 표시하는 방식이다.

그러나 아터튼(Christopher Arterton)은 정보통신기술의 발달이 시민
참여의 증가를 가져온다는 주장에 대해 동의하지 않는다. 시민참여가 활
성화된다 하더라도 대의제가 직접민주주의로 대체되는 것이 아니라, 사
이버공간을 이용하여 대의과정이 활성화될 뿐이라고 주장한다. 그는 일
반국민들이 집안에서 정책의 찬반을 결정하는 버튼을 누르고 투표결과
가 전자적으로 순식간에 집계되는 직접민주주의 형태가 아니라, 정책결
정을 둘러싸고 이슈와 대안에 대해 숙의(熟議, deliberation)할 수 있는
다양한 정보와 토론의 기회를 제공하는 것이 전자민주주의의 핵심이라
고 주장한다.[17]

---

15) 앨빈 토플러, 『제3의 물결』(서울: 한국경제신문사, 1989), pp. 517-522.
16) Ted Becker, "Teledemocracy—Gathering Momentum in State and Local Gov-
    ernment," *Spectrum* (Spring 1993).

엘시타인(J.B. Elshitain)도 진정한 민주주의와 국민투표(plebiscite)를 혼돈하여서는 안 되며, 민주주의의 핵심적인 요소는 숙의의 과정을 거친 공공정책의 선택이라고 주장한다. 그는 민주주의 정치과정이 전자적 기술을 사용하여 '버튼누름' 식으로 변화한다면 저급한 민주주의의 도래는 불가피할 것이라 경고한다.[18]

전자투표가 도입된다면 과연 모든 국민들이 자신들과 관련된 정치적 의사결정에 참여할 것이며 또한 이러한 변화는 바람직한가? 올바른 정책적 판단을 내리기 위해 모든 국민들이 국가정책에 관심을 가지고 관련된 자료를 수집하고 그 내용을 정확히 이해하여야 하는데, 이러한 일이 가능한 것인가? 현실적으로 자신들의 생활을 영위해 나가야 하는 일반 시민들이 직업정치인의 역할을 완전히 대체할 수는 없다. 사회가 발달하고 다변화되고 복잡해짐에 따라 개인이 관심을 갖고 참여할 수 있는 분야는 제한되어 있다. 정보사회에서도 일반 국민들은 자신과 관련된 사회문제를 제외한 일반적인 정치상황에 대해서는 여전히 관심이 없을 것이다. 모든 국민들이 모든 정치적 사안에 관심을 갖고 정책결정에 참여할 수는 없으며, 따라서 정보사회에서도 대의민주주의는 불가피할 것으로 보여진다.

대의민주주의의 질적 향상

일반 국민들은 자신들과 관련된 문제에 대한 의사결정에 직접 참여하기를 원하기도 하겠지만 대부분의 문제들에 대해서는 사안을 정확히 이해하는 집단들이 자신들을 대신하여 의사결정을 해주기를 원한다. 따라서 정보통신기술의 발달로 인한 시민참여의 확대는 직접민주주의 실현

17) Christopher Arterton, *Teledemocracy: Can Technology Protect Democracy?*, pp. 14-15.
18) J. B. Elshitain, "Democracy and the QUBE Tube," *The Nation* (August 1987), pp. 108-109.

보다는, 기왕에 정치에 관심을 갖고 있던 시민들의 정보접근 확대와 토론의 활성화 형태로 나타날 것으로 전망된다. 비록 정치참여의 증대는 참여자의 수가 약간 증가하는 정도에 지나지 않지만, 참여의 질이 높아짐으로써 정치체계의 투입(input)은 훨씬 많아지고, 이는 결과적으로 국가권력에 대한 시민권력의 강화를 가져올 것으로 기대된다.

CMC를 이용한 정치참여의 증가, 즉 정치인과 국민의 접촉기회 확대는 크게 정치인의 홈페이지나 이메일을 이용한 대화와 사이버포럼을 통한 정책토론 참여 두 가지로 나눠 볼 수 있다. 우선 정치인들이 자신들의 홈페이지나 이메일을 이용하여 유권자들과 접촉하고 대화하는 방법이다. 이 같은 대화방식은 정치인들의 지역구관리나 선거운동에 커다란 변화를 가져오게 된다. 과거 정치인들은 유권자들과의 대화수단으로 주로 면대면 접촉이나 전화 혹은 편지 등에 의존하였다. 정치인들이 자신들의 정치활동을 알리고 지역구의 여론을 수렴하기 위해서는 직접 지역구를 방문하거나 활동보고서 등을 작성하여 유권자들에게 일일이 우편으로 발송하여야 했다. 이러한 방식은 많은 시간과 인력을 필요로 하여 자연히 고비용 정치를 낳을 수밖에 없었다. 그러나 정보화시대에는 홈페이지나 이메일을 이용하여 자신의 활동내용을 자세히 홍보할 수 있을 뿐만 아니라 유권자들과의 쌍방향대화도 가능하다.

사이버공간을 이용한 정치참여의 또 다른 형태로 사이버포럼을 통한 정책토론이 있다. 사이버공간에서는 다양한 시민집단과 일반시민들이 공공문제에 대해 자유롭게 자신들의 생각을 표명하고 토론할 수 있다. 저렴한 비용으로 빠르고 손쉽게 자신들의 의견을 제시할 수 있으며, 공공문제에 관한 다양한 시각, 해석, 표현 등을 접하게 됨으로써 정치적 흥미를 가질 수 있는 기회를 보다 많이 가질 수 있게 된다.

그러나 과연 사이버공간에서 수준 높은 정치토론 및 숙의가 가능할 것인가? 정치적으로 숙의란 시민들이 공개적으로 공공문제에 대한 아젠다(agenda)를 결정하고 여러 가지 해결방안에 대한 진지하고 이성적인 토론을 거쳐 합의에 도달하는 과정을 말한다. 즉 숙의는 단순히 자신의 입장을 말하는 일방적 발언이 아니며 다양한 관점을 검토하고 공동체를 위한 최선의 대안을 찾아가는 대화이다.[19] 사이버포럼에서 다양한 주제를 다루는 수십만 건의 글이 게시되고 수백만 명이 토론에 참여한다면, 사이버공간에서의 숙의를 통한 여론수렴, 그리고 정책반영은 현실적으로 불가능할 것이다. 이러한 문제를 해결하기 위해 무엇보다 중요한 것은 사이버 공간의 효과적인 토론시스템 구축과 토론을 이끌고 주재하는 사회자의 역할이다. 특히 사회자는 참여자의 주장을 정리·요약하여 토론을 생산적인 방향으로 이끌어 가야 한다. 그리고 생산적 토론에 대한 경험의 축적은 건전한 사이버 토론문화를 구축시킬 것이며, 이는 궁극적으로 수준 높은 정치토론 및 숙의를 가능케 할 것이다. 즉 사이버 포럼을 통해 정책관련 이해당사자들의 다양한 견해와 선호를 청취하고 이들 간의 대화와 토론을 활성화할 수 있다면, 대의민주주의는 그간의 문제점을 극복하고 참여적 민주주의로 나아갈 수 있는 희망을 갖게 될 것이다.

3. 전자민주주의에 대한 전망

과연 인터넷의 확산이 국민들의 실질적 참여를 보장하는 전자민주주의를 가져올 수 있을 것인가? 여기에 대해서는 낙관론과 비관론, 두 가지 상반된 견해가 양립하고 있다.

(1) 낙관적 견해

인터넷의 정치적 역할에 대한 낙관적 견해는 정보통신기술의 발달이 정치커뮤니케이션 양상을 민주적인 방향으로 변화시킬 것이며, 이것이

---

19) 윤영민, "정보공간의 정치: 시민권력의 가능성과 한계," 정보사회학회 창립기념 학술심포지엄, 1999년 4월 9일, pp. 53-54.

정치과정에 새로운 변화를 가져올 것이라는 주장에 근거하고 있다. 구체적으로, CMC의 발달로 인해 과거 국가가 독점하던 정보 가운데 많은 부분이 국민들에게 공개될 것이며, 그 결과 국가의 정보독점권이 상당부분 약화될 것으로 기대한다. 동시에 시민들의 정보에 대한 접근권 확대는 국가정책에 대한 국민의 비판기능을 강화시키고 정부 활동의 투명성을 제고할 것이다. 또한 사이버 공간상에서 일반 국민, 정책담당자, 정치인들 사이의 상호접촉이 증가함으로써 국가정책에 관한 활발한 토론과 폭넓은 여론수렴이 가능해 질 것이다. 요컨대, 정보통신기술 발달은 정보접근의 확대, 정치인과 시민 간의 접촉 확대, 시민사회의 활성화를 촉진시키며, 이는 다시 정부의 투명성·책임성·반응성을 제고시키고 일반 국민의 정치참여를 증대시키는 효과를 가져온다. 그 결과 그간의 대의민주제의 한계를 극복하고 참여민주주의가 실현될 것이라는 것이 낙관론자의 주장이다.

그로스만(Lawrence K. Grossman)은 커뮤니케이션 기술의 변화는 그리스의 고전적 민주주의와 20세기의 대의민주주의 시대에 이어 이른바 '전자민주주의'(electronic democracy)라는 제3의 민주주의 시대를 가져올 것이라 주장한다.[20] 또한 토플러(Alvin Toffler), 네그로폰테(Nicholas Negroponte), 라인골드(Howard Rheingold), 빌 게이츠(Bill Gates) 등 전자민주주의 낙관론자들은 인터넷에의 접속이 평등, 권능, 그리고 안락의 새로운 세계를 만들 것이라고 전망하였다.[21] 민주주의 실현에 있어 인터넷의 긍정적 역할을 강조하는 사이버 낙관주의자(cyberoptimists)들은 인터넷이 "강한 민주주의"[22] 혹은 "마이크로 민주주의의 확산"[23]을 가져

20) Lawrence K. Grossman, *The Electronic Republic: Reshaping Democracy in America* (New York: Viking, 1995).
21) Timothy W. Luke, "The Politics of Digital Inequality: Access, Capability and Distribution in Cyberspace," Chris Toulouse and Timothy W. Luke (ed), *The Politics of Cyberspace* (New York and London: Routledge, 1998), p. 124.
22) Benjamin Barber, "Three Scenarios for the Future of Technology and Strong

올 것이라 보았다. 이들은 또한 인터넷의 정치적 활용이 정부의 책임성 제고, 시민들의 보다 많은 정치관련 정보습득, 개선된 정치토론, 의사결 정에 있어 대중참여 등에 기여할 것으로 보았다.[24] 인터넷이 전혀 새로운 형태의 민주주의를 가져오지는 못하더라도 적어도 민주주의의 "구원자" 가 될 수 있다는 것이 이들의 주장이다. 정치커뮤니케이션을 연구한 웨 스튼(Tracy Westen)은 "정보통신기술이 유권자들로 하여금 더 나은 판 단을 할 수 있는 능력을 부여할 것이며 쌍방향 디지털 커뮤니케이션의 등 장은 현재의 민주주의 제도가 가지고 있는 문제점들을 해결할 수 있는 계 기가 되었다"고 주장한다.[25]

이들은 인터넷의 긍정적 역할로 다음과 같은 점들을 들고 있다.

첫째, 인터넷은 정보제공과 습득의 매체로 활용됨으로써 민주주의 발 전에 기여할 수 있다. 정치관련 정보 측면에서 인터넷은 일반 시민들에 게 보다 많은 정보를 제공할 수 있으며, 또한 인터넷이 갖는 협송 기능은 다른 미디어 매체에 비해 정보수요자의 필요에 부합하는 맞춤형 정보를 제공할 수 있게 한다. 정치 · 정책 · 정부 등에 관한 정보를 시민들에게 제공함으로써 국정 전반에 걸쳐 시민들의 적극적인 역할을 가능하게 하 며, 이는 시민들의 권한을 더욱 강화시켜 "시민에 의한 민주주의 부흥"을 구현시킬 것으로 본다.[26]

둘째, 인터넷은 시민과 정부 사이의 커뮤니케이션 방식을 개선시킬 수

Democracy," *Political Science Quarterly*, 113 (1999).

23) Bruce I. Newman, *The Mass Marketing of Politics: Democracy in an Age of Manufactured Images* (Thousand Oaks, CA: Sage, 1999), p. 124.

24) Barry N. Hague and Brian D. Loader, *Digital Democracy: Discourse and Decision-making in the Information Age* (London: Routledge, 1999), p. 8.

25) Tracy Westen, "Can Technology Save Democracy?" *National Civic Review* (March 1998).

26) Anthony Corrado and Charles Firestone (eds.), *Elections in Cyberspace: Towards a New Era in American Politics* (Washington D.C.: Aspen Institute, 1996), p. 29.

있다.[27] 시민과 정부 간의 상호작용은 이메일, 리스트서버, 채팅룸 등 전자적 커뮤니케이션 형태로 이루어지면서 과거에 비해 공직자와 시민들 간의 효과적인 대화를 가능하게 한다. 또한 인터넷은 시민과 시민 사이의 커뮤니케이션을 활성화함으로써 민주주의의 질적 향상에 기여한다. 전자게시판과 이메일은 시민들이 서로 의견을 교환하고, 주요 이슈에 대해 토론하는 '공론의 장'(public sphere)으로 활용될 수 있다.[28]

셋째, 인터넷기술을 이용한 전자투표는 공공정책 결정에 있어 일반 시민들의 역할과 영향력을 현저히 강화시킴으로써 민주주의 발전에 기여할 수 있다. 시공간적 제약으로 인해 과거에는 불가능하였던 일반 시민들의 정책결정에의 참여 및 의사 표시가 가능해진다.

(2) 비관적 견해

인터넷의 정치적 영향력에 대한 낙관적인 전망에도 불구하고, 일부 학자들은 인터넷의 정치적 역할에 대해 상당히 비관적인 견해를 제시하고 있다. 푸트남(Robert Putnam)은 사회 네트워크(social networks)를 구축하는 데 있어 인터넷 커뮤니케이션이 전통적인 면대면 접촉을 대체할 수 있는 적절한 수단이 되지 못한다고 본다.[29] 새로운 정보통신기술이 디지털 시대에 정의롭고 인간적인 사회를 실현하는 데 심각한 걸림돌로 작용할 것이라는[30] 주장과, 인터넷을 민주주의에 대한 위협으로[31] 인식하는

27) Everett M. Rogers, *Communication Technology: The New Media in Society* (New York: Free Press, 1986), p. 237.
28) Howard Rheingold, *The Virtual Community: Homesteading on the Electronic Frontier* (Reading, MA: Addison-Wesley, 1993).
29) Robert Putnam, *Bowling Alone: The Collapse and Revival of American Community* (New York: Simon & Schuster, 2000).
30) Anthony Wilhelm, *Democracy in the Digital Age: Challenges to Political Life in Cyberspace* (New York: Routledge, 2000), p. 6.

견해도 있다. 데이비스(Richard Davis)는 인터넷이 정치를 혁명적으로
바꾸어 놓지는 못할 것이며 단지 이미 현실사회(off-line)에서 정치적 영
향력을 행사하는 개인과 집단들의 이익에 봉사하는 또 다른 수단에 지나
지 않는다고 보고 있다.[32] 또한 사회경제적 불평등으로 인한 편향된 정치
참여가 인터넷으로 인해 상당히 개선될 것이라고 기대하기는 힘들며,[33]
일반시민들의 새로운 정보접근이 어떤 변화를 가져오기보다는 오히려
과다한 정보에 압도될 것이라는 주장도 있다.[34]

　이들 비관론자들은 다음 세 가지 측면에서 인터넷이 결코 민주주의의
수준을 높이는 데 도움이 되지 않을 것으로 전망한다.

　첫째, 이들 비관론자들은 인터넷의 특성 가운데 하나인 빠른 속도가 정
치참여 확대와 민주주의 발전에 도움이 되지 않는다고 본다. 시민들의
정치참여를 단순히 개인의사의 표현과 의사결정 참여 측면에서만 본다
면 인터넷은 분명히 정치참여의 수준을 높이는 데 긍정적인 역할을 할 수
있다. 인터넷은 빛의 속도만큼이나 빠르게 정보를 전달할 수 있으며, 일
반적으로 이러한 인터넷의 속도는 민주주의 발전에 긍정적 역할을 할 것
으로 기대된다. 이는 민주주의 실현에 있어 가장 중요한 요소는 구성원
들 간의 커뮤니케이션이며 따라서 더 빠른 커뮤니케이션은 더 나은 민주
주의를 가져올 수 있다는 믿음에 근거하고 있다. 그러나 우리가 민주주
의를 이야기할 때 빠뜨릴 수 없는 숙의, 사고, 회의, 대화 등의 요소를 고
려한다면 민주주의는 속도만으로 볼 때 오히려 매우 느린 형태의 통치양

31) Donald Gutstein, E. con: How the Internet Undermines Democracy (Toronto:
　　Stoddart, 1999).
32) Richard Davis, The Web of Politics: The Internet's Impact on the American
　　Political System (New York: Oxford University Press, 1999).
33) Peter Golding, "Information and Communication Technologies and the Sociol-
　　ogy of the Future," Sociology, 34:1 (2000).
34) David Shenk, Data Smog: Surviving the Information Glut (New York: Harper
　　Collins, 1997).

식이다.[35] 독재자의 결심이 곧 법과 같은 효력을 지니는 독재정치에서는 오히려 빠른 의사결정이 가능하다. 그러나 민주주의에서는 서로의 의견을 주장하면서 토론의 과정을 통해 자신의 생각을 바꾸기도 하고 상대편을 설득하기도 하는데, 이러한 과정은 많은 시간을 필요로 한다. 국민투표에 의한 의사결정을 중요시하는 플레비시트 민주주의가 제대로 작동하기 위해서는 의사결정의 속도가 반드시 요구된다. 그러나 참여민주주의의 핵심은 시민들에 의한 숙의, 대중토론, 대중참여에 있으며 이는 매우 느린 과정이다. 대의민주주의의 경우 만약 대의민주주의가 단지 대표자를 선출하는데 중요성이 있다면 인터넷이 갖는 속도는 매우 긍정적인 기여를 할 것이다. 그러나 대의민주주의가 시민의 참여 즉, 시민들에 의한 숙의와 토론의 과정을 거쳐야 하는 것으로 본다면 인터넷이 갖는 속도의 장점은 대의민주주의 발전에 별다른 도움이 되지 못한다.

둘째, 인터넷이 정치참여의 증가를 가져올 것이라는 주장에 대해서는 회의적이다. 인터넷이 정치에 관심이 없는 일반대중들의 정치참여를 자극하지 못 할 것이며 오히려 자신들이 필요한 정보에 쉽게 접근할 수 있는 기회가 제공됨에 따라, 인터넷 사용자들의 관심은 점점 더 비정치적 정보에 집중될 것으로 보인다. 개인들은 인터넷상에서 자신들이 원하는 정보를 원하는 시간에 쉽게 다운로드받을 수 있다. 또한 '즐겨찾기' 와 같이 인터넷상의 모든 정보를 개인의 선호에 따라 맞춤형으로 제공하는 기술의 발달로 인해 개인들은 자신들이 원하는 정보를 제공하는 사이트에 곧바로 접속할 수 있게 되었다. 그 결과 관심 밖의 사이트는 외면하는 경향이 강하다. 이처럼 맞춤형 정보제공기술은 점점 더 많은 네티즌들이 정치적 이슈를 외면하기 쉽게 만들고 있으며, 자신들이 속한 집단의 문제나 이익에 대해 고민하기보다는 개인적인 관심사에만 집중하도록 만

---

35) Benjamin R. Barber, "Which Technology for Which Democracy? Which Democracy for Which Technology?" *International Journal of Communications Law and Policy*, 6 (Winter 2000/2001), p. 4.

들고 있다. 이러한 인터넷상의 정보와 커뮤니케이션의 극단적 분절화
(hyper-segmentation)는 개인을 고립시키고, 참여민주주의와 숙의민주
주의 발전에 필수적인 공공(public)의 요소를 파괴하는 결과를 초래하기
쉽다.[36]

셋째, 인터넷이 참여민주주의 실현을 위한 중요한 전제조건인 공론의
장으로서 기능하기에는 많은 한계를 지니고 있는 것으로 보인다. 공론의
장에서의 토론은 일정 수준의 교육을 받은 공중에 의한 정직한 토론을 전
제로 하고 있다. 전통적 미디어뿐만 아니라 사이버공간에서도 진실과 거
짓 사이의 불명확한 구분은 중대한 정치적 문제를 야기한다. 사이버 공
간에서의 정보에 대한 신뢰가 보장되지 않는다면, 어느 누구의 목소리도
존중받고 정당성을 갖지 못하게 될 것이다. 그러나 인터넷의 빠른 속도
는 거짓된 정보의 확산을 용이하게 만들고, 이로 인해 전자적 공론장의
형성을 더욱 어렵게 하는 결과를 초래하고 있다.[37] 물론 인터넷은 정치토
론의 수단을 제공할 수 있다. 이상적인 측면에서 시민들은 그날의 정치
적 이슈를 토론하는 데 인터넷을 이용할 수 있다. 그러나 그러한 기능은
단지 이상일 뿐 현실화되지 못하고 있다. 인터넷은 시민들이 현실공간에
서 만나 결론에 이를 때까지 토론하고 문제를 해결하는 것과 같은 '사려
깊은 상호작용'을 만들어 내지 못하고 있다. 인터넷의 쌍방향성은 시민
들 간 공동의 관심사에 대한 공동체적 대화를 촉진시키는 기능을 할 것으
로 기대되었다. 그러나 일부 예외적인 경우를 제외하면, 온라인상의 대화
는 대부분 피상적이고 일시적인 것이어서 안정된 정치적 공동체는 아직
까지 이루어지지 않고 있다. 오히려 가볍고 경박한 잡담이 사이버공간을
지배하고 있다. 인터넷이 가지는 빠른 속도, 접근용이성, 익명성 등의 특

---

36) Richard Davis, *The Web of Politics: The Internet's Impact on the American Political System*, pp. 28-29.

37) Beth Simone Noveck, "Paradoxical Partners: Electronic Communication and Electronic Democracy," in Peter Ferdinand (ed.), *The Internet, Democracy and Democratization* (London, Portland, OR: Frank Cass., 2000.), p. 32.

성은 대화를 함에 있어 깊은 생각을 요구하지 않고 잡담을 조장하는 부정적인 결과를 초래하고 있다.

지금까지 새로운 정보통신기술이 정치과정, 특히 민주주의에 미칠 영향을 낙관론과 비관론이라는 두 상반된 시각을 중심으로 살펴보았다. 이와 관련하여 지적되어야 할 사항은 정보통신기술의 발전이 자동적으로 민주주의의 질적 향상(혹은 저하)으로 이어지는 것은 결코 아니라는 점이다.

정보통신기술을 활용하는 주체는 우리이며, 따라서 행위 주체인 우리가 정보통신기술을 어떻게 활용하느냐에 따라 정보통신기술은 민주주의에 긍정적 혹은 부정적 영향을 미친다. 예컨대, 전자게시판이 '공론의 장'으로 활용될 수 있느냐의 여부는 인터넷의 기술적 특성보다는 참여자들의 양식과 교양이 결정적 변수로 작용한다. 상대에 대한 비방과 근거 없는 주장들이 난무하는 곳에서 인터넷은 공공 이익을 논하는 수단이 되기보다는 개인적 욕구를 표출하는 사적인 도구로 사용될 것이다. 반면에, 상대의 생각과 의견을 경청하고 이성적인 의견 교환이 정착된 곳에서 인터넷은 공동의 관심사를 함께 해결하고 풀어나가는 민주적 수단으로 활용될 것이기 때문이다.

제2장

인터넷과 정부

정보사회의 도래는 새로운 패러다임의 정부를 요구하고 있으며, 그 대안으로 전자정부(electronic Government)가 부각되고 있다. 1993년 미국 정부가 최초로 전자정부 비전을 제시한 이래, 인터넷은 정부의 개혁 및 정부-시민사회의 관계 변화를 가능케 하는 중요한 매개체로 널리 인식되기 시작하였다. 이른바 'e-Government'의 구축이 세계 각국의 주요 정책이슈로 등장하기 시작하였고, 이제 전자정부는 21세기 정보사회의 새로운 정부형태로 받아들여지고 있다.

1. 전자정부의 등장 배경

전자정부의 출현은 근본적으로 정보통신기술의 비약적인 발전으로 인한 산업사회(industrial society)에서 정보사회(information society)로의 변화에 기인한다. 정보통신기술의 비약적인 발전은 '정보화 혁명'을 초래하고 있으며, 이는 산업사회의 패러다임의 쇠퇴와 '지식정보사회'라는 새로운 패러다임을 등장시키고 있다. 즉 컴퓨터와 통신기술의 발전이 정보의 처리·축적·전달 능력의 획기적 향상으로 이어지면서, 물질과

에너지보다는 지식과 정보가 부가가치 창출의 근원이 되어가고 있으며, 지리적 공간과 시간에 근거한 조직과 권위의 정당성이 약화되는 대신 사이버 공간에 기초한 행위자 및 거래 행위가 일상화되고 있다. 이에 따라, 1990년대에 들어서면서 기존의 정부가 갖고 있는 비능률성과 무책임성을 보완하고, 정보사회에 걸맞는 새로운 형태의 정부, 이른바 전자정부에 대한 관심이 표출되기 시작하였고, 현재 선진사회들은 전자정부의 구축 및 발전에 국력을 경쟁적으로 투자하고 있다.

이와 더불어, 세계 각국이 전자정부의 절실함을 인식하게 된 배경에는 1970년대 중반 이후 등장한 상호 밀접히 연관된 다음의 몇 가지 현상들이 복합적으로 작용하였다.

첫째, 정부와 정부제도에 대한 국민적 신뢰의 하락에 따른 시장화(marketization) 현상의 등장이다.[1] 제2차 세계대전 이후 정부부문의 지속적 확장에도 불구하고 정부의 비효율성 및 비생산성은 정부에 대한 시민적 불신 및 정부 권위의 약화로 이어졌다. 시장화는 '정부의 실패'에 반응하여 등장한 현상이다. 시장화란 효율성과 비용통제를 위해 사적 영역의 업무처리 방식과 규범이 정부부문에 침투하는 현상을 의미한다. 권위(authority)의 측면에서 볼 때, 국가와 시장의 균형은 깨지기 시작하여, 점차 시장이 국가의 권위를 잠식하는 현상을 의미한다. 이후 정부영역에서 사적영역(private sector)으로의 권위의 이동이 가속화되어 왔다. 이에 따라 정부는 사적영역의 조직적 효율성을 공공부문에 도입하기 시작하였으며, 이는 전자정부 출현의 또 다른 중요한 배경이 되었다.[2]

1) Joseph S. Nye, Jr., "Introduction: The Decline of Confidence in Government," in Joseph S. Nye, Jr., Philip D. Zelikow, and David C. King, eds., *Why People Don't Trust Government* (Cambridge, Masschusetts: Harvard University Press, 1997), pp. 1-18.
2) Joseph S. Nye, Jr., "technology.gov: Information Technology and Democratic Governance," in Elaine Ciylla Kamarck and Joseph S. Nye, Jr., *democracy.com? Governance in a Networked World* (Hollis NH: Hollis Publishing Company,

둘째, 세계화(globalization) 현상의 등장이다. 세계화는 지리적 경계를 초월하여 사람, 상품, 사고의 교류가 그 규모 및 속도에 있어서 급속도로 증가함을 의미한다. 세계화는 국가간의 경쟁뿐만 아니라 모든 행위자들 간의 경쟁을 가속화시키고 있다. 그 대표적 예로 1980년대 이후 이른바 신자유주의 이념과 질서가 세계시장에 급속히 확산되고 있으며, 이는 시장 및 자본의 개방을 통한 행위들의 자유로운 경쟁을 요구하고 있다. 이러한 변화로 인해, 세계시장에서 살아남기 위한 국가경쟁력의 확보가 정부의 중요한 과제로 등장하였으며, 이는 다시 경쟁력 확보를 위한 제도 및 조직의 혁신으로 이어지고 있다. 즉 정부 차원에서 국가경쟁력 확보를 위한 정보인프라의 구축, IT사업의 확대, 행정전산화, 공공행정의 개혁 및 혁신 등은 전자정부 출현의 중요한 배경이 되었다.[3]

셋째, 보편적 가치로서 민주주의의 확산과 강화 현상이다. 1970년대 후반 이후, 제3세계 권위주의사회의 붕괴와 민주화, 그리고 선진민주사회에서 점증하는 정치사회의 부정부패에 대한 시민들의 회의와 비판운동의 활성화는 민주주의 부활이라는 새로운 시대적 조류를 낳았다. 그 결과 정부는 정책결정과정의 개방을 통해 시민사회의 다양한 요구를 수용하고 장려해야 할 시대적 압력에 직면하고 있다. 즉 정책과정의 투명성, 책임성, 그리고 민주화가 시대적 과제로 등장하고 있으며, 이에 따라 각국 정부들은 시민 중심적 행정서비스 조직으로의 개혁 및 전환 압력에 직면하고 있다.

이러한 시대적 변화는 정부에게 새로운 형태의 거버넌스(governance)를 요구하고 있다.[4] 구체적으로, 세계화는 국경을 초월하는 상호의존

1999), pp. 6-8.
3) 명승환, "미래 전자정부의 방향에 관한 연구: 이론적 배경과 사이버 거버넌스와의 관계를 중심으로,"『지방정부연구』5:2 (2001년 여름), p. 245.
4) Jeffrey Roy, "E-Government: Enabling & Empowering Tomorrow's Public Service," A paper submitted to Privy Council Office, Government of Canada on January 31, 2001.

(interdependence) 및 치열한 생존경쟁 현상을 초래하고 있다. 즉 세계
화로 인해, 지리적 공간에 의해 엄격하게 적용되던 정체성(identity) 및
공동체(community) 개념이 희미해지고 있으며, 동시에 모든 경제 행위
자들은 세계시장에서의 치열한 경쟁을 경험하고 있다. 정보화는 신속성
과 동시적 반응으로 상징되는 이른바 '인터넷 시간' (Internet time)을 일
상화하고 있으며, 이는 정보와 교육의 급속한 보급으로 이어져 정부에
대한 일반인들의 수동적 태도를 능동적 태도로 변화시키고 있다. 이와
더불어 민주화 및 지방화는 정책과정의 투명성 및 효율성을 요구하고 있
다. 또한 시장화는 자본의 이동을 용이하게 하여, 정부의 통화정책을 비
롯한 경제정책에 대한 통제력을 현저히 약화시키는 방향으로 작동하고
있다. 이 모든 변화들은 정부의 중앙집권적 권위의 부식을 촉진시키고
있다. 요컨대, 시대적 상황의 변화는 새로운 모습의 정부형태를 요구하
고 있는 것이다.

　이러한 배경하에서, 전자정부의 필요성을 가장 먼저 인식한 나라는 미
국이다. 1993년 출범한 클린턴 행정부는 "국민의 삶의 질을 향상시키고,
경제에 활력을 불어넣는 데 정보기술을 활용"할 것임을 발표하면서, 전
자정부 구현을 위한 작업에 착수하였다.[5] 즉 전자정부 구현을 통하여 정
부조직의 비효율성의 극복 및 국가경쟁력의 제고는 물론, 정부와 시민
사이의 의사소통을 보다 용이하고 신속하게 만들어 궁극적으로 고객지
향적 정부를 실현한다는 것이다. 미국의 전자정부 구축을 위한 정책이
발표되자, 영국 및 네덜란드 등의 서구유럽국가들을 비롯한 싱가포르, 일
본, 호주, 그리고 한국 등 세계 여러 나라들이 경쟁적으로 전자정부 구축
을 위한 작업에 착수하기 시작하였다.

---

5) Office of the Vice President, *Reengineering Government Through IT* (Govern-
　　ment Printing Office, Washington, D.C., 1993).

2. 전자정부의 개념

전자정부는 단순히 행정업무의 전산화(computerization)를 의미하는 것이 아니다. 전자정부는 정보사회에 걸맞는 새로운 형태의 정부를 뜻한다. 즉 전자정부는 정보사회가 추구하는 새로운 형태의 정부이다. 산업시대와는 달리, 정보사회에서는 시간과 공간의 중요성이 줄어들고, 세계화가 급격히 이루어지며, 지식과 정보의 수명이 현저히 단축되고, 인터넷과 같은 정보통신망이 사회를 이끌어 간다.

전자정부란 정보통신기술을 활용하여 행정활동의 모든 과정을 혁신함으로써 정부의 업무처리가 효율적이고 생산적으로 개선되고, 정부의 고객인 국민과 기업에 대하여 질 높은 행정서비스를 제공하며, 민주주의의 질적 고양을 실현하는 정보사회형 정부 형태이다.[6] 따라서 전자정부는 정보통신기술에 의해 창출되는 사이버 공간상에 수립되는 정부이며, 전자정부에서는 사람 간의 접촉이 사이버 공간에서 이루어진다. 사이버 공간의 가장 큰 특징은 사람 간의 관계가 시간과 공간의 경계를 초월하여 형성될 수 있다는 점이다. 즉 사람들은 시공간적 제약에서 벗어나 행정업무를 볼 수 있으며, 정책과정에 참여할 수 있다. 이런 특징을 이용하여, 전자정부는 행정업무의 효율성, 행정과정의 투명성, 정책과정의 민주성을 추구하는 정부이다.

구체적으로, 전자정부가 추구하는 비전(vision)은 대체로 다음과 같이 정리할 수 있다. 첫째, 정부의 기능을 사이버 공간에서 수행함으로써 행정서비스의 효율성을 높이고, 행정부처 간 그리고 정부와 고객 간의 거래 비용을 낮춤으로써, 국민들에게 질 높은 서비스를 제공한다. 둘째, 전자정부는 데이터와 정보를 수집·창조·통합하고 이를 공개·공유함으로

---

6) 황성돈·정충식, 『전자정부의 이해』(서울: 다산출판사, 2002), p. 17; Costis Toregas, "The Politics of E-Gov: The Upcoming Struggle for Redefining Civic Engagement," *National Civic Review* 90:3 (Fall 2001), pp. 235-240.

써, 궁극적으로 정책결정과정의 투명성과 책임성을 제고한다. 셋째, 전
자정부는 전자적 채널을 정치과정에 적용함으로써, 시민들의 정책결정
과정에의 직접적 참여를 장려하고 그들의 다양한 요구를 수용하는 참여
민주주의를 실현한다.

이러한 전자정부의 영역은 대체로 다음의 세 가지 부문으로 구성된
다.[7] 첫째, 정부-시민 간 영역(G2C, Government to Citizens)의 전자정부
이다. 이는 정부와 개인 간의 전자매체를 통한 거래를 지칭하는 것으로,
정부가 국민에게 양질의 서비스를 제공하고 나아가 국민의 정책참여와
정부에 대한 만족도를 제고시키는 데 그 목적이 있다. 행정 일선기관에
서 수행하는 대부분의 민원서비스가 G2C의 영역에 해당하는데, 온라인
을 통한 민원안내, 각종 증명서의 발급, 세금 및 벌금의 부과 및 납부, 정
부 및 공공기관의 정책정보제공, 민원서비스에 있어서 시민의견 반영 등
이 이에 해당한다.

둘째, 정부-기업 간 영역(G2B, Government to Business)의 전자정부
이다. 이는 정부와 기업 간 전자매체를 통한 거래를 지칭한다. 기업에게
유리한 경제활동 환경을 조성하고, 기업과 정부의 관계를 더욱 투명하고
효율적인 관계로 발전시키기 위한 영역이다. 예컨대, 온라인을 통해 각
종 사업면허 및 증명의 발급, 정부의 정책 및 사업정보의 제공, 정부의 조
달사업, 그리고 정부와 기업 간 파트너십의 구축 등이 G2B의 영역에 속
한다.

---

7) 위와 같은 전자정부의 구성영역에 대한 분류는 다음을 참조. G. Matthew Bon-
ham, Jeffrey W. Seifert, and Stuart J. Thorson, "The Transformational Potential
of e-Government: The Role of Political Leadership," http://www.maxwell.syr.
edu/maxpages/faculty/gmbonham/ecpr.htm (검색일: 2002년 1월 17일). Dou-
glas Holmes는 G2G, G2B, G2C라는 용어 대신에 A to A(administration to
administration), A to B(administration to business), A to C(administration to cit-
izen)로 표현한다. Douglas Holmes, *eGov: eBusiness Strategies for Government*
(London: Nicholas Brealey Publishing, 2002), pp. 5-6.

셋째, 정부간 영역(G2G, Government to Government)의 전자정부이다. 이는 행정의 효율성 제고를 위해, 전자정부 기반의 구축 및 지속적 발전, 나아가 행정조직 자체의 변화를 추구하는 영역이다. 예컨대, 국민과 기업에 대한 서비스를 개선하기 위해서는 정부 부처별로 각각 분리되어 존재해 왔던 서비스와 정보의 공유 및 통합, 지방정부와 중앙정부의 통합 전산환경의 구축, 공무원들의 정보통신기술에 대한 전문지식의 습득과 이해 등이 이에 해당한다.

이렇게 볼 때, 향후 성숙된 전자정부의 모습은 다음과 같은 점에서 산업사회의 정부와 차별성을 지닐 것으로 예측되고 있다(표 2-1 참조). 첫째, 전자정부는 행정업무 처리에 있어서 시간과 공간의 제약을 상대적으로 적게 받는다. 산업사회 정부하에서 시민들은 행정서비스를 받기 위해

〈표 2-1〉 산업사회의 정부 대 전자정부의 비교

	산업사회의 정부	전자정부
시간과 공간	시간과 공간의 제약으로, 고객이 관련 행정기관을 찾아다녀야만 서비스를 받을 수 있는 행정(면대면 접촉이 필수).	시간과 공간에 구애받지 않고, 대부분의 정부서비스를 제공받을 수 있는 행정(면대면 접촉이 불필요).
행정과정	불투명하고 예측하기 어려운 행정, 상당한 시간을 요하는 수작업을 통한 문서처리, 관료들의 명시적 통제 및 승인.	투명하고 예측 가능한 행정, 전자적 문서처리, 관료들의 간접적 통제와 승인.
행정서비스	관료중심적 행정(복잡하고 번거로운 다단계 행정절차를 거치는 관료 통제적 대민서비스 체계).	고객중심적 행정(간편한 행정절차 및 신속한 대민서비스 체계).
정부조직	영역화, 수직화로 인한 부처간의 정보공유 및 서비스체계의 통합이 곤란.	탈영역화, 수평화로 부처간의 정보공유 및 대민 서비스 협력체제가 가능.

관련 행정부처를 직접 찾아가야 했지만, 전자정부하에서는 행정부처를 직접 방문할 필요성이 점차 사라지게 된다. 이는 대부분의 행정서비스가 사이버 공간에서 처리 가능하기 때문이다.

둘째, 전자정부의 행정과정은 사이버 공간상에서 전자적으로 처리되기 때문에 투명성 및 예측가능성이 높아지게 된다. 다시 말해, 기존의 행정과정은 면대면 접촉을 전제하고 있으며 관료들의 명시적 통제와 승인을 특징으로 한다. 따라서 인간적 오류 및 반칙이 존재할 가능성이 높다. 이에 비해, 전자정부의 행정과정은 면대면 접촉이 불필요하며 관료들의 직접적 통제와 간섭은 배제되는 까닭에, 행정과정에서의 인간적 오류나 반칙으로 인한 편법 혹은 불법적인 업무처리의 가능성이 줄어들어 행정처리의 예측가능성이 향상되게 된다.

셋째, 전자정부의 행정서비스는 기본적으로 봉사를 최우선시하는 고객 중심적인 정부이다. 기존의 복잡한 절차 및 과정은 단순화되고, 관료주의적 병폐는 점차 사라지게 된다. 또한 고객은 정부조직 및 관할 업무에 대한 지식이 없어도 행정서비스를 받을 수 있게 된다. 그 결과, 공공서비스 업무는 관료 중심적 행정에서 고객 중심적 행정으로 변화하게 된다.

넷째, 고객들의 요구에 대하여 효율적인 방법으로 부응하기 위해 전자정부의 행정조직은 탈영역화(deterritorialization)와 수평화(horizontalization)가 불가피하게 된다. 기존의 중앙집권화된 행정구조로써는 다원화되고 있는 시민들의 요구를 충족할 수 없게 된다. 따라서 위계적이고 선형적(linear)인 행정조직보다는 시민들의 참여와 요구에 보다 유연하고 민감하게 반응할 수 있는 수평적이며 나선형(circular)적 행정조직으로 변화하게 된다.[8]

8) Paul Frissen, "The Virtual State: Postmodernization, Informatisation and Public Administration," in Brian D. Loader, ed., *The Governance of Cyberspace* (New York: Routledge, 1997), pp. 111-125.

3. 전자정부의 발전단계

전자정부의 발전단계는 학자나 연구기관에 따라서 다양하게 논의되고 있다. 이는 진화론적 관점에서의 논의들로, 크게 두 가지로 분류될 수 있다. 하나는 서비스제공의 내용과 관련된 분류이고, 다른 하나는 서비스제공의 수단과 관련된 분류이다.

(1) 온라인 서비스 수준에 따른 발전론

전자정부의 발전단계론은 학자나 연구기관에 따라 다양하게 제시되고 있다.[9] 이러한 논의를 기반으로 정부는 전자정부의 구축을 위한 로드맵(roadmap)과 전략을 수립하고, 전자정부의 진척도를 측정 · 검토하며, 다른 나라와의 비교 · 분석을 통한 벤치마킹(benchmarking) 분야를 발굴하는 데 활용되고 있다.

유엔 공공경제행정단(UN Division for Public Economics & Public Administration)과 미국행정학회(American Society for Publics Administration)의 분류에 의하면, 전자정부는 대체적으로 다음의 몇 단계를 거쳐

---

9) 세계적인 정보처리 및 조사 · 자문기관인 가트너 그룹(Gartner Group)이 2000년 11월 발표한 보고서에 의하면, 전자정부의 구현은 정보제공단계, 상호작용단계, 전자거래단계, 전환단계 등의 진화론적 발전단계를 거칠 것으로 본다. Gartner Group, "Gartner's Four Phases of E-Government Model," *Research Note*, 21 (November, 2000). 가트너 그룹의 분류와 거의 같은 시기에 발표된 카렌 라인과 이정우의 모델 역시 전자정부의 구현과정을 4단계(단순정보제공, 전자거래, 업무의 수직적 통합, 업무의 수평적 통합)로 분류하고 있다. Karen Layne and Jung-woo Lee, "Developing fully Functional E-government: A Four Stage Model," *Government Information Quarterly* 18 (Summer 2001), pp. 122-136. 이에 비해, 실콕은 전자정부로의 발전 단계를 6단계―정보의 생산과 배포, 공식적 쌍방향 업무처리, 다목적 포털, 맞춤 포털, 통합과 전환―로 분류하고 있다. Rachel Silcock, "What is e-government?" *Parliamentary Affairs* 54:1 (January 2001), pp. 88-101.

구현될 것으로 본다.[10] 첫째, 출현 단계(emerging presence) 이다. 이는 여러 정부부처 가운데 극히 제한된 숫자의 기관이 자신의 공식 웹사이트를 설치하여 실험적으로 운영하는 단계이다. 웹사이트는 주로 부처의 조직, 전화번호, 위치, 담당업무 등에 관한 정적인 정보(static information)를 주로 제공한다. 따라서 웹사이트의 업데이트가 자주 이루어지지 않아도 되는 경우가 대부분이다.

둘째, 발전단계(enhanced presence)이다. 정부부처들 가운데 자신의 공식 웹사이트를 설치·운영하는 기관들이 증가하기 시작하는 단계이다. 웹사이트의 컨텐츠는 정적인 정보에서 보다 동적이고 전문화된 정보(dynamic and specialized information)로 구성되기 시작하며, 따라서 웹사이트이 내용은 자주 업데이트된다. 또한 타 부처의 웹사이트와의 링크가 제공되며, 검색 및 이메일 기능이 부여된다.

셋째, 상호작용단계(interactive presence)이다. 이 단계에 들어서면, 대부분의 정부기관들이 자신의 웹사이트를 보유한다. 그리고 데이터베이스 검색능력과 정부의 각종 서식들(예: 신청서)의 다운로드(download) 및 제출능력을 지니게 되며, 컨텐츠와 정보는 정기적으로 업데이트된다. 또한 행정부처와 시민 간의 온라인 쌍방향대화가 가능한 이메일 및 토론광장과 같은 커뮤니케이션 메뉴가 제공되어, 대민 행정서비스의 제공은 물론이고 사이버 공간상에서 시민들의 정부정책과정에의 참여가 가능한 단계이다.

넷째, 전자거래단계(transactional presence)이다. 이 단계는 시민들이 행정서비스를 받기 위해 관련 행정기관에 갈 필요가 없으며, 또한 시간에 구애받지 않고 행정서비스를 받을 수 있게 된다. 즉 시민들은 온라인상에서 대부분의 행정서비스(예: 패스포트 신청 및 획득, 출생 및 사망 신

10) UNDPEPA and ASPA, *Benchmarking E-government: A Global Perspective*, http://www.unpan.org/e-government/Benchmarking%20E-gov%202001.pdf (검색일: 2002년 4월 20일).

고, 허가 및 면허의 획득, 자동차등록, 각종 벌금 및 세금 지불 등)를 받을
수 있게 된다. 이러한 온라인 거래는 디지털서명 혹은 암호를 이용함으
로써 기술적으로 상당한 수준의 보안이 보장된다.

다섯째, 유기적 통합단계(seamless or fully integrated)이다. 사이버공
간에서 부처 간의 경계가 완전히 없어져, 시민들은 어느 때고 정부로부터
원스톱 서비스를 받을 수 있다. 거래단계가 기존 행정과정의 자동화 혹
은 디지털화에 초점을 맞추고 있다면, 통합단계는 정부 자체의 변화에 초
점을 맞춘다. 온라인 거래를 통한 행정서비스가 일반화되어 성숙단계에
들어서면서, 시민들은 더욱 효율적이며 편리한 행정서비스를 요구하게
된다. 문제는 정부의 행정서비스 시스템이 기능 및 수준별로 그 업무가
분산되어 있는 관계로, 대민 행정서비스의 질적 향상을 가로막고 있다는
점이다. 따라서 전자정부의 이점을 최대한 활용하기 위해서는 행정업무
의 수직적 그리고 수평적 통합이 필요하게 된다.[11] 수직적 통합은 동종의
행정업무를 다루는 중앙정부와 지방정부 및 지방정부와 지방정부를 서
로 연계시켜 서로간의 데이터를 공유하고 커뮤니케이션을 원활하게 하
여 동종의 업무에 대한 대민 행정서비스를 향상시키는 것을 의미한다.
이에 비해, 수평적 통합은 이종의 업무에 대해서도 보다 나은 행정서비스
를 제공하기 위한 것으로, 행정부처 간의 경계를 초월하여 대민 서비스
업무의 협력체제를 구축함을 의미한다.

UNDPEPA와 ASPA가 작성한 공동 조사보고서에 의하면, 2001년 말 현
재 유엔회원국 190개국 가운데 88.9%인 169개국이 공식 정부웹사이트를
설치·운영하는 것으로 조사되었다.[12] 그리고 169개 국가들 가운데 ①

11) Karen Layne and Jungwoo Lee, "Developing fully Functional E-government: A
Four Stage Model," *Government Information Quarterly* 18 (Summer 2001), pp.
129-134.
12) UNPEPA and ASPA, *Benchmarking E-government: A Global Perspective*,
(2002), http://www.unpan.org/e-government/Benchmarking%20E-gov%202001.
pdf (검색일: 2002년 6월 3일).

출현단계에 있는 국가가 32개국, ② 발전단계에 있는 국가가 65개국, ③ 상호작용단계의 국가는 55개국, ④ 거래단계의 국가는 17개국, 그리고 ⑤ 유기적 결합단계에 있는 국가는 전무한 것으로 분석되었다. 우리나라 전자정부의 경우, 미국 · 호주 · 뉴질랜드 · 싱가포르 · 노르웨이 · 캐나다 · 영국 · 포르투갈 · 멕시코 · 독일 · 핀란드 · 프랑스 · 스페인 · 브라질 · 아일랜드 · 이탈리아 등과 함께 전자거래 및 전자지불이 가능한 그룹에 속하는 것으로 평가되었다.

(2) 정보통신기술에 따른 발전론

기술적 관점에서 보면, 전자정부는 대체로 세 가지 형태의 하위 유형으로 분류된다. 〈그림 2-1〉은 세 유형의 전자정부가 정보통신기술의 발전에 따라 어떻게 진화할 것인가를 표현한 것이다.

〈그림 2-1〉 기술적 관점에서 본 전자정부의 진화

먼저, 하위 유형으로서의 전자정부(e-Government)는 유선 인터넷 (wired Internet) 기술에 기반하여 정보공개 및 공지, 상호작용 및 전자거래 등의 서비스와 행정업무가 이루어진다. 이는 초기의 전자정부 형태로, 현재 대부분의 전자정부가 이에 해당한다.

이에 비해, 모바일 전자정부(m-Government)는 상용 이동통신망을 활용하여 모바일 폰(mobile phone)을 이용하거나 혹은 무선랜(wireless LAN)에 연결된 개인컴퓨터 및 PDAs(personal digital assistants) 단말기

를 이용하여 행정서비스를 제공하는 전자정부를 의미한다.[13] 모바일 전
자정부는 초기 전자정부를 대체하는 개념이 아니고, 기존의 전자정부를
보완하거나 확장하는 개념이다. 즉 모바일 전자정부가 제공할 수 있는
서비스 영역은 기존 전자정부처럼 G2C, G2B, G2G 등을 포함한다. 단지
모바일 통신정보기술을 활용함으로써, 이동성(mobility)의 측면에서 행
정서비스의 제공 및 수혜가 더욱 편리해질 것으로 예상되고 있다.

현재 모바일 전자정부 서비스는 정부간(G2G) 커뮤니케이션이나 상호
작용에 주로 활용되고 있다. 예컨대, 경찰의 수사과정에서 획득한 정보를
현장에서 바로 관련 수사관이나 기관에 직접 송신하거나, 수사 현장에서
필요한 정보를 조회하는 데 이용된다. 또한 소방서나 군과 같은 공공기
관에서 위치 확인이 필요한 업무에 사용되기도 한다. 그러나 현재 모바
일 전자정부는 시민들에 대한 행정서비스의 제공단계에까지는 미치지
못하고 있다.[14]

모바일 전자정부가 전자정부 서비스에 대해 이동성의 측면을 확장한
형태라면, 유비쿼터스 전자정부(Ubiquitous-Government)는 모바일 기술
이외에 센서 · 칩(sensor & chip)과 같은 유비쿼터스 정보기술과 네트워
크 기술을 이용하여 시간 및 장소의 제약을 최소화한 미래형 전자정부의
형태이다. 구체적으로, 유비쿼터스 전자정부가 제공할 서비스는 시스템
의 지능화 수준에 따라 다음과 같이 분류할 수 있다.[15]

---

13) Emmanuel C. Lallana, "eGovernment for Development: mGovernment Defini-
   tions and Models," http://www.egov4dev.org/mgovdefn.htm (검색일: 2004년 8
   월 10일).
14) 홍성걸, "모바일 정부(m-Government)의 산업적 측면: 정보화정책에 대한 정치경
   제학적 접근," 『사이버 사회, 무엇이 문제인가?』(2003년 사이버커뮤니케이션학회
   춘계학술대회 논문집), pp. 91-92.
15) 최남희, "유비쿼터스 컴퓨팅을 활용한 u-Government의 기본 구도와 추진 과제,"
   『사이버 사회, 무엇이 문제인가?』(2003년 사이버커뮤니케이션학회 춘계학술대회
   논문집), pp. 66-68.

첫째, u-커뮤니케이션 서비스이다. 이는 지금의 협대역(narrow-band)를 대체한 광대역(broade-band) 네트워크, 모바일 네트워크, 초고속 무선랜, IPv6(차세대 인터넷) 등의 기술이 결합된 유비쿼터스 네트워크를 정보 전송 및 수신에 활용하는 서비스 형태이다. 예컨대, 출근 도중 전철에서 집에 있는 노모와 통화하는 것이 이에 해당한다.

둘째, u-정보제공 서비스이다. 이는 사용자의 요구가 있을 때 마다 실시간으로 원하는 정보를 검색·추적하여 제공하는 서비스를 의미한다. 예컨대, 집의 화장실 문에 심어져 있는 센서나 카메라를 통해 노모의 건강상태에 관한 정보를 사용자의 PDA로 제공받는 것이 이에 해당한다.

셋째, u-상황고지 서비스이다. 이는 사용자의 지시에 의해 센서나 칩 등이 현재의 상황을 스스로 파악하여 원하는 정보를 제공하는 서비스이다. 예컨대, 집에 있는 각종 기기에 심어져 있는 센서나 칩을 통해 노모의 체온 및 혈압 등에 이상이 발생할 경우, 이를 즉시 휴대전화나 PDA 등으로 알려주는 서비스가 이에 해당한다.

넷째, u-행위제안 서비스이다. 이는 u-상황고지 서비스에서 한 걸음 나아가, 상황이 발생할 경우 상황에 적합한 행위정보를 사용자에게 제안하는 서비스를 의미한다. 예컨대, 집에 있는 노모의 건강상태에 이상이 있으니 즉시 집으로 돌아오라고 한다거나 투약시간에 노모가 약을 먹지 않았으니 약을 먹도록 하라는 등의 필요한 행위를 제안해 주는 서비스가 이에 해당한다.

다섯째, u-완전지능형 서비스이다. 이는 완전히 자동화한 일종의 스마트 서비스로써 문제 상황을 지능적으로 파악하고 여기에 필요한 행위를 스스로 수행해 주는 서비스이다. 예컨대, 노모의 건강상태에 이상이 발견되었을 경우, 센서나 로봇이 119에 도움을 요청하거나, 주치의에게 연락하여 원격진료를 받을 수 있도록 하는 것 등이 이에 해당한다.

요컨대, 유비쿼터스 전자정부는 물리적 공간과 전자적 공간 간의 긴밀한 연계를 통해 시간과 장소의 제약이 최소화되는 행정서비스를 지향한다. 더불어 개개인의 상황에 따른 맞춤서비스를 지향하며, 상황의 변화에 따라 스스로 문제를 해결하는 지능적인 행정서비스를 지향한다. 그리고 현재 대부분의 경우, 초기 형태의 전자정부에 머물고 있으며, 부분적으로 모바일 기술을 적용하고 있으며, 유비쿼터스 기술은 몇몇 나라에서 실험 중에 있는 것으로 분석되고 있다.

(3) 다차원적 발전단계론

기존의 전자정부 발전론은 국가 간의 전자정부 구현수준을 비교하는데 매우 수월하나, 전자정부 홈페이지가 제공하는 서비스 내용 혹은 적용기술을 중심으로 평가하는 부분적이고 정태적인 진화론이라는 비판을 받아왔다.[16] 전자정부의 구현수준을 평가하는 데 있어서, 전자정부가 제공하는 온라인 서비스 수준과 더불어, 정부의 내부조직 및 행정부처 간의 조직적 조정 측면과 전자적 채널을 통한 시민들의 정책과정에의 참여수준도 매우 중요한 요소이다.

이러한 의미에서, 〈표 2-2〉는 기존의 발전단계론을 다차원적으로 재구성한 것이다.[17] 정보제공단계의 경우, 전자정부의 주요 변화로서 행정정

〈표 2-2〉 다차원적 전자정부 발전단계 모형

차원 \ 단계	1. 정보제공 단계	2. 상호작용 단계	3. 전자거래 단계	4. 질적 변환 단계
전자정부의 변화 (e-government)	행정의 전산화	행정의 네크워크화	수직적/수평적 통합	유기적 통합 (Seamless)
서비스 제공 (e-service)	일방향 정보제공	온라인 서비스	원스톱 서비스	유비쿼터스 서비스
시민 참여 (e-democracy)	정보 공개	온라인 커뮤니케이션	온라인 참여	e-Governance

---

16) 황종성, "전자정부의 쟁점과 연구동향," 『정보화정책』 10권 3호(2003년 가을), pp. 5-6.

보의 데이터베이스화가 이루어지며, 이를 기반으로 각 행정부처들은 시
민들에게 정보를 제공할 수 있게 된다. 즉 시민들은 정부기관의 인터넷
홈페이지를 통해 국가 정보의 상당부분을 공유할 수 있게 된다.

상호작용단계에서는 부처별로 독립적으로 존재하던 데이터베이스들
이 네트워크로 연결되고 업무처리와 서비스 제공기능이 결합되어 온라
인 서비스가 가시화되는 단계이다. 그러나 전자정부의 서비스 수준은 아
직 부처별 수준에서 데이터베이스의 검색 및 정부의 각종 서식들의 내려
받기와 제출 기능에 국한된 초보적인 단계이다. 또한 온라인 시민참여의
수준은 단순한 정보공유 단계를 넘어서지만, 이메일을 비롯한 전자게시
판 및 토론광장 등의 웹사이트 메뉴들을 통해 행정부처와 시민 간의 쌍
방향대화에 국한된다.

전자거래단계에서는 정부부처 간의 업무와 서비스가 하나의 네트워크
로 통합되고 범정부 포털사이트가 개설된다. 즉 중앙행정부처 간 그리고
중앙정부와 지방정부 간의 업무와 서비스가 통합되고, 전자정부의 효과
를 최대화하기 위해 정보인프라와 시스템의 통합적 구축 및 운영이 이루
어진다. 최종적으로 전자정부는 정부조직 간의 경계를 넘어서는 이른바
'원스톱 서비스'를 제공하게 되며, 그 결과 행정의 효율성이 성취되며 고
객중심의 행정서비스가 고도화된다. 또한 시민들은 온라인 청원(e-peti-
tion) 및 온라인 컨설테이션(e-consultation)을 통해 국민참여가 활성화되
며, 궁극적으로 온라인 투표(e-voting) 및 설문조사(e-polling)를 통해 정
부의 정책결정과정에 직접 참여하게 된다.

질적 변환단계에서는 정부와 민간의 이분법적 경계가 사라지고, 정부
와 민간의 정보네트워크가 상호 유기적으로 결합되는 거대한 국가신경

---

17) 동일한 문제의식에서 출발하여, 전자정부 발전단계를 다차원에서 분류를 시도한
   것으로 황종성 · 류석상 · 박양열, "미래 전자정부 청사진,"『정보화정책』10권 2호
   (2003년 여름), p. 82가 있다. 〈표 2-2〉는 황종성 · 류석상 · 박양열의 모형을 수
   정 · 보완한 것이다.

망체계가 구축된다. 따라서 정부의 서비스를 제공받기 위해 시민들은 별도로 전자정부 포털사이트를 방문할 필요 없이 현장에서 실시간으로 이른바 '유비쿼터스 서비스'를 제공받는다. 또한 시민들은 통치의 객체가 아닌 주체로서 자신의 문제를 직접 토론하고 결정할 수 있는 책임과 권한을 지닌 행위자로 등장하게 되며, 이를 실질적으로 뒷받침하는 온라인 거버넌스(e-governance) 네트워크가 구축되고 제도화된다.[18] 그 결과, 위계적 관료제형 정부구조는 유연한 네트워크 조직으로 전환되며, 정부의 기능은 민간에 대폭 이양되어, 행정관료들은 네트워크의 조정자 혹은 관리자로 전환된다. 궁극적으로 정부는 권한의 집행보다는 서비스제공을 중시하는 조직규범을 내면화하게 되고, 끊임없이 자기 혁신을 꾀하는 조직으로 변환된다.

4. 전자정부: 구현수준과 발전요인

세계 각국들이 전자정부를 추진하는 배경에는 정보사회의 도래라는 시대적 압력에 기인하고 있다. 그러나 국가마다 처해 있는 국내적 상황이 상이한 까닭에, 나라마다 전자정부의 모습과 구현수준은 다양하게 나타나고 있다.

---

18) UNPEA와 ASPA에 의하면, 'e-거버넌스(e-governance)'란 정보통신기술을 활용하여 보다 향상된 행정서비스 및 신뢰할 수 있는 정보를 제공하고, 나아가 참여민주주의의 제고를 위한 정부 · 공직자 · 시민들 간의 민주적 상호작용 및 과정(democratic interaction and process)을 의미한다고 한다. UNPEPA and ASPA, *Benchmarking E-government: A Global Perspective* (2002), p. 54, http://www.unpan.org/e-government/Benchmarking%20E-gov%202001.pdf (검색일: 2002년 6월 3일).

(1) 국가별 전자정부의 구현수준

전자정부는 다양한 요소를 포괄한다. 따라서 기존의 전자정부 진화론
들이 보여주듯이, 전자정부의 구현수준을 단지 정부기관의 홈페이지가
제공하는 서비스 내용과 홈페이지가 채택하고 있는 웹사이트 기술을 중
심으로 분석하는 것은 매우 부분적이고 정태적인 평가라는 비판을 면하
기 어렵다. 이를 의식하듯이, 2003년 UN은 191개 회원국을 대상으로 전
자정부의 구현수준을 평가함에 있어, 전자정부를 구성하는 다양한 요소
들을 고려한 "전자정부 준비지수"(Index of E-government Readiness)와
"전자적 참여지수"(E-participation Index)라는 두 차원의 측정지수를 마
련하였다.[19]

먼저 UN의 "전자정부 준비지수"는 ① 정부 홈페이지가 제공하는 정보
및 서비스의 수준을 고려한 웹 측정지수(Web Measure Index), ② 정보
통신 인프라의 정도를 보여주는 정보통신 인프라지수(Telecommunica-
tion Infrastructure Index), 그리고 ③ 시민들의 정부 홈페이지 활용능력
을 측정하는 인적 자본지수(Human Capital Index)로 구성되어 있다. 구
체적으로, 웹 측정지수는 정부의 공식 홈페이지와 5개 행정부처의 홈페
이지(보건, 교육, 사회복지, 노동, 재정)를 대상으로 그들의 발전수준을—
출현단계, 발전단계, 상호작용단계, 전자거래단계, 유기적 통합단계—측
정하고 있다. 정보통신 인프라지수는 PC 보급률, 인터넷 이용자 수, 전화
회선 수, 이동전화 보급률, TV 보급률 등을 세부측정지표로 사용하고 있
으며, 그리고 인적 자본지수는 UNDP의 인간개발지수(Human Develop-
ment Index)를 세부측정지표(문자해독률 및 교육기관 학생 등록률)로
사용하고 있다.

---

19) UNDESA and Civic Resource Group, *UN Global E-government Survey 2003*, pp.
12-16, http://unpan1.un.org/intradoc/groups/public/documents/unj/unpan
016066.pdf (검색일: 2004년 5월 14일).

〈표 2-3〉 전자정부 준비도 및 전자적 참여지수에서 본 최상위 25위 국가들

전자정부 준비지수			전자적 참여지수		
순위	국가	지수	순위	국가	지수
1	미국	0.927	1	영국	1.000
2	스웨덴	0.840	2	미국	0.966
3	호주	0.831	3	캐나다	0.828
4	덴마크	0.820	3	칠레	0.828
5	영국	0.814	5	에스토니아	0.759
6	캐나다	0.806	6	뉴질랜드	0.690
7	노르웨이	0.778	7	필리핀	0.672
8	스위스	0.764	8	프랑스	0.638
9	독일	0.762	8	네덜란드	0.638
10	핀란드	0.761	10	호주	0.621
11	네덜란드	0.746	11	멕시코	0.603
11	싱가포르	0.746	12	아르헨티나	0.586
13	한국	0.737	12	아일랜드	0.586
14	뉴질랜드	0.718	12	스웨덴	0.586
15	아이슬란드	0.702	15	독일	0.534
16	에스토니아	0.697	16	한국	0.483
16	아일랜드	0.697	17	이탈리아	0.466
18	일본	0.693	17	싱가포르	0.466
19	프랑스	0.690	17	스위스	0.466
20	이탈리아	0.685	20	덴마크	0.448
21	오스트리아	0.676	20	핀란드	0.448
22	칠레	0.671	20	포르투갈	0.448
23	벨기에	0.670	23	일본	0.431
24	이스라엘	0.663	24	볼리비아/도미니카	0.397
25	룩셈부르크	0.656	24	이스라엘/폴란드	0.397

한편, "전자적 참여지수"는 전자정부가 시민들의 참여를 촉진하기 위해 제공하는 서비스가 얼마나 내용적으로 우수하며, 적실성을 지니고 있으며, 유용한가에 대한 질적 수준 평가지수이다. 이는 세 가지 차원으로 구성되는데, 정보공개(e-information), 온라인 컨설테이션(e-consulta-tion), 정책참여(e-decision making)가 그것이다.

조사 결과(표 2-3)에 의하면, 전자정부 준비도의 측면에서 미국이 제1위를 차지하고 있으며, 그 다음으로 스웨덴, 호주, 덴마크, 영국, 캐나다, 노르웨이, 스위스, 독일, 핀란드의 순이다. 이들 최상위 10위 국가들은 모두 북미와 유럽국가들인 것이 특징이다. 아시아 국가로서는 싱가포르(11위), 한국(13위), 일본(18위)이 최상위 25위 국가 안에 포함된다.

한편, 전자적 참여지수의 측면에서 볼 때, 영국이 세계 1위를 차지하고 있는 것으로 나타났으며, 미국, 캐나다, 칠레, 에스토니아, 뉴질랜드 등이 그 뒤를 따르고 있다. 아시아 지역에서는 필리핀(7위), 한국(16위), 싱가포르(17위), 일본(23위) 등이 최상위 25위 집단에 들고 있다.

(2) 전자정부의 발전 요인

2001년 유엔의 조사보고서는 전자정부 성취지수를 기준으로 각 국가들을 4 집단으로 − ① 전자정부 구현능력이 높은 국가군(2.00~3.25), ② 중간 수준의 국가군(1.60~1.99), ③ 낮은 수준의 국가군(1.00~1.59), 그리고 ④ 최하위 국가군(1.00미만) − 분류하였다. 이들 집단들의 특징을 다음과 같이 기술하였다.[20]

먼저 전자정부 구현능력이 높은 36개국 가운데, 25개 국가가 OECD 회원국이며, 매우 혁신적이며 생산적인 고객(시민)중심의 전자정부 프로그

---

20) UNPEPA and ASPA, *Benchmarking E-government: A Global Perspective* (2002), pp. 27-29, http://www.unpan.org/e-government/Benchmarking%20E-gov%202001 .pdf (검색일: 2002년 6월 3일).

램을 유지할 수 있는 기술적·인적 능력과 자원을 보유한 것으로 평가되었다. 둘째, 중간 수준의 군가군은 총 26개국으로, 대부분은 기술적으로 진보되어 있으나, 인프라스트럭처(infrastructure)와 인적 자원에서 첫번째 그룹의 국가들에 비해 상대적으로 취약한 것으로 조사되었다. 셋째, 낮은 수준의 국가군은 총 36개국으로, 대부분은 개발도상국가들이 이 그룹에 속하고 있다. 이들 나라들은 전자정부 구축사업의 중요성을 인식하고 있으나, 인프라스트럭처가 절대적으로 빈약하며 전자정부 구축사업에 투자할 경제적 자원이 부족한 나라들이라는 공통점을 지닌다. 마지막으로 최하위 국가군은 총 31개국으로, 대부분 아프리카 지역에 위치하며 경제적으로 가장 저발전된 나라들이다. 이들 국가들은 전자정부 구현사업에 대한 정책적 중요성을 인식하지 못하고 있는 것으로 조사되었다.

위의 평가에서 암시하듯이, 전자정부를 성취하는 데 있어서 다양한 요인들이 작용한다. 그 가운데, 가장 중요한 요인은 정치리더십의 전자정부에 대한 성취 의지이다. 정치엘리트들의 전자정부 구현사업에 대한 필요성 및 중요성에 대한 인식과 이를 성취하려는 정책적 의지와 노력은 전자정부 성취를 가름하는 기본적 결정요인으로 평가되고 있다.[21]

리더십의 정책적 의지는 다양한 대내외적 요소에 의해 영향 받는다. 예컨대, 행정부처의 민주화 및 효율성 제고, 국제경쟁력의 향상, 국민적 요구 등이 그것이다. 그러나 정치리더십의 정책적 의지가 정부의 성취를 보장하는 것은 아니다. 전자정부를 구현하는 데 있어서 몇 가지 요소(조절 요인)들이 촉진 및 장애 요인으로 작용한다. 〈그림 2-2〉는 이를 그림으로 표현한 것이다.

---

21) Center for Democracy & Technology, *The E-government Handbook for Developing Countries* (November 2002), p. 7, http://worldbank. org/publicsector/egov /E-gov%20 Handbook.pdf (검색일: 2003년 7월 11일); The Economist Intelligence Unit, *The 2003 E-readiness Rankings* (London, UK: The Economist Intelligence Unit, 2003).

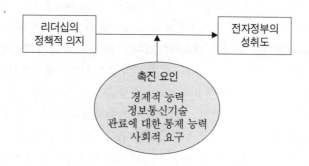

〈그림 2-2〉 전자정부 성취에 있어서 촉진 및 장애 요인

첫째, 그 나라의 경제적 능력은 전자정부의 성취 정도에 영향을 미친다. 국가의 경제적 능력은 전자정부정책에 필요한 예산의 투입을 가능하게 함으로써 리더십의 정책의지를 실천에 옮길 수 있게 한다. 그러나 사회적 빈곤은 국가의 재정적 무능력을 초래하여 전자정부 정책의 실천력을 현저히 떨어뜨린다.[22] 이러한 관계에 비추어 볼 때, 세계적으로 대부분의 전자정부 선진국들이 경제력이 풍부한 북미와 서유럽 지역에 분포하고 있음은 결코 우연이 아님을 시사한다.

둘째, 높은 수준의 정보통신기술 및 인프라는 전자정부 성취에 기여하는 변수이다. 전자정부가 성공적으로 구축되기 위해서는 상당한 수준의 정보기술과 인프라를 갖추고 있어야 하며, PC 및 인터넷 네트워크가 보급되어 있어야 한다. 다시 말해, 정보통신기술력이 저급한 곳에서 전자정부의 구현은 상대적으로 더디며, 실현 가능성이 매우 낮은 정책이 되기 쉽다.

셋째, 리더십의 관료사회에 대한 통제능력 여부에 따라 전자정부의 성취도는 달라질 수 있다. 전자정부의 성취는 기존의 관료 조직과 운영체

22) The Economist Intelligence Unit, *The 2003 E-readiness Rankings* (London, UK: The Economist Intelligence Unit, 2003), p. 21.

계를 변혁시킨다는 점에서 잠재적으로 정치적 갈등을 내재하고 있다. 즉
전자정부의 구현을 위한 기술적인 인프라의 구축, 중앙집권적 권위구조
의 분권화, 복잡한 네트워크하에서의 정부부처들의 통합, 정부조직들의
슬림화 및 다운사이징 등은 행정부처 간 혹은 관료사회 내부의 갈등을 표
출시킬 가능성이 높다. 사회공동체의 공공선을 위해 모든 행정 조직 및
관료들이 정보사회에 필요한 도덕적 가치와 공생의 규칙을 인정하고 준
수해야 하지만, 이러한 보편적 인식의 확보는 현실에서 완벽하게 실현되
리라고 기대하기는 어렵다. 이러한 측면에서, 전자정부의 구현과정은 행
정부처간 이해 및 갈등이 첨예하게 대립하는 과정으로 이해해야 할 것이
다. 그리고 이러한 대립과 갈등은 전자정부의 진행 속도를 더디게 하고
심지어는 그 추진 내용까지도 변화시킬 수 있다. 따라서 리더십의 관료사
회에 대한 통제능력은 전자정부의 성취에 있어서 중요한 영향 변수이다.

넷째, 정보화에 대한 사회적 요구는 전자정부의 성취를 가속화시키는
요인으로 작동한다.[23] '인터넷 세대'의 등장과 성장은 전자정부를 향한
사회적 요구를 진작시키며, 동시에 전자상거래의 확산은 정부-기업 간 거
래의 정보화에 대한 사회적 압력을 가중시키다. 이러한 사회적 요구는
최종적으로 전자정부의 성취를 촉진시키는 요소로 작용한다. 반대로,
'인터넷 세대'의 부재 및 전자상거래의 비활성화는 전자정부 정책의 사
회적 수요 및 정치적 지지기반을 약화시키는 방향으로 작동하기 쉽다.

5. 한국의 전자정부

한국의 전자정부는 국제적으로 상당한 수준에 있는 것으로 평가되고

---

23) Jeffrey W. Seifert, "The Transformative Potential of E-Government in Transi-
tional Democracies" (2004), pp. 4-5, http://www1.worldbank.org/publicsec-
tor/egov (검색일: 2004년 9월 18일).

있다. 이는 기본적으로 국가의 전자정부구현에 대한 확고한 정책적 의지, 이를 뒷받침할 수 있는 경제적 능력과 높은 수준의 정보통신기술력에 기인한 바 크다. 그렇다고 한국의 전자정부 정책이 아무런 문제없이 순조롭게 진행되어 왔던 것은 아니다. 예컨대, 정보격차 및 개인정보보호 등의 이슈는 한국의 전자정부가 해결해야 할 과제이다. 또한 향후 전자정부의 지속적 발전을 위해, 시민들의 온라인 참여(e-participation)를 확대·장려해야 할 과제를 안고 있다.

(1) 추진 과정

한국에서 전자정부의 구현이 정부의 공식적인 정보화정책으로 확정된 것은 1996년이다. 1995년 8월 '정보화촉진기본법'이 제정·공포된 이후, 정부는 국가기간전산망사업과 초고속정보통신기반 구축사업으로 이원화되어 있던 정보화추진체계를 국무총리실이 주관하는 정보화추진위원회로 일원화하였다. 또한 정부는 1996년 6월 11일에 정보화 촉진을 위한 국가 차원의 마스터플랜인 "정보화추진기본계획"을 수립하였다. 이 계획은 정보화사업을 21세기 세계 일류국가로 도약하기 위한 국가전략으로 채택하였음을 의미하는 것으로, 정보화사업이 지향해야 할 목표로 2010년까지 고도정보사회의 실현을 제시하였다. 정보화촉진을 위한 10대 중점과제는 정부, 교육, 학술연구, 산업, 교통물류, 지역정보화, 의료, 환경, 안전관리 및 국방에 이르기까지 거의 모든 분야를 망라하였다.

김영삼 정부의 정보화 정책기조는 정권교체 이후에도 계속 이어졌다. 1998년 2월 김대중 정부는 "작지만 강력한 정부"의 구현을 표방하면서 첨단정보기술을 활용한 전자정부의 구현을 역점 시책으로 채택하였다. 당시 "단번에 통하는 온라인 열린 정부"의 실현을 위해 6개 분야에 걸친 총18개의 세부과제가 채택되었다. 구체적으로 보면, ① 국민지향적 행정서비스의 실현을 위한 세부과제로 원스톱 서비스의 실시, 행정서비스 전달수단의 다양화, 인터넷을 통한 행정정보 공개의 확대, ② 행정업무의 효율적 재설계를 위한 세부과제로 행정업무의 재설계 추진, 보고·결재 과정의 전자화, 의사결정 흐름의 자동화, ③ 행정정보의 공유를 위한 세부과제로 행정정보의 축적 및 공동이용 촉진, 행정정보공동이용센터의 구축, 정보보호관리체계의 강화, ④ 행정정보기반의 정비를 위한 세부과제로 정부 인트라넷의 구축, 정보시스템 표준의 정립, 시스템의 안정성·신뢰성의 확보, ⑤ 공무원 개인 사무의 생산성 제고를 위한 세부과제로 개인 사무자동화 촉진, 원격근무제의 도입, 정보화 자격증 우대 및 교육의 강화, ⑥ 법제도의 개선을 위한 세부과제로 전자정부 구현을 위한 법·제도의 정비, 고위정보관리자(CIO)제도의 도입, 범정부적 정보자원관리체제의 확립 등이 채택되었다.

〈그림 2-3〉 한국의 전자정부 홈페이지(www.egov.go.kr)초기화면

이에 따라, 행정기관의 생산성·투명성·민주성을 높여 정보화시대의
국민의 삶의 질을 향상시키기 위한 목적으로, 2001년 2월 "전자정부구현
을 위한 행정업무 등의 전자화 촉진에 관한 법률"이 제정되었다. 그리고
2002년 11월 11일, 약 4천여 종의 민원을 안내하는 전자정부 포털사이트
(egov.go.kr)가 개설되었다. 전자정부 사이트의 개통으로 국민들은 각종
민원에 대한 구비서류와 처리기관, 수수료, 근거법령 등을 온라인 상에서
자세히 안내 받을 수 있게 되었으며, 160여 종의 본인 확인이 필요한 민
원 사무도 전자서명 인증서를 활용해 인증절차를 거쳐 신용카드나 무통
장입금, 전자화폐 등으로 수수료를 결제하면 인터넷상에서 서비스를 제
공받을 수 있게 되었다.[24] 그리고 2004년 현재, 4,000여 종의 민원안내를
받을 수 있으며, 400여 종의 민원을 온라인으로 신청할 수 있게 되었고,
30여 종의 민원열람 서비스가 제공되고 있으며, 8종의 민원서류(예: 주민
등록등초본, 건축물대장, 토지(임야)대장등본, 국민기초생활수급자증명,
개별공시지가확인원, 농지원본등본, 장애인증명서, 모자가정증명서)에
대해 인터넷을 통한 발급서비스가 제공되고 있다.

2003년 2월에 출범한 '참여정부'는 대통령자문 정부혁신지방분권위
원회를 설치하여 전자정부 로드맵을 수립하고, 이를 정부혁신과 지방분
권이라는 국정개혁의 전략적 수단으로 추진하고 있다. 구체적으로, 참여
정부는 세계 최고 수준의 전자정부와 디지털 복지사회의 구현을 목표로,
2003년 12월 광대역통신망 구축 및 IT 신성장 동력원 발굴을 위한
"Broadband IT Korea Vision 2007"을 수립하였다. 뒤이어 2004년 2월
참여정부는 Broadband IT Korea 건설을 위한 '광대역통합망 구축 기본
계획'을 확정하였고, 동년 6월에는 'u-Korea 추진전략보고회'를 개최하
여 유비쿼터스 사회 진입 및 국민소득 2만 달러 달성을 위한 전략을 발표
하였다.[25]

24) 『한겨레』, 2002년 11월 1일.

(2) 전자정부의 쟁점과 과제

전자정부는 정보화·세계화·민주화라는 시대적 조류에 대응한 정부의 효율성 제고, 국가경쟁력의 향상, 행정과정의 투명성 확보, 그리고 민주주의의 질적 향상 등을 그 목표로 하고 있다. 변화된 시대적 환경에 부응한 전자정부의 구현은 기존의 중앙 집권화된 관료구조를 변화시키는 행정개혁을 전제로 하고, 수요자(국민) 중심의 국가-시민사회 관계의 재정립을 요구하며, 정책과정의 투명성과 국민의 참여를 향상시키는 참여민주주의의 일상화를 필요로 한다. 이러한 측면에서 전자정부의 구현과정은 매우 정치적인 성격을 지니고 있으며, 이러한 정치적 이슈들을 어떻게 조정하고 해결해 가느냐가 미래 전자정부의 성패와 직결될 것으로 보여진다. 이러한 맥락에서 다음의 몇 가지 점들은 전자정부의 구현과정에서 특히 유의해야 할 사항들이다.

첫째, 그간 전자정부의 구현을 위한 정책적 노력은 외형적으로 상당한 성과를 거두고 있다. 정부는 내부적으로 범부처 통합업무 처리 기반을 구축하였고, 이를 통해 대국민 서비스의 질적 향상을 위한 전자정부 포털사이트, 범정부 민원센터, 지역종합민원실, 부처별 웹사이트를 구축·운영하는 등의 가시적 성과를 낳고 있다. 그러나 행정정보화를 통한 정부혁신의 수준은 아직 미흡한 상태인 것으로 평가되고 있다. 예컨대, 공공부문간 통합 및 연계의 제한성, 효율적인 전자정부의 구현을 뒷받침하기 위한 제도적 체계의 부족, 전자정부의 실행에 따른 실질적인 업무처리절차의 간소화 및 예산절감의 미흡 등이 그 대표적 사례로 꼽히고 있다. 비록 참여정부 이후 후속사업을 통해 문제점을 보완하고 있으나, 실제 서비스제공 수준과 활용은 아직 낮고, 국민과 기업에게 맞춤형 서비스를 제공하지 못하고 있는 실정이다. 이러한 문제를 해결하기 위해서는 정치지도자의 지속적이며 과감한 정부혁신에 대한 관심과 노력이 배가되어야 할

---

25) 한국전산원, 『국가정보화백서』(서울: 한국전산원, 2004).

것이다.

둘째, 시민들의 온라인 참여수준 역시 아직 미흡한 상태이다. 정보제공(e-information)의 측면에서 볼 때, 국민과 기업들이 행정기관들과 관련된 사항들을 확인하는 데 있어서 여전히 불편을 겪고 있다. 극히 일부의 행정부처를 제외하고 '언제 어디서나' 정보를 제공받고 확인할 수 있는 수준에 이르지 못하고 있으며, 정부부처가 제공하는 정보조차도 국민이나 기업이 원하는 수준의 내용이 아닌 경우가 허다한 실정이다. 온라인 컨설테이션(e-consultation)의 측면에서, 대부분의 정부 기관들은 주민참여가 가능한 사이버 정책포럼 및 전자게시판을 운영하고 있다. 그러나 사이트에 대한 홍보부족, 토론주제의 추상성, 토론내용의 빈약성, 포럼 운영자의 관리 미숙 및 소홀 등으로 주민참여는 매우 저조한 상태이다. 온라인 정책참여(e-decision making)의 채널은 거의 존재하지 않고 있다. 전체적으로 전자정부의 진전에 따른 시민들의 온라인 정치참여는 여전히 저조한 수준이다.

셋째, 정부의 지속적인 정책적 노력에도 불구하고, 여전히 '정보격차'(digital divide)가 존재하고 있다.[26] 전자정부는 오프라인보다는 온라인을 그 주된 활동 무대로 한다. 따라서 전자정부의 성패를 가름하는 중요한 요건들 가운데 하나가 온라인으로 제공되는 정보 및 행정서비스에 대한 시민들의 접근가능성이다. 다시 말하면, 모든 시민들이 정부의 웹사이트에 언제든지 접속할 수 있는 물리적 요건과 지식을 갖추어야 한다.

---

26) 조사에 의하면, 전체 국민의 인터넷 이용률은 지난 2000년 12월 44.7%에서 2001년 말 56.6%, 2002년 말 59.4%, 2003년 65.5%, 2004년 6월 68.2%로 꾸준히 증가한 것으로 나타났다. 그러나 연령별, 교육수준별, 계층별 정보격차가 심화된 것으로 조사되고 있다. 예컨대, 10-20대와 50대 이상의 연령별 정보격차는 2000년 12월 68.4%에서 2004년 6월 79.3%로 벌어졌고, 대졸이상 집단과 중졸이하 집단 간 정보격차도 같은 기간 64.7%에서 82.5%로 커졌다. 또한 월소득 400만원 이상 집단과 100만원 미만 집단의 정보격차도 47.6%에서 52.7%로 늘어났고, 대도시와 군단위의 지역규모별 정보격차도 14.2%에서 25.2%로 심화된 것으로 나타나고 있다. 『한겨레』, 2004년 10월 31일.

심각한 정보격차가 존재하는 상황하에서는 어떠한 정보화 혜택도 소수 혹은 특정 집단을 위한 정보화가 되며, 이는 결국 또 다른 사회적 갈등의 원인이 될 수 있음을 유의해야 한다.

넷째, 개인정보 및 프라이버시 보호에 정책적 관심과 노력을 집중해야 한다. 정보의 집적 및 공개는 전자정부가 실현되는 과정에서 필히 수반되는 불가피한 사안이다. 그러나 정보 집적 및 공개의 범위 및 내용의 문제는 반드시 순조로운 과정을 통해서 결정될 수 있는 성격의 것이 아니다. 어떠한 정보를 집적하고 공개할 것인가에 대해서 정부부처의 입장과 시민사회의 견해가 다르게 나타날 수 있고, 심지어는 정부부처들 간의 입장도 서로 상이할 수도 있으며, 시민사회 내부에서도 이해관계에 따라 그 견해가 다를 수도 있다. 국가에 의한 무차별적인 개인정보의 수집 및 집적은 개인에 대한 국가의 보이지 않는 감시 및 통제로 이어질 수 있으며, 무분별한 개인정보의 유출은 심각한 인권침해를 가져올 수 있다.[27] 그 대표적인 사례가 교육부의 NEIS 사례이다.[28] 이러한 상황은 전자정부가 소망하는 민주주의의 질적 향상에 심각한 장애요인으로 등장할 수 있으며, 나아가 국가와 시민사회의 또 다른 갈등의 축을 유발할 수 있음을 유의해야 한다.

---

27) Miriam Lips, "Reorganizing Public Service Delivery in an Information Age," in I. Th. M. Snellen and Wim B. H. J. van de Donk, eds., *Public Administration in an Information Age* (Amsterdam: IOS Press, 1998), p. 330.
28) 2001년 5월 정부는 국가정보화사업의 일환으로 NEIS사업을 선정하였다. NEIS는 교육의 질 향상, 교육행정의 생산성 향상, 대국민 만족도 제고 등 긍정적 효과를 예상하고 추진하였으나, 인권침해 가능성이 제기되어 그 시행에 차질을 빚었다. 구체적으로, 2002년 3월 NEIS의 개통을 앞두고, 전교조 등 교육·시민단체가 국가인권위원회에 NEIS관련 진정서를 제출하였다. 이에 인권위는 NEIS의 일부 항목이 학생 및 교원의 사생활 및 인권침해의 소지가 있음을 지적하고, 교무/학사, 입(진)학, 보건 영역은 NEIS 입력대상에서 제외할 것을 권고하였다. 2003년 5월 12일, 교육부장관은 인권위의 권고사항을 수용하여, 교무/학사, 입(진)학, 보건 영역은 기존의 CS(교내 전산망 기반의 학교종합행정정보관리시스템)를 활용하고 3영역을 제외한 분야는 NEIS를 적용할 것임을 발표하였다. 그러나 교육부 내부, 전국교장

한국의 전자정부는 해결해야 할 다양한 과제들을 안고 있다. 중요한 것은 "무엇을 위한 전자정부인가?" 라는 정책의 목표와 가치에 대한 강조이다. 이러한 맥락에서, 전자정부의 구현은 단순히 기술적이며 행정적인 문제로 해석하기 보다는 정치적으로 해석하는 작업이 필요하다. 즉 전자정부 이슈는 단순히 행정서비스의 효율화라는 관점에서 논의하기 보다는 국가와 시민사회의 민주적 의사소통 및 사회발전이라는 수준에서 접근하는 보다 폭넓은 시각이 요구되는 사항이라 할 수 있다.

단, 정보담당교사, 일부 학부모들은 교육부장관의 발표에 강력히 반발하였다. 그러자 6월 1일 교육부장관은 NEIS관련 문제를 일선학교 차원에서 자율적으로 결정하라는 새 지침을 발표하였고, 이에 대해 전교조와 교총 모두가 반발하는 대혼란을 초래하였다. 이러한 사태의 발전은 NEIS사업 계획수립 단계에서부터 일선교사와 학생, 학부모 등 이해당사자들을 광범위하게 참여시키지 않고, 단지 기술중심적, 효율지향적, 행정편의적 관점에서 사업을 추진하였기 때문이다. 황주성·최선희, "전자정부 사업과 개인정보보호 이슈: NEIS를 중심으로," 『KIDS 이슈 리포트』 03-03.

제3장

인터넷과 의회

인터넷의 정치적 활용은 의회의 운영과 의원들의 활동에 상당한 변화를 - 의회행정의 효율성 향상, 의정활동의 투명성 제고, 그리고 의원과 지역주민 간의 활발한 대화 등 - 가져올 것으로 예상되고 있다. 그러나 인터넷의 정치적 효과는 의회와 의원들의 인터넷에 대한 태도에 따라 달리 나타날 것이다. 의원들의 인터넷에 대한 적극적이고 긍정적인 태도는 정부와 시민사회를 연계하는 의회의 기능을 활성화하는 데 기여하겠지만, 그렇지 못한 경우 의회는 고비용·저효율의 정치기관으로 남을 가능성이 높다.

1. 정보화시대의 의회

의회민주주의의 성공적인 작동에 있어서 정보의 효율적이고 다방면적 흐름은 매우 중요하다. 시민들은 그들의 대표자를 선택하기 위해 공직 후보자들에 대한 정보가 필요하다. 선출된 대표자들은 행정부의 활동을 견제하고 감시하기 위해 행정부의 활동에 대한 정보를 필요로 하며, 효과적인 입법활동을 위해 지역 혹은 전국적 중요 이슈에 대한 지역주민 및 이익집단들로부터의 정보를 필요로 한다. 이러한 활동은 궁극적으로 그들의 재선의 기반이 된다. 시민들은 그들의 '대표자로부터' 그리고 '대표자에 대한' 정보가 필요한데, 그러한 정보의 원활한 흐름은 정치인들을 정확히 평가하고 대표자들의 활동에 있어 투명성을 확보하는 데 매우 중요하다.[1] 요컨대, 시민들과 대표자들 사이의 그리고 입법부와 행정부 간의 정보 흐름이 원활할수록, 민주적 과정은 더욱 더 건강해진다. 즉 원활한 정보의 흐름과 효과적인 커뮤니케이션은 민주주의에 활력을 불어넣는 근원인 것이다.

20세기 후반 이후, 정보의 생성과 배포 능력은 급속하게 향상되었으나, 역설적으로 시민들의 민주적 절차와 제도에 대한 환멸은 점증하는 현상을 보여 왔다. 정치학자들은 정부 및 민주주의에 대한 시민들의 신뢰가 떨어지는 현상의 주요 원인을 "정치적 커뮤니케이션의 위기"(crisis of political communication)로 설명한다. 정치적 커뮤니케이션의 위기는 질적으로 높은 수준의 정치정보의 부족을 의미한다. 이는 진지한 정치정보를 제공하는 데 있어서 기존 대중매체의 소홀함, 정치인 및 정당들의 무절제한 정치선전, 행정부의 비밀주의적 관행, 행정부의 오만한 행태에 압도당한 의원들, 그리고 정치에 무관심한 시민들 등 모두의 책임일 것이다.[2]

최근 새로운 정보통신기술의 등장과 보급으로, 이러한 의회민주주의의 문제점을 혁신적으로 개선할 수 있다는 기대감이 팽배하고 있다. 즉 인터넷 기술이 제공하는 정보능력의 향상, 쌍방향적 의사소통, 탈공간적 네트워크 형성은 의회의 정보수집 및 배포 능력을 크게 향상시키고 쌍방향 커뮤니케이션을 원활하게 하며, 의원을 중심으로 하는 시민, 이익집

---

1) S. Coleman, J. A. Taylor, and W. van de Donk, "Parliament in the Age of the Internet," *Parliamentary Affairs* 52:3 (July 1999), p. 365.
2) Ivor Crewe, et. al., *Citizenship and Education* (London: Citizenship Foundation, 1996).

단, 행정부 등 행위자 간의 조정(coordination)과 협력(cooperation)을 제
고시킬 수 있다는 기대감이 그것이다.[3]

이러한 맥락에서 일부 전문가들은 의회가 인터넷기술을 적극적으로
활용할 경우, 의회정치과정은 보다 높은 수준의 효율성, 투명성, 민주성
을 확보할 수 있을 것으로 보고 있다. 구체적으로, 인터넷기술의 활용은
의회의 행정업무를 보다 효율적으로 처리할 수 있게 한다. 또한 모든 의
회정치과정에 대한 시민들의 감시를 가능하게 하여, 의원들은 그들의 재
선을 위해 중요한 모든 이슈에 대해 인터넷을 통해 대중의 의사를 구하고
자 할 것이다. 그 결과, 시민의 의사가 대표자를 통해 표출되는 기존의 대
의민주주의적(representative democracy) 요소의 문제점을 개선하여, 의
회는 보다 효과적이며 민주적인 방식으로 시민사회와 정부를 매개하는
기관으로 거듭 날 것으로 본다.

이와는 달리, 일부 전문가들에 의하면, 새로운 정보통신기술이 탄생시
킬 민주주의는 정치과정에서 의회의 역할과 위상을 주변화(marginaliza-
tion)시켜 장기적으로 의회민주주의(parliamentary democracy)의 쇠퇴는
불가피할 것으로 본다.[4] 이들 역시 새로운 정보통신기술은 일반 시민들
에게 대중매체를 거치지 않는 보다 직접적인 방식의 정치적 커뮤니케이
션을 가능하게 하며, 나아가 보다 다원적 정보의 획득을 가능하게 할 것
으로 본다. 따라서 이들은 정보통신기술을 활용한 전자게시판 및 이메일
등은 시민들의 의견형성(opinion formation) 및 이익표출(interest articu-
lation)의 기회를 획기적으로 강화시킬 것으로 예상한다. 그러나 이들은
정보통신기술로 인해 폭발적으로 증가할 다양한 의견 및 이익들을 의회

3) Bert Mulder, "Parliamentary Futures: Re-Presenting the Issue Information, Tech-
nology and the Dynamics of Democracy," *Parliamentary Affairs* 52:3 (July
1999), pp. 553-566.
4) J. Naisbitt, *Megatrends: Ten Directions for Transforming New Our Lives* (Macdon-
ald, 1984), p. 160.

가 어떻게 집약(aggregation)하고 심의(deliberation)할 것인가에 대해서는 매우 부정적이다. 다시 말하면, 획기적으로 증대된 시민사회의 이익 표출은 의회의 이익집약 및 조정의 기능에 부정적인 영향을 미칠 것으로 예상한다. 즉 정보통신기술의 활용이 설익은 지식과 순간적인 여론에 의존한 잘못된 정책결정을 유도할 경우, 의회의 이익집약 및 심의 기능은 와해 현상을 초래할 것이며, 그 결과 의회는 그 존재 의미를 상실할 수도 있을 것으로 본다.[5] 왜냐하면, 의회의 기능은 다양한 의견을 접수하고, 그 의견들의 중요성을 논의하고, 이성적인 정책방향을 제시하고 결정하여, 정부로 하여금 의회의 심의 결과를 공공정책에 반영하도록 하는데 있기 때문이다.

그러나 이러한 의회정치의 미래상은 정보통신기술의 특성과 그것의 활용이 가져올 결과에 비추어 유추한 장기적 예측에 불과하다. 정보통신기술 자체가 사회 및 정치변화의 유일한 요인은 아니다. 사회 및 정치의 변화를 초래하는 요인들은 다양하다. 따라서 정보통신기술의 발전이 미래의 의회정치 형태 및 과정을 자동적으로 변화시킨다는 생각은 분명한 오류이다. 현 시점에서 보다 중요하게 고려되어야 할 사항은 정보통신기술의 특성을 활용하여 어떻게 의회행정의 효율성을 향상시키고, 나아가 의정활동에 있어서 투명성과 민주성을 제고시킬 것인가의 문제일 것이다.

2. 의회와 전자민주주의

기본적으로 전자의회와 전자정부는 행위 주체에 의해 구분될 수 있을 것이다. 그러나 보다 근본적인 차이점은 전자의회와 전자정부가 추구하

---

5) Donald R. Wolfensberger, "Can Congress Cope with It? Deliberation and the Internet," in James A. Thurber and Colton C. Cambell, eds., *Congress and The Internet* (Upper Saddle River, New Jersey: Prentice Hall, 2003), p. 129.

는 기본 목표에 대한 강조점이 상이하다는 점에 기인한다. 전자정부가 민주적인 맥락에서 행정의 효율성 및 대국민 서비스 향상에 강조점이 있다면, 전자의회는 전자적 수단을 통한 참여민주주의의 실천에 그 근본 목적이 있다.[6] 즉 전자정부의 일차적 목표가 국민 삶의 질적 향상에 있다면, 전자의회의 일차적인 목표는 민주주의의 질적 향상에 있다고 할 수 있다. 이러한 점에서 의회 홈페이지는 기본적으로 정보제공형 전자민주주의와 토론형 전자민주주의의 결합으로 구성되어야 할 것이다.

(1) 의정활동과 전자민주주의

전자민주주의(e-democracy)란 민주주의의 질적 향상을 위해 정치과정에 인터넷 기술을 활용하는 것을 의미한다.[7] 그렇다면, 민주주의의 질적 향상을 위해 전자민주주의가 추구하는 가치는 무엇인가? 〈표 3-1〉에서 제시하듯이, 전자민주주의는 세 가지 이념형(ideal type)으로 구분이 가능하다.[8]

〈표 3-1〉 전자민주주의의 세 가지 이념형

항목 \ 유형	정보제공형	정책결정형	토론형
정당성의 근거	책임성	다수결의 원칙	공적 논의
시민의 역할	고객	정책결정자	여론형성자
공직자의 역할	정보공개	정책결정 수용	정치적 합의 수용
정치과정의 효과	투명성	효율성	시민 참여

6) 박동진, "전자국회의 현실과 이상,"『국회도서관보』40권 8호(2003년 10월), pp. 4-15.
7) Christropher F. Arterton, *Teledemocracy: Can Technology Protect Democracy?* (Newbury Park, CA: Sage Publications, 1987), p. 14.
8) 김용철, "인터넷과 의정활동: 이메일 활용과 토론방 운용을 중심으로,"『국회도서관보』41권 6호(2004년 6월), pp. 40-42.

첫째, 정보 공개와 서비스 제공을 강조하는 이른바 "정보제공형" 모델
이다. 이 유형은 민주주의의 공리주의적 혹은 보호주의적 개념에 기반
한다. 즉 정부와 공직자의 정당성은 그들이 약속한 정책공약과 정책적
결과물들이 얼마나 효과적으로 국민들에게 전달·제공되고 있는가의 여
부에 달려있다. 따라서 이 모델에서 시민들은 정치적 주체이기보다는 시
장경제의 고객(customer)으로 간주된다. 고객으로서 시민들은 의사결정
과정에의 참여를 전제하지 않는 까닭에, 시민들의 정치참여는 필수적인
요소가 아니다. 다만 정부와 공직자는 시민들에게 정보접근이 용이하도
록, 그리고 공공서비스가 효과적으로 제공될 수 있도록 조처해야 한다.
이러한 맥락에서 이 유형은 "얇은 민주주의"(thin democracy)로 평가된
다.[9] 그러나 이러한 유형의 전자민주주의 모델이 가져오는 정치과정적
효과가 전혀 없는 것은 아니다. 이 모델은 다양하고 풍부한 정보 및 서비
스를 제공함으로써 정치과정의 투명성을 제고하는 효과를 지닌다.

둘째, "정책결정형" 모델이다. "정보제공형"과는 달리, 이 유형은 모
든 시민이 정치엘리트와 동등한 수준의 지혜를 보유한 것으로 전제한다.
따라서 다수의 의사가 사회의 모든 영역의 정책에 직접적으로 영향을 미
치는 것을 허용한다. 이 모델은 컴퓨터 네트워크를 통해 시민들 개개인
의 견해와 의견을 구하여, 국정의 주요 사안에 대해 신속하게 의사결정
을 하는 것을 목표로 한다. 이러한 의미에서 이 모형은 "신속 민주주의"
(quick democracy)로 칭하기도 한다.[10] 그러나 이 모델은 대의민주주의
제도의 현실적 실용성을 부정하지 않는다. 다만 대의민주주의 제도와 직
접민주주의적 요소의 결합을 시도한다. 시민들 개개인이 정책결정자이
며, 정책의 정당성은 다수결의 원칙에 기초한다. 오늘날 인터넷 여론조
사와 인터넷 투표는 "신속 민주주의" 모델에 기초한 전자민주주의의 대

---

9) Joachim Astrom, "Should Democracy Online be Quick, Strong, or Thin?" *Communication of the ACM*, 44:1 (January 2001), pp. 49-51.
10) *Ibid.*, pp. 49-51.

표적 사례이다.

셋째, 원활한 커뮤니케이션의 흐름을 강조하는 "토론형" 모델이다. "토론형"은 여론조사 및 국민투표를 통해 시민의 의사를 파악하는 것에 대해 지극히 회의적이다. 즉 이 모델에 의하면, "신속 민주주의" 유형은 '국민에 의한 통치'를 해석하는 데 있어서 치명적인 오류를 범하고 있는 것으로 본다. "토론형" 모델에 의하면, 민주주의는 투표 이상의 것을 의미한다. 즉 민주주의란 공통의 이해 관심사에 대한 대화와 토론의 기회가 시민들에게 충분히 주어지고, 상대방의 의견에 대한 존경·신뢰·관용의 원칙하에서 심의 및 숙고의 과정을 거쳐 정책적 합의(consensus)가 모색됨을 의미한다. 요컨대, 정당성의 원천은 이미 결정된 개인 의견들의 총합에 있는 것이 아니라, 의사의 형성과정, 즉 숙고과정에 있다는 것이다. 이 과정에서 시민들은 의견 제시자이자 여론 형성자의 역할을 수행하며, 시민들의 토론과 심의는 전자적으로 구성된 게시판 및 토론방 그리고 이메일을 통해 효과적으로 성취될 수 있을 것으로 본다. 이런 의미에서 이 유형은 "강한 민주주의" 모델로 알려져 있다.[11]

위의 모델들은 현재 실험되고 있는 전자민주주의가 추구하는 이념적 유형들(ideal types)이다. 이러한 이념적 유형들은 민주주의의 질적 향상이라는 측면에서 각각 나름의 문제점들을 내재하고 있다. "정보제공형" 모델은 시민들에게 정보와 서비스를 제공한다는 점과, 정치과정의 투명성과 정치적 책임성을 강조한다는 점에서 강점을 지니고 있다. 그러나이 모델은 시민들의 정치참여의 증진에는 무관심하다. 이에 비해, "정책결정형"과 "토론형"은 시민들의 정치참여기회를 적극적으로 제고한다는 점에서 바람직한 것으로 보여진다. 그러나 "정책결정형"은 정책결정과정의 속도를 강조한다는 점에서 정책내용에 대한 심도 있는 논의의 기회를 박탈하는 효과를 지닌다. 즉 "정책결정형" 모델은 충분한 정보와 논

11) Bejamin Barber, *Strong Democracy: Participatory Politics for a New Age* (Berkeley, California: University of California Press, 1984).

의가 없는 상태에서 정치적 의사결정에의 시민적 참여만을 강조하는 경향이 강하다. 이에 비해, "토론형" 모델은 원활한 커뮤니케이션을 통한 시민들의 공적 논의와 심의를 강조하며, 나아가 정치적 합의의 형성을 추구한다.

의회민주주의의 질적 향상이라는 측면에서, 어느 모델이 적합할까? 의회는 시민사회의 다양한 목소리를 접수하고, 그 의견들을 집약하고 심의하여, 이성적인 정책방향을 결정·제시하고, 그 심의 결과를 정부의 공공정책에 반영시키는 역할을 수행한다. 행위자적 관점에서 볼 때, 의회는 의원들의 입법활동, 감사활동, 예산심의, 지역구활동 등을 비롯하여 다양하고 빈번한 정보의 생산 및 교환, 그리고 끊임없는 의사소통을 필요로 한다. 즉 의정활동의 대부분은 정보의 교환과 의사소통이라는 정치커뮤니케이션으로 구성된다. 이렇게 볼 때, 의회가 기본적으로 추구해야 할 전자민주주의 유형은 "토론형"이다. 그러나 원활한 커뮤니케이션은 충분한 정보제공이 필히 전제되어야 한다. 따라서 의회의 정보화는 "토론형"과 "정보제공형"의 조합으로 구성되어야 할 것이다.

(2) 의회의 정보화 전략

의회는 어느 기관 못지 않게 빈번한 서류의 생산 및 교환, 그리고 끊임없는 의사소통을 필요로 한다. 이 점에서 의회는 인터넷이 보유하고 있는 장점들을 - ① 전자 서류의 효율적인 생산 및 유통 ② 네트워크의 형성 ③ 쌍방향 의사소통 등 - 최대한 이용할 수 있는 기관이다. 즉, 의회의 정보화는 의회 행정의 효율성 제고는 물론이고, 국민들에게 의정활동에 대한 정보를 신속하게 제공함으로써 국민들의 알 권리를 충족시키고, 나아가 시민·이익단체·의회·행정부처 간의 커뮤니케이션을 원활하게 수행할 수 있게 함으로써 심의민주주의를 심화시키는 것을 의미한다.

이러한 맥락에서, 벨라미와 랩(Bellamy & Rabb)이 제시한 "정보화의 사다리"(ladder of informatisation)는 의미 있는 의회정보화 모델이다(그

〈그림 3-1〉 의회의 정보통신기술 활용의 단계적 개념도

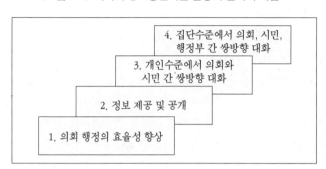

림 3-1 참조).[12] 사다리의 첫 번째 계단은 의회 행정업무의 효율성 향상을 위해 문서작성 및 출판기술을 활용하는 영역이다. 구체적으로, 정보통신기술을 의원 및 의원사무실, 의회 행정조직, 입법지원기관의 업무처리의 생산성 제고를 위해 활용한다. 예컨대, 정보통신기술을 채택함으로써 의회 행사 일정, 입법안 및 청원안의 처리, 상임위원회의 심의활동, 청문회의 일정과 내용 등에 대한 문서작성 및 출판, 그리고 출판물의 배포 업무 등을 신속하고 저렴하게 처리할 수 있다. 또한 의회 내에 인트라넷 (intranet)을 활용함으로써, 의회 내부 기관 간의 의사소통 및 정보교환 능력을 현저히 향상시킬 수 있다. 예컨대, 개별 의원과 입법보좌기관들 (예: 국회도서관, 입법보좌진)과의 온라인 접속을 가능케 함으로써, 의회의 업무처리에 있어서 전문성과 효율성의 제고를 꾀할 수 있을 것이다.

사다리의 두 번째 계단은 정보통신기술을 대국민 정보제공 분야에 활용하는 영역이다. 인터넷상에 게시된 정보는, 기존 대중매체와는 달리, 시간과 장소에 관계없이 접근이 가능하며 그 비용은 매우 저렴하다. 또한 게시된 정보는 어느 때고 업데이트(update)가 가능하다. 이러한 특성

---

12) Christine Bellamy and Charles D. Raab, "Wiring-up the Deck-Chairs?" *Parliamentary Affairs* 52:3 (July 1999), pp. 520-521.

을 활용하여, 의회는 의원들에 대한 정보(예: 의원의 지역구, 소속 정당, 의안 표결 기록 등), 최근 의회의 진행 상황에 대한 정보(예: 회의 일정 공개, 정책 논의에 대한 기록, 입법안 및 청원의 발의 및 진행상태, 장관들의 발언 등), 의회가 발간한 보고서 및 문헌들에 관한 정보 등을 일반 시민들에게 신속하고 효과적인 방법으로 제공하고 배포할 수 있게 된다.

처음의 두 계단은 기본적으로 네트워크 및 전자서류의 생산기술을 활용한 것이나, 나머지 두 계단은 쌍방향대화 기술을 활용한다. 세 번째 계단은 정보통신기술의 쌍방향대화 기능을 활용하여 의회 및 의원(의회사무처 혹은 의원사무실)과 개별 시민들이 기본적으로 개인적 이슈 및 관심사에 대해 상호 의사소통을 가능하게 하는 단계이다. 의원사무실의 주요 업무 가운데 하나가 선거구민들과 접촉하여 민원 및 여론을 청취하고, 의원의 정책적 입장을 설명하는 것이다. 미국의 경우, 상·하원 의원 공히 그들이 보유한 인적자원의 30~60%를 선거구민들이 보내온 편지에 회신을 하고, 선거구민들이 연방정부로부터 정책서비스를 원활히 받을 수 있도록 도와주고, 자신의 의정활동을 지역구민들에게 소개하는 데 소비한다.[13] 세 번째 계단은 바로 이러한 업무에 정보통신기술을 활용하는 영역이다. 예컨대, 의원 개인의 인터넷 웹사이트를 활용한 민원의 접수 및 처리, 특정 정책 이슈에 대한 여론조사, 자신의 정책적 입장에 대한 설명 및 홍보 등이 대표적인 예이다.

그리고 마지막 계단은 정보통신기술을 이용하여, 집단적 차원에서 정책의안의 형성 및 심의를 둘러싸고 의회와 시민사회(예: 시민단체 및 이익집단) 간의 쌍방향적 의사소통을 가능하게 하며, 동시에 정책심의 및 조정 혹은 정책결과를 둘러싸고 의회와 정부부처 간의 쌍방향대화를 가능하게 하는 영역이다. 예컨대, 영상을 통한 간담회 및 공청회, 위원회에

---

13) George Washington University and Congressional Management Foundation, *Congress Online: Assessing and Improving Capitol Hill Web Sites* (Washington, D.C.: Congress Online Project, 2002), p. 1.

서의 증언, 행정부에 대한 감사 등이 이에 해당한다.

이러한 "정보화의 사다리"는 의회의 정보통신기술 활용 순서가 반드시 단계별로 이루어져야 함을 의미하는 것은 아니다. 의회의 정보화는 4단계 모두가 동시적으로 진행될 수도 있으며, 경우에 따라서는 위 계단의 범주가 먼저 진행될 수도 있을 것이다. "정보화의 사다리"는 단지 의회가 어떤 영역에 새로운 정보통신기술을 활용할 수 있는가를 보여주고 있으며, 모든 범주의 정보화 수준 및 활용이 일종의 규범으로 행위자들에게 내면화되고 제도로서 정착될 때, 의회정치과정의 정보화가 완성됨을 의미한다.

3. 의회 홈페이지

의회 홈페이지는 의회의 일반적 기능에서 현재 진행중인 의정활동에 이르기까지 다양한 정보의 제공뿐만 아니라, 시민들의 의정과정에의 참여 채널로써 역할을 수행한다. 이러한 맥락에서 국제의원연맹에서 제시한 의회 웹사이트가 기본적으로 갖추어야 할 메뉴를 소개하고, 대한민국 의회 홈페이지를 살펴본다.

(1) 의회 웹사이트

국제의원연맹(Inter-Parliamentary Union)의 조사에 의하면, 2000년 4월 현재 101개국 의회들 가운데 약 57%에 해당하는 의회가 자체 웹사이트를 개설·운영하고 있는 것으로 집계되고 있다. 이는 1998년 여름의 상황과 비교할 때 약 3배 정도로 증가한 수치이며,[14] 이후 많은 나라들의

---

14) 2000년 4월 현재, 유럽 국가들의 의회가 87%, 북남미 국가들의 의회가 60%, 아시아 국가들의 의회가 58%, 아프리카 국가들의 의회가 33%, 오세아니아 국가들의

의회가 웹사이트를 설치 · 운영하여 현재 의회의 웹사이트 보유율은 더욱 증가된 것으로 알려지고 있다.

〈표 3-2〉 의회 웹사이트가 갖추어야 할 기능과 내용

기능		내용	
		필수적 사항	선택적 사항
정보제공	의회에 관한 일반 정보	의회의 개략적 구조와 기능, 헌법 및 의사규정, 의회가 소속된 국제기구 소개.	입법과정 및 의회업무 소개, 최근 입법활동에 대한 통계, 의회의 역사, 의회건물 소개, 본회의장 의석배치도, 입법보좌기구 소개, 방청 및 의회도서관 이용방법.
	선거 및 정당에 관한 정보	선거절차, 정당별 및 지역구별 최근 선거결과.	정당별 의원 구성 및 정당연합 상황, 최근 선거 결과의 연령별, 성별, 직업별 분류, 선거법 소개.
	입법 및 의안 정보	입법과정에 대한 설명, 현 회기의 입법안 및 일정, 현 의회에 의해 제정된 입법들에 대한 DB, 상정된 입법안들의 진행 상황.	상임위 보고서, 공청회, 표결 상황에 대한 DB, 예산 및 재정에 대한 정보, 의사진행의 요약문 혹은 전문, 의회의 대정부 질의에 대한 정보, 의사진행 용어해설, 회의진행 상황에 대한 인터넷 방송.
	의장단 정보	의장단의 경력, 의장을 비롯한 의장단의 권한 및 특권 소개.	의장단의 공적 행사 일정, 의장단의 주요 연설문, 역대 의장단 소개, 피드백 페이지(feedback page)의 설정.

의회가 29%의 웹사이트 보유율을 보이고 있다. The Inter-Parliamentary Council, *Guidelines for the Content and Structure of Web Sites*, http://www.ipu.org/cntre/web.pdf, p. 3(검색일: 2000년 1월 18일).

기능	내용	
	필수적 사항	선택적 사항
정보제공 · 의원 정보	의원 명단(지역구, 소속정당, 소속상임위, 의원 웹사이트에 대한 링크), 지역구별 및 정당별 의원 소개, 의원들의 연락처, 현 의회 기간 중 사임한 의원 명단.	의원들의 경력, 주요 이슈에 대한 의원별 주제별 토론 내용에 대한 데이터베이스, 의원들의 의회 표결 내용, 의원의 권한, 면책특권, 봉급 및 수당.
의회기관에 관한 정보	의회 내부 기관의 리스트와 개별 웹사이트에 대한 링크, 의회기관의 권한 및 역할, 의회기관의 장 및 소속 위원 소개, 최근 회의 일정 소개, 의회기관의 연락 정보, 의회가 소속하고 있는 국제기구에 대한 정보.	의회기관이 개최하는 청문회 및 회의 일정 소개, 개별 의회기관에 대한 보도자료 및 기타 참고 사항 소개.
의회 출판 정보	의회가 보유하고 있는 각종 책자 및 문헌들의 리스트, 위의 문헌들에 대한 구매 정보.	의회 출판 문헌들의 온라인 구매 시스템, 의회 출판 문헌들에 대한 내려받기 제공.
기타 정보	FAQ(Frequently Asked Questions) 제공.	
쌍방향대화	웹마스터(Webmaster)에게 직접 이용자의 의견을 전달할 수 있는 쌍방향대화 수단 제공, 의회기관 및 의원들에게 직접 이용자의 의견을 전달할 수 있는 이메일.	각종 이슈에 대한 토론광장(discussion forum), 의회 정보가 이용자에게 자동적으로 전달되는 메일링리스트(mailing list) 설치, 전자여론조사 설치.
네트워킹	대통령, 행정부, 사법부의 웹사이트, 국가 공식 웹사이트, 지방의회 웹사이트, 국제의원연맹 웹사이트, 각종 국제기구 웹사이트, 정당들의 웹사이트, 개별 의원들의 웹사이트.	개별 행정부처 및 국가기구의 웹사이트, 타 국가의 의회 웹사이트, 국제검색엔진 및 국내검색엔진 설치.

각 나라의 의회 웹사이트들은 사이즈(size), 내용(content), 디자인(design), 운영 및 관리 면에서 다양한 양상을 보인다. 예컨대, 사이즈의 측면에서 매우 빈약한 것에서부터 방대한 메뉴를 포함하는 웹사이트에 이르기까지 나라마다 매우 상이한 것으로 조사되고 있다. 또한 내용적으로 단순히 의회의 역사와 의원들의 소개에 그치는 웹사이트로부터 의회의 입법정보 및 개별 의원들에 대한 정보는 물론 시민들의 의사를 묻는 온라인 서베이(online survey) 및 채트룸(chat room) 등의 쌍방향 의사소통, 그리고 검색엔진을 제공하는 웹사이트에 이르는 것까지 다양한 것으로 분석되고 있다. 웹사이트에 채택된 기술도 단순히 텍스트만을 전달하는 수준에서 음향 및 영상을 이용한 애니메이션(animation)을 적용한 웹사이트에 이르기까지 천차만별이다.

대체적으로 의회 웹사이트의 목적은 ① 의정활동의 효율성 향상, ② 의정활동의 공개를 통한 투명성 확보, ③ 의정활동 관련 행위자 간의 쌍방향대화를 통한 민주성 제고 ④ 입법과정에 대한 시민교육 등으로 요약할 수 있다.[15] 이러한 의회 웹사이트의 목적과 관련하여, 국제의원연맹의 보고서는 의회 웹사이트가 갖추어야 할 최소한의 능력과 내용을 구체적으로 제시한다.[16] 국제의원연맹 보고서가 제시한 내용에 의하면(표 3-2 참조), 의회 웹사이트는 정보제공능력, 쌍방향대화능력, 네트워킹능력을 갖추어야 하며, 각 카테고리는 최소한 '필수적' 요소를 갖춘 후, '선택적' 요소를 보완해가는 작업이 중요하다고 한다.

(2) 대한민국국회 홈페이지

1995년 8월 정보화촉진기본법이 제정됨에 따라, 대한민국국회는 '21

---

15) Pippa Norris, *Digital Divide: Civic Engagement, Information Poverty, and the Internet Worldwide* (UK: Cambridge University Press, 2001), pp. 137-138.
16) The Inter-Parliamentary Council, *op. cit.*, pp. 6-13.

세기형 선진 전자국회의 구현' 을 목표로 1996년부터 체계적인 정보화사업계획을 수립하여 행정업무의 전산화, 입법정보지원 서비스 향상, 민의수렴 및 정보제공 확대, 정보 공동활용체제의 구축 등 제1차 입법정보화사업(1996~2000)을 추진하기 시작하였다. 이에 따라, 의회행정절차의 간소화를 위한 인사 · 급여 · 물자관리시스템과 전자결재 기능을 포함한 인트라넷 시스템 등 행정정보시스템을 구축하였다. 또한 입법정보지원 서비스 향상을 위해 국회회의록 시스템 · 입법정보(의안정보)제공시스템 · 국정감사 의원요구 답변자료 DB 등 일부 입법정보시스템을 구축하였고, 민의수렴과 정보제공 확대를 위해 국회 홈페이지를 구축하였다.

이후 국회는 보다 향상된 입법정보시스템의 완성과 대국민 정보서비스 강화를 목표로 제2차 입법정보화사업(2001~2003)을 지속적으로 추진하여 입법통합시스템을 구축하였다. 입법통합시스템은 법률정보, 예 · 결산정보, 국정감사정보, 의안정보, 멀티미디어, 인터넷의사중계, 회의록 시스템 등으로 구성되어 있으며, 각 시스템별로 데이터베이스가 꾸준히 구축 · 보완되어 왔다. 2003년에는 제3차 입법정보화계획 수립을 위한 ISP(Information Strategy Planning)을 진행 · 완료하였다. 〈그림 3－2〉는 새로운 ISP를 기반으로 17대 국회 개원 직후 선보인 국회홈페이지 초기 화면이다.

새로 개편된 국회 홈페이지는 총 8개의 메뉴와 여러 개의 아이콘으로 구성되어 있다. 이를 구체적으로 소개하면 다음과 같다.

◆ '입법부 소개' 메뉴는 국회의 구성, 활동, 권한, 입법지원조직, 국회의 어제와 오늘, 그리고 국회를 구성하고 있는 세부 조직의 전화번호 안내 등의 내용으로 이루어져 있다. 이 메뉴는 방문자들에게 국회에 관한 일반 정보를 제공함을 목적으로 하고 있다.

◆ '국회의장' 메뉴에서는 현 국회의장 관련자료와 각종 정보를 검색할 수 있고, '자유게시판' 및 '의장에게 바란다' 등의 메뉴를 통해 국회운영에 관한 네티즌의 다양한 의견을 자유롭게 개진할 수 있도록 하

〈그림 3-2〉 대한민국국회 홈페이지(www.assembly.go.kr) 초기화면

고 있다.

◆ '국회의원' 이라는 메뉴에서는 현 국회를 구성하고 있는 의원을 인명별, 시도별, 교섭단체별, 위원회별, 당선 횟수 별로 검색할 수 있는 서비스를 제공하고 있다. 특히 시도별 검색에서는 우리나라 전체지도에서 시·도를 선택한 후 나타나는 지역구를 클릭하는 방식으로 손쉽게 국회의원을 찾아볼 수 있도록 하였다. 또한 국회의원들의 홈페이지 링크를 제공하고 있으며, 역대의원 및 의원연구단체 등의 정보를 제공하고 있다.

◆ '의사일정' 메뉴에서는 전체의사일정, 오늘의 의사일정, 본회의 의사일정, 위원회의사일정, 국정감사일정에 대한 정보를 제공한다. '오늘의 의사일정' 의 경우 국회 홈페이지 초기화면의 일정란과 연동되어 있으며, 각각의 회의결과는 혼글 파일로 첨부되어 다운로드받을 수 있

게 하였다.

◆ '자료실' 메뉴는 국회통과새법률, 위헌결정법률, 국회경과보고서, 국회공보, 위원회자료실, 서식자료실, 프로그램자료실 등의 하위메뉴로 구성되어 있다. 이 메뉴들을 통해 국회에서 생산되는 각종 법률 및 자료, 국회소식, 기타 자료들을 열람할 수 있으며, 자료실에서 제공되는 각종 자료들은 흔글 파일 및 PDF 파일 등으로 첨부되어 누구든 다운로드를 받을 수 있게 되어 있다.

◆ '알림마당' 메뉴에서는 국회의 각 실·국·위원회에서 대외적으로 알리는 '공지사항,' 국회에서 언론에 배포하는 '보도자료,' 각 의원실에서 알리고자 하는 내용을 서비스하는 '의원실 소식,' 국회 및 의원실에서 주최하는 '공청회 및 간담회 일정' 등을 검색할 수 있다. 또한 정보공개제도에 관한 안내, 정보공개청구방법 등을 검색할 수 있으며, 각종 국회간행물에 대한 정보를 안내하고 있다.

◆ '인터넷민원' 메뉴는 민원, 청원, 진정에 대한 안내 및 처리방법 등에 대하여 자세히 안내하고 있으며, '민원접수' 라는 하위메뉴를 통해 방문자들은 민원을 접수할 수 있다.

◆ '네티즌광장' 은 자유게시판, 정책제언, 토론의 장, 설문조사, 무엇이든 물어보세요 등 5개의 하위메뉴로 구성되어 있다. '자유게시판' 에서는 국회에 바라는 내용이나, 자신의 의견 등을 자유롭게 개진할 수 있으며, '정책제언' 은 국회의 각 위원회의 자유게시판을 링크시켜 놓은 것으로, 위원회별 활동과 관련된 각종 의견을 개진할 수 있게 되어 있다. 이밖에도 '설문조사' 에서는 국회의 발전과 국민의 참여 활성화를 위해 실시되는 각종 설문에 동참할 수 있고, '무엇이든 물어보세요' 를 선택하면 국회와 관련해서 알고 싶은 다양한 질문들을 신청하고, 그 처리결과를 조회할 수 있다.

◆ '모바일서비스' 메뉴는 모든 무선통신 가입자를 대상으로 무선인터넷서비스가 지원되는 단말기를 통해 실시간으로 의사일정, 법률정보, 공지사항, 의원실 소식, 보도자료, 주요전화번호, 채용정보 등의 국회

정보를 제공한다.

◆ '통합검색'에서는 '인기검색어,' '상세검색,' '디렉토리 검색' 등의 하위메뉴를 통해 국회관련 정보를 검색할 수 있다. '인기검색어'의 경우 통합검색을 통해 검색한 단어를 순위를 매겨 일주일 단위로 검색순위를 제공하고 있다. '상세검색'에서는 입법통합지식관리시스템, 국회관계법지식DB, 정치관계법지식DB, 헌법지식DB 별로 선택하여 상세하게 검색할 수 있으며, 그 밖에 디렉토리 검색을 통해 국회 홈페이지가 제공하는 각종 시스템을 임의로 선택하여 검색할 수 있다.

◆ 국회홈페이지는 외국인 이용자를 위한 영문 홈페이지 서비스, 시각장애인을 위한 별도의 홈페이지 서비스도 제공하고 있다. 또한 '무엇이든 물어보세요' 등 바로 가기로 구성된 퀵메뉴(Quick Menu)를 이용하면 국회의 활동과 관련한 주요사항들을 보다 신속하고 간편하게 알아볼 수 있도록 하고 있다. 또한 '방문안내' 메뉴를 통하여 국회방청 및 참관에 관한 세부정보를 제공하고 있으며, '국회채용시스템'을 클릭하면 국회사무처, 국회도서관, 국회예산정책처와 관련된 채용정보에 접근할 수 있도록 하였다.

◆ 국회홈페이지는 '위원회,' '국회사무처,' '국회도서관,' '국회예산정책처,' '헌정기념관,' 그리고 어린이들을 위한 교육용 홈페이지인 '꿈나무 의회교실' 등의 관련사이트 링크 서비스를 제공하고 있다.

전체적으로 볼 때, 대한민국국회 홈페이지는 컨텐츠의 구성면에서 국제의원연맹이 제시하는 일반적 기준을 대체적으로 충족시키고 있는 것으로 보인다. 그러나 메뉴의 형식이 내용의 충실성을 보장하지는 않는다. 이러한 맥락에서 국회 홈페이지가 그 역할을 온전히 수행하기 위해서는 두 가지 사항을 유의해야 할 것으로 보여진다.

첫째, 대한민국국회 홈페이지는 다양한 메뉴들을 통해 사용자 친화적인 형태로 의정정보를 제공하고 있다. 특히 '국회정보시스템' 메뉴는 입법활동과 국정심의에 필요한 각종 정보에 대한 데이터베이스의 구축을 시도하고 있다. 이러한 데이터베이스를 구축함으로써, 국회 홈페이지는 이제 의원들과 보좌관들을 위한 온라인 입법지원서비스, 그리고 시민들을 위한 온라인 의정정보서비스를 제공할 수 있는 채비를 갖추게 되었다. 그럼에도 불구하고 이들 메뉴가 성공적으로 작동하기 위해서는, 데이터베이스의 끊임없는 개발과 지속적인 업데이트가 요구된다. 왜냐하면, 전문적인 자료의 분석과 체계적인 데이터 축적이 결여된 데이터베이스는 의원과 보좌관, 그리고 시민들의 방문을 결코 유인할 수 없기 때문이다.

둘째, 의회 홈페이지의 궁극적인 목적은 참여민주주의 실현에 기여함에 있다. 이점에서 대한민국국회 홈페이지는 더욱 노력을 기울여야 할 것으로 보인다. 국회 홈페이지는 시민들의 국정참여 활성화의 일환으로 인터넷민원과 네티즌광장을 제공하고 있으나, 그 메뉴도 다양하지 못하며 메뉴의 구성 역시 시민들의 활발한 사이버 정치참여를 기대하기에는 지극히 평면적이다. 예컨대, 인터넷민원은 단순히 민원을 제기하는 당사자만이 홈페이지를 통해 글을 올리게 되어 있으며, 따라서 당사자가 아닌 네티즌들은 어떤 내용의 민원이 제기되었는지 알 수 없는 폐쇄식으로 되어 있다. 따라서 민원에 대한 다양한 행위자들 간의 공적 토론과 심의는 아예 할 수가 없다. 뿐만 아니라 사이버공간에서 청원 메뉴는 아예 존재하지 않는다. 이 점에서 스코틀랜드 의회홈페이지의 전자청원(e-petition)은 매우 시사적이다. 스코틀랜드 시민들은 의회 홈페이지의 메뉴를 통해 전자청원을 할 수 있다. 전자청원 사이트는 상정된 청원의 취지와 관련 자료를 제공하고, 이에 동조하는 시민들은 전자서명을 함으로써 지지의사를 밝힌다. 청원이 완료되면 관련 서류가 의회에 제출되고 공공청원위원회(Public Petition Committee)에서 청원안 상정 여부를 최종적으로 결정한 후 청원 절차를 밟게 된다. 이러한 전자청원은 시민들에게 의정참여의 기회를 제공할 뿐만 아니라, 청원 내용에 대한 시민들의 관심과 이해를 높일 수 있으며, 나아가 의원들의 반응성과 책임성도 더욱 제고시킬 수 있는 장점을 지닌다.[17]

4. 의원 홈페이지

개별 의원들의 웹사이트는 의회의 기관 웹사이트(institutional web-site)와 구분되는 상이한 컨텐츠 구성을 요구한다. 의원 홈페이지는 선거구 주민들에게 보다 신속하게 정보 및 서비스를 제공하는 일종의 '가상 의원사무실'(virtual office) 역할을 수행한다. 따라서 내용적으로 우수한 웹사이트는 의원의 지역구 주민 관리에 소요하는 시간을 경감시켜주며, 정기적인 방문객 및 새로운 방문자들을 유인해 내어 의원의 지명도를 제고시키며, 보다 정확한 선거구민들의 정서 및 태도를 전달하여 의원의 정책의제(법률안 및 청원) 형성에 도움을 준다. 궁극적으로 훌륭한 의원 웹사이트는 의원의 재선을 위한 선거캠페인의 역할을 수행한다.[18]

(1) 의원 웹사이트의 내용과 디자인

웹사이트의 내용 작성에 있어서 의회 웹사이트와 의원 웹사이트는 확연히 구분된다. 의회 웹사이트가 일반 시민들 전체를 대상으로 운용된다면, 의원 웹사이트는 선거구 주민 및 자원봉사자와 같은 구체적인 집단을 대상으로 운용되기 때문이며, 의원들은 다음 선거에서의 재선을 의식해야 하기 때문이다.

의원 웹사이트의 컨텐츠는 정보형, 토론형, 행동형 등 대체로 3가지 유형으로 구성된다. 첫째, 정보제공과 관련하여 미국의 의회연구기관들이 발행한 일련의 보고서들은 의원 웹사이트가 필히 갖추어야 할 내용을

---

17) 윤성이, "스코틀랜드 의회 홈페이지 둘러보기,"『국회도서관보』 41호 3권 (2004년 3월), pp. 70-73.

18) Diana Owen, Richard Davis, and Vincent James Strikler, "Congress and the Internet," *Harvard International Journal of Press/Politics* 4:2 (Spring 1999), p. 10.

다음과 같이 제시하고 있다: ① 의원 정보(의원의 경력〈사진 게시〉, 의원의 정책선호, 관심사항, 업적, 전문분야 등에 관한 정보), ② 입법 정보(주요 법률안 진행과정, 법률안에 대한 의원의 입장 혹은 표결기록), ③ 이슈 정보(선거구민들의 이해관계에 직접적으로 영향을 미칠 수 있는 구체적 이슈에 대한 정보), ④ 지역구 정보(지역주민 혹은 지역단체에 대한 소개, 지역구의 행사 소개 등), ⑤ 교육 정보(학생들을 위한 의회의 역할 및 입법과정에 대한 교육정보), ⑥ 언론 정보(언론기관 및 기자들을 위한 의원의 의정활동에 관한 정보), ⑦ 핫이슈 정보(전국적으로 주목을 끌고 있는 최근 이슈나 사건들에 대한 정보), ⑧ 연락 정보(의원 및 의원보좌관들과 연락할 수 있는 전화, 팩스, 사무실 주소, 이메일 주소 등에 대한 정보), ⑨ 타기관 링크(의원 웹사이트에서 제공하는 내용에 대한 전문성, 신뢰성, 중립성을 제고시킬 수 있는 웹사이트와의 링크 제공).[19] 의원 웹사이트를 통한 질적으로 우수하고 양적으로 풍부한 정보의 제공은 의원의 선거구 관리 비용과 시간을 경감시켜 주며, 더욱 많은 네티즌들의 웹사이트 방문을 유인하며, 시민들의 의회 및 의원 활동에 대한 이해를 증진시킨다는 점에서 매우 중요하다.

둘째, 토론형 컨텐츠이다. 이메일, 게시판, 포럼, 토론방 등이 이에 해당하는 주요 메뉴들인데, 이는 다양한 이슈들을 둘러싸고 네티즌과 의원, 네티즌과 네티즌들 간의 대화를 이끌어 내는 메뉴이다. 이러한 메뉴들을 통한 의원과 선거구 주민 간의 쌍방향대화의 적극적 활용은 의원에 대한 시민들의 신뢰감 제고는 물론, 의원이 선거구 주민들의 정서와 선호를 파악하는 데 도움을 준다.

19) Dennis W. Johnson, et al., *Constituents and Your Web Site: What Citizens Want to See On Congressional Web Sites* (Washington, D.C.: Congress Online Project, 2001); Kathy Goldschmidt, Nicole Folk, Mike Callahan, Richard Shapiro, and Brad Fitch, *Congress Online: Assessing and Improving Capitol Hill Web Sites* (Washington, D.C.: Congress Online Project, 2002), pp. 14-17.

셋째, 행동형 컨텐츠이다. 이는 홈페이지 방문자로 하여금 적극적으로 의원의 의정활동을 지지해 줄 것을 촉구하는 메뉴이다. 그 대표적인 예로는 후원금 및 자원봉사자의 모집, 그리고 지지자들의 모임의 결성 및 참여 등이 있다. 이는 홈페이지 개설자인 의원에 대한 지지자들을 체계적으로 동원하고 관리한다는 점에서 의원의 재선과 가장 밀접하게 관련된 컨텐츠이다.

컨텐츠의 내용 구성도 중요하지만, 이에 못지 않게 중요한 것은 네티즌 친화적인 웹사이트의 디자인과 관리이다. 아무리 웹사이트의 내용이 훌륭하다 하더라도, 웹사이트 사용이 불편하면 네티즌들은 방문하기를 꺼려한다. 또한 웹사이트가 제공하는 정보가 시의성이 떨어지거나, 웹사이트 운영자가 네티즌의 질문에 성실하게 반응하지 않는다면, 네티즌들은 더 이상 홈페이지 방문의 필요성을 느끼지 못할 것이기 때문이다. 이러한 이유 때문에, 의원 웹사이트는 다음과 같은 점에 유의하여 디자인되고 관리되어야 할 것이다.[20]

◆논리적 구축(logically constructed information architecture): 방문자가 원하는 정보에 재빨리 접근할 수 있도록 사용자의 입장에서 정보체계가 조직되어야 한다.

◆항해의 편의성(ease of navigation): 네비게이션 바(navigation bar), 옵션 메뉴(menus of option), 링크(links) 등을 제공함으로써 방문자가 쉽게 항해할 수 있도록 하며, 동시에 방문자가 항해 중 길을 잃지 않고 언제든지 특정 지점으로 쉽게 복귀할 수 있도록 해야 한다.

◆판독용이성(readability): 웹사이트의 콘텐츠는 방문자들이 쉽게 판

---

20) Kathy Goldschmidt, Nicole Folk, Mike Callahan, Richard Shapiro, and Brad Fitch, *Congress Online: Assessing and Improving Capitol Hill Web Sites* (Washington, D.C.: Congress Online Project, 2002), pp. 17-19; Tom Steinberg, *A Strategic Guide for Online MPs* (London: Hansard Society, 2001), pp. 9-16.

독할 수 있어야 한다. 웹사이트의 판독용이성을 향상시키기 위해 고려해야 할 요소들에는 폰트 사이즈와 스타일(font size and style), 폰트와 화면 배경색과의 조화, 문장과 단락의 적절한 길이 및 구조, 화면을 산만하게 하는 애니메이션 및 텍스트의 최소화 등이 있다.

◆적시성(timeliness) 및 신속한 반응(quick response): 웹사이트의 내용이 작성된 시기가 밝혀져야 하며, 그 내용은 정기적으로 업데이트 되어야 한다. 또한 쌍방향대화(예: 이메일)에 있어서 네티즌의 질문에 신속히 그리고 진지하게 반응해야 한다.

◆일관성(consistency): 웹사이트의 레이아웃(layout), 디자인(design), 포멧(formats), 메뉴바(menu bars) 등은 일관성이 있어야 한다. 이는 방문자로 하여금 쉽고 신속하게 그 웹사이트를 항해할 수 있게 도와준다.

◆로드타임(load time): 웹사이트 로드타임이 가능한 짧아야 (적어도 15초 이내) 한다.

◆감각성(look and feel): 웹사이트 디자인 및 그래픽의 모양 및 톤(tone) 역시 웹사이트의 사용편의성에 영향을 미치는 요소이다. 예컨대, 눈부신 색상 및 움직이는 물체들의 과도한 사용은 방문자들의 시선을 산만하게 한다. 또한 그래픽 혹은 사진의 과도한 사용은 방문자들에게 필요한 내용 및 정보가 실릴 공간을 축소시키는 결과를 초래한다.

◆접근 용이성(accessibility): 웹사이트는 시각 장애자를 포함한 모든 방문자에게 접근 가능해야 한다.

◆프라이버시(privacy): 보통 프라이버시는 웹사이트의 사용편의성의 중요 요소로 분류되지 않지만, 최근에 들어 웹사이트에 대한 신뢰도를 결정하는 중요 요소로 인식되고 있다. 특히 공적 웹사이트에 있어서 프라이버시는 매우 중요한데, 방문자의 이름, 주소, 전화번호 등을 요구할 때는 반드시 정보수집의 목적과 프라이버시 보장에 대한 언급이 필요하다.

요컨대, 의원 웹사이트는 컨텐츠, 디자인, 관리 등 모든 측면에서 우수해야 비로소 그 효과를 발휘할 수 있다. 홈페이지를 아무리 잘 관리한다할지라도 컨텐츠와 디자인이 네티즌 친화적이지 못하면, 네티즌들은 홈페이지의 재방문을 꺼려할 것이다. 반대로, 컨텐츠와 디자인이 아무리뛰어나다 해도 홈페이지의 관리가 부실하면, 네티즌의 재방문을 기대하기 어렵다. 다시 말하면, 웹사이트의 내용과 디자인을 네티즌의 방문을유인하는 메뉴라고 한다면, 정보의 내용을 정기적으로 갱신하고, 네티즌의 질문에 대해 진지하게 반응하고, 잠재적 지지자들을 체계적으로 관리하고 동원해 내는 작업은 네티즌의 재방문을 유인해 내는 핵심 요소라고할 수 있다.

(2) 의원의 홈페이지 활용 상태

우리나라에서 의원 홈페이지가 개설되기 시작한 것은 1994년 말경으로 알려져 있다. 초기에는 극히 소수의 국회의원들만이 홈페이지를 개설하여 자신들의 홍보 수단으로 사용하였다. 1996년 10월에 이르러 자신의홈페이지를 보유한 의원은 약 30여 명에 달하였고, 1999년 8월에는 89명으로 증가하였고, 2000년 2월에는 150여 명이 홈페이지를 운용하였던 것으로 알려져 있다.[21] 2003년 5월에는 전체 272명의 국회의원 가운데 230명이 홈페이지를 운용하여 약 84.5%의 홈페이지 보유율을 기록하였고, 2004년 1월에는 235명으로 증가하여 의원의 86.7%가 자신의 홈페이지를 보유하였다.[22] 그리고 17대 국회 개원 이후인 2004년 10월 현재 국회의원 299명 전원이 홈페이지를 개설한 것으로 조사되었다.

---

21) 이유진, "PC통신, 인터네트와 한국의 전자민주의 가능성에 대한 고찰,"『한국정치학회보』31:1 (1997년 봄), pp. 152-153; 김광식, "정치인의 인터넷 마인드," (주)인티즌/한국정당정치연구소 주최 『인터넷과 정치 세미나』발표 논문 (2000년 3월 4일).
22) 월간중앙 정치개혁포럼 · 사이버문화연구소, 『국회의원 홈페이지 평가보고서』(월간중앙, 2003년과 2004년).

의원들의 홈페이지 활용 상태를 체계적으로 분석한 연구들은 매우 드
물다. 그 가운데, 월간중앙 정치개혁포럼이 2003년도부터 매년 발행하는
"국회의원 홈페이지 평가보고서"는 의원들의 홈페이지 활용에 대해 상
당한 정보를 제공하고 있다. 이 보고서는 ① 정보성(정보의 업데이트 및
충실성 등), ② 참여성(자유게시판 및 온라인 커뮤니티의 운영), ③ 활용
성(후원금 및 자원봉사자, 뉴스레터 서비스 등)이라는 3 가지 기준을 중
심으로 패널들의 의원 홈페이지 평가를 토대로 작성되었다. 이 보고서에
의하면, 의원들의 홈페이지 활용 상태는 전체적으로 낮은 수준에 머물고
있는 것으로 나타났다. 다음은 2004년 1월에 작성된 평가보고서를 토대
로 의원들의 홈페이지 활용 상태를 요약한 것이다.[23]

첫째, 정보성에 대한 평가이다. 의원 홈페이지가 제공하는 정보들이
얼마나 자주 업데이트 되는가의 측면에서 볼 때, 대부분의 홈페이지
(78.8%)가 한 달에 한 번씩, 17.4%가 한 달에 2~3회, 그리고 3.8%만이 일
주일에 한 번씩 정기적으로 갱신하는 것으로 조사되었다. 또한 의원 홈
페이지가 제공하는 정보의 충실성의 측면에서 볼 때, 정보를 가공하고 정
기적으로 업데이트를 하는 홈페이지가 13.2%, 정보를 정기적으로 갱신
하지만 가공하지 않은 채로 제공하는 홈페이지가 44.7%, 그리고 정보를
거의 관리하지 않는 홈페이지가 42.1%로 분석되었다. 전체적으로, 이러
한 수치는 극히 일부의 홈페이지를 제외한 대부분의 의원 홈페이지가 정
보의 제공 및 관리를 소홀하게 취급하고 있음을 의미한다.

둘째, 참여성에 대한 평가이다. 홈페이지 가운데, 토론방을 가지고 있
는 홈페이지는 34곳으로 약 14.6%에 불과한 것으로 조사되었다. 그 중에
서도 홈페이지 운영자와 네티즌들 간의 쌍방향 커뮤니케이션이 원활하
게 이루어지고 있는 홈페이지는 21곳으로 8.9%에 불과하였고, 대부분의
경우 토론방을 방치(70.2%)하고 있거나, 네티즌의 질문에 신속성 혹은

---

23) 월간중앙 정치개혁포럼 · 사이버문화연구소, 『국회의원 홈페이지 평가보고서』(월
간중앙, 2004년).

충실성이 떨어지는 것(20.9%)으로 분석되었다. 한편, 전체 의원 홈페이지 가운데 약 25.1%(58곳)만이 온라인 커뮤니티를 보유하거나 링크를 걸어 놓고 있는 것으로 분석되었다. 또한 온라인 커뮤니티가 구축된 홈페이지 가운데에서도, 오직 21곳만이 온라인 커뮤니티 활동이 실제로 행해지는 것으로 판명되었으며, 나머지 38곳은 전혀 활동이 없는 것으로 조사되었다.

셋째, 활용성에 대한 평가이다. 이는 인터넷의 매체적 속성을 이용하여 얼마나 효율적으로 네티즌의 자발적 참여를 유도하는가에 대한 평가이다. 그 일환으로 홈페이지가 후원금 및 자원봉사자 모집 메뉴를 보유하고 있는지의 여부를 조사하였는데, 두 메뉴를 모두 보유하고 있는 홈페이지는 13.2%, 둘 중 하나만 보유하고 있는 홈페이지는 40.9%, 그리고 하나도 보유하지 않은 홈페이지는 45.9%인 것으로 나타났다. 한편, 의원의 활동을 유권자에게 알리는 수단으로 활용되는 뉴스레터 서비스의 경우, 뉴스레터를 정기적으로 발송하는 홈페이지는 2.1%에 불과하였다. 대부분의 경우, 뉴스레터 서비스를 아예 보유하지 않고 있거나(51.6%), 뉴스레터 서비스를 가지고 있으나 비정기적으로 서비스를 제공(46.3%)하고 있는 것으로 조사되었다.

또한 월간중앙 정치개혁포럼이 2004년도에 발간한 "국회의원 홈페이지 평가보고서"는 각각의 의원홈페이지들에 대해 A~E 등급으로 분류하였는데, A등급은 상위 10위까지, B등급은 상위 10위를 제외한 상위 20%까지, C등급은 상위 21%~60%, D등급은 상위 61%~100%, 그리고 E등급은 홈페이지가 없거나 개편중인 홈페이지를 의미한다. 조사에 의하면, A등급으로 평가된 홈페이지는 대도시와 중소도시 지역에 지역구를 둔 의원들의 홈페이지였으며, C등급과 D등급으로 갈수록 농어촌 지역에 지역구를 둔 의원들과 전국구 의원들의 비율이 높아지는 것으로 나타났다. 또한 의원의 연령별로 보았을 때, 의원의 연령이 낮을수록 홈페이지는 높은 등급을 받았으며, 연령이 높을수록 낮은 등급을 받은 것으로 분석되었다.

5. 의정활동과 쌍방향 커뮤니케이션

의정활동의 대부분은 정보의 교환과 의사소통이라는 정치커뮤니케이션으로 구성된다. 따라서 원활한 커뮤니케이션은 의정활동의 질적 수준을 가늠하는 척도가 된다. 이러한 의미에서, 의원과 시민들의 쌍방향 커뮤니케이션을 가능하게 하는 이메일과 토론방의 활용은 의회민주주의의 질적 향상을 위해 매우 중요한 의미를 지니고 있다.

(1) 이메일 · 토론방의 함의

이메일 · 토론방은 기존의 통신매체(예: 우편, 전화, 팩스)에 비해 매우 신속 · 편리하며, 비용이 저렴하다는 장점을 지니고 있다. 따라서 통신매체로써 이메일과 토론방은 일반 시민들이 쉽게 의원들을 접촉할 수 있는 매체이며, 동시에 의원들은 신속하고 효과적으로 시민들에게 자신의 정책적 입장을 전달 · 의논 · 설득할 수 있는 매체이다. 이러한 이메일과 토론방의 특성으로부터 우리는 〈그림 3-3〉과 같은 상이한 4가지 상황에 따른 시나리오들을 가정해 볼 수 있다.

첫째, 의원과 시민들 모두가 이메일 혹은 토론방을 의정활동에 적극적으로 활용하는 경우로, A가 이에 해당한다. 이 경우, 시민들은 의정과정에의 참여비용을 현저히 낮출 수 있게 되며, 동시에 의원들은 재선을 염두에 둔 지역구 관리에 소요되는 시간과 비용을 절약할 수 있다. 즉 시민들은 이메일 및 토론방을 통해 의원들에게 각종 정책사안 및 민원사항에 대한 질의와 주장을 개진할 것이며, 의원들은 시민들의 이메일에 대해 적극적으로 자신의 정책적 입장과 견해를 이메일을 통해 시민들에게 전달할 수 있다. 또한 토론방 게시판에 올라온 시민들의 반응과 토론 내용을 통하여, 의원들은 여론의 방향과 내용을 감지할 수 있게 된다. 그 결과, 이메일과 토론방은 기존의 커뮤니케이션 수단(전화, 우편, 통신 등)을 압도하게 되고, 의정활동은 보다 투명하고 민주적인 방향으로 변화할 것이다.

〈그림 3-3〉 의원-시민 간의 이메일 및 토론방 활용 상황

	의원	
	적극적	소극적
시민 적극적	A	B
시민 소극적	C	D

둘째, 시민들은 이메일 및 토론방의 활용에 대해 매우 적극적이나, 의원들이 정보화시대에 적응하지 못하고 이메일 및 토론방의 활용을 꺼려하는 경우로, B가 이에 해당한다. 즉 시민들은 인터넷을 통해 의원들에게 각종 정책 및 민원에 대해 자신들의 견해 및 주장을 개진하나, 의원들의 응답은 기존의 통신 매체를 이용하기 때문에 매우 느리고 더디다. 이 경우, 정보화의 진전으로 신속한 반응에 익숙해진 시민들은 의회와 의원들의 더딘 반응에 불만을 갖게 된다. 즉 의회와 의원들의 마인드가 산업사회에 머물고 있는 까닭에, 시민과 의원들 간에는 상당한 내적 긴장이 존재하게 된다. 그 결과, 의회와 의원들은 정보화시대에 적응하지 못하는 부적절한 기관 및 정치인으로 인식되기 쉽고, 의회민주주의는 그 만큼 퇴보할 것이다.

셋째, 의원들은 이메일 및 토론방의 활용에 매우 적극적이나, 시민들이 이를 활용하지 않는 경우다. 즉 C가 이에 해당되는 경우로, 의회의 정보화 수준은 상당하나, 일반시민들의 정보화 수준은 이에 미치지 못하는 경우에 발생할 수 있다. 이 경우, 일반시민들의 정보화 수준이 진전되지 않는 한, 의원들의 이메일 및 토론방 시스템은 무용지물이 될 것이다. 그

리고 이러한 상태가 지속되는 경우, 결국 D의 상황으로 전락하게 된다.

넷째, 의원과 시민 모두 정보화시대에 적극 대처하기보다는 현상유지적 태도를 취하는 경우로, D가 이에 해당한다. 즉 시민과 의원 모두가 이메일 및 토론방을 통한 의사소통에 매우 소극적이다. 이 경우, 인터넷의 활용을 둘러싼 의원과 시민 사이에는 어떠한 내적 긴장도 존재하지 않는다. 그러나 의원들은 여전히 지역구 관리에 많은 시간과 비용을 투자해야 하며, 이에 따라 의원들에게 정책의 숙고 및 심의는 여전히 부차적인 영역으로 남게 될 가능성이 높다. 또한 시민들은 의정과정에 참여하기 위해 상대적으로 높은 비용을 지불해야 한다. 그 결과, 의정과정은 여전히 고비용·저효율의 정치로 남아 있을 가능성이 높다.

위의 시나리오들은 앞으로 의회와 의원들이 직면할 상황을 묘사한 것이다. 정보통신기술의 발전에 따른 인터넷의 정치적 활용이 일상화될 경우, 이러한 시나리오들은 현실로 등장할 가능성이 높다. 요컨대, 위의 시나리오에 의하면, 정보통신기술의 적극적 활용을 통한 의원과 시민들 간의 다방면적 커뮤니케이션이 일상화 될 때, 의회민주주의의 질적 향상을 기대할 수 있음을 의미한다. 만약 그렇지 못할 경우, 의회민주주의는 퇴락의 위기를 맞이할 가능성이 높다.

(2) 이메일의 활용

최근 미국 의회를 대상으로 이메일의 활용 상태를 조사한 연구보고서에 의하면, 미국은 B의 경우에 해당하는 것으로 분석되고 있다.[24] 구체적으로, 시민들이 의회에 보내는 이메일의 양은 매년 폭발적으로 증가하는

---

24) Congress Online Project, *E-Mail Overload in Congress: Managing a Communications Crisis* (George Washington University and the Congressional Management Foundation, 2001), http://www.congressonlineproject/emailoverload.pdf (검색일: 2002년 2월 8일).

데 비해, 이에 대한 의회 및 의원들의 대응은 매우 더딘 것으로 조사되고 있다. 그 결과, 의회 및 의원들에 대한 시민들의 불만은 급격히 증가하고 있는 것으로 평가되고 있다.

미국 의회와 의원들이 이메일 활용에 소극적인 이유는 대체로 ① 이메일메시지의 변경 가능성, ② 의원 보좌진의 업무량 증가 가능성, ③ 이메일의 중요성에 대한 인식 부족으로 파악되고 있다.[25] 그러나 의원들의 염려는 기우에 불과한 것으로 평가되고 있다.

첫째, 전문가들에 의하면, 의원들이 염려하는 것과는 달리 이메일이 전송되는 과정에서 메시지가 기술적으로 조작 혹은 변경될 가능성은 매우 낮은 것으로 평가되고 있다.

둘째, 이메일로 인해 의원사무실의 업무량이 증가하기보다는 오히려, 업무량을 경감시킬 수 있는 것으로 평가되고 있다. 왜냐하면, 자동화된 이메일 시스템은 다른 형태의 커뮤니케이션 수단(예: 우편, 전화, 팩스)에 비해 시간이 절약되며 비용이 저렴하기 때문이다. 또한 의원사무실은 이메일을 통해 능동적으로 지역구 주민들에게 정보를 제공함으로써, 주민들의 의문사항을 사전에 해소해 줄 수 있으며, 그 결과 주민들로부터 송신되는 이메일의 양을 줄일 수 있기 때문이다.

셋째, 의원들의 이메일에 대한 보수적인 인식―이메일을 단순히 가벼운 내용의 메모나 쪽지 정도로 인식하는 경향―은 향후 자신의 재선을 어렵게 할 수도 있다. 왜냐하면, 네티즌의 급속한 증가는 이메일의 정치적 중요성을 배가시키고 있기 때문이다.

한국의 상황을 알 수 있는 경험적 데이터는 현재 존재하지 않는다. 다만 이메일의 활용이 미국에 비해 상대적으로 낮은 것으로 알려져 있다. 즉 〈그림 3-3〉의 D에 해당할 것으로 추정된다. 이메일의 적극적 활용이 '강한 민주주의'를 성취하는 중요한 대목임을 고려할 때, 의원들은 다음과 같은 접근 태도를 취할 필요가 있다.

---

25) *Ibid.*

첫째, 네티즌 이메일에 대한 답장은 가능한 신속해야 하며, 그 내용은 진지하고 충실해야 한다. 그렇지 않을 경우, 이메일을 보낸 네티즌의 분노를 초래하여 궁극적으로 네티즌의 이메일 활용 의지를 무산시키기 때문이다.

둘째, 의원들은 이메일에 대해 나름의 정책을 가지고 있어야 한다. 예컨대, 수신된 이메일에 대한 중요 순위(예: 지역구 주민의 이메일 vs. 비지역구 주민의 이메일), 혹은 이메일의 내용에 따라 누가 응답할 것인가(예: 의원 vs. 보좌진)에 대한 기준이 그것이다.

셋째, 의원들은 단순히 이메일에 대해 답변을 하기보다는 리스트서브(listserv) 및 웹사이트를 이용하여 지역구 주민들에게 최신의 정보를 제공하여 이메일의 수신량이 감소될 수 있게 하여야 한다.

넷째, 이메일의 수신과 발송을 가능한한 자동화하여야 한다. 즉 이메일을 스크린하고(스팸메일의 제거), 분류하고(지역구 주민 vs. 비지역구 주민, 혹은 주제별로 분류), 답장을 하는 기능을 자동화한 이메일 시스템은 의원사무실의 업무를 경감시켜 주기 때문이다.[26]

(3) 토론방의 운영

기관 및 개인 홈페이지의 토론방은, 이메일과 더불어, '강한 민주주의'를 성취하기 위한 중요한 커뮤니케이션 수단이다. 특히 한국의 정당과 의원들의 홈페이지는, 미국의 것과 비교할 때, 토론방을 상대적으로 많이 채택하고 있는 것으로 파악되고 있다.

그러나 2004년 1월에 국회의원들의 홈페이지를 대상으로 분석·조사한 연구보고서에 의하면, 토론방의 활용 실태는 매우 낮은 수준인 것으로 평가되고 있다.[27] 즉 의원 홈페이지들 가운데 오직 14.6%(34개의 홈페이

---

26) *Ibid.*
27) 월간중앙 정치개혁포럼·사이버문화연구소,『국회의원 홈페이지 평가보고서』(월

지)만이 토론방을 개설하고 있었으며, 토론방의 쌍방향성의 수준도 '공론의 장'이라고 판단하기에는 매우 미흡한 상태인 것으로 분석되었다.

토론방이 공적 커뮤니케이션의 장으로 활용되지 못하는 배경은 크게 네티즌 측면과 토론방 관리의 측면으로 나누어 볼 수 있다. 우선 네티즌의 측면에서 볼 때, ① 정치적 무관심과 ② 건전한 토론문화의 부재가 주요 요인인 것으로 파악된다. 전자는 토론방에 참여하는 네티즌의 수가 극히 제한되어 있음을 의미하며, 후자는 활발한 토론보다는 일방적 주장이나 비난이 난무함을 의미한다. 다른 한편, 관리자의 측면에서 볼 때, ① 토론방의 관리 소홀과 ② 비효율적 운영방식을 들 수 있다. 전자는 토론방에 게시된 글에 대한 신속하고 충실한 답변이 부재함을 의미하고, 후자는 토론방의 운영방식에 문제가 있음을 의미한다.

여기서 중요하게 지적되어야 할 사항은 네티즌의 참여부족과 건전한 토론문화의 부재는 결코 극복될 수 없는 장애물은 아니라는 점이다. 관리자의 진지하고 성실한 토론방 운영과 네티즌 친화적인 토론방 운영방식은 네티즌의 관심과 참여를 유인하는 핵심요소이기 때문이다. 이러한 점에 유의하면서, 토론방의 활성화를 위한 몇 가지 방안을 제시하자면 다음과 같다.

첫째, 의원 및 의원 보좌진은 토론방이 갖는 의미를 충분히 이해해야 한다. 토론방(혹은 게시판)은 단순히 공지사항을 게시하거나 개인을 홍보하는 장이 아니다. 그것은 공적 이슈에 대해 토론하고 논의하는 '심의민주주의'의 실천의 장이다. 또한 진지한 대화와 토론은 의원의 이미지를 향상시키는 길이기도 하다. 이 점을 인식하여, 토론방에 올라온 글에 대해 신속하고 충실한 응답을 행하는 것이 중요하다.

둘째, 관리자의 역할이다. 오프라인에서도 토론이 원활하게 진행되기 위해서는 사회자의 적절한 역할이 중요하다. 온라인 토론 역시 마찬가지다. 관리자가 토론에 필요한 자료들을 충분히 제공하여, 참여자들이 자

간중앙, 2004), pp. 16-23.

신의 입장을 정리할 수 있도록 해야 한다. 또한 일정 주기마다 토론 내용
을 요약 정리하여 참여자들이 토론 방향을 쉽게 이해할 수 있도록 도와
야 한다.

셋째, 토론방의 기술적 운영방식이다. 현재 대부분의 토론방이 회원등
록 후 게시판에 글을 올리는 방식을 채택하고 있다. 이는 홈페이지를 자
주 방문하는 네티즌에게는 상관이 없으나, 그렇지 못한 네티즌들에게는
토론방의 참여를 저해하는 요인으로 작용할 수 있다. 이러한 점을 고려
할 때, 기존의 방식에 비해 보다 네티즌 친화적인 운영방식인 이메일 리
스트서브와 하이퍼메일 방식을 채택할 필요가 있다. 이 방식에 의하면,
회원이 이메일 리스트를 통해 글을 작성하여 모든 회원들에게 자신의 메
시지를 보내면, 이 메시지가 자동적으로 웹사이트의 토론방 목록에 게시
되어 비회원들도 웹사이트를 방문하여 토론을 관찰할 수 있게 된다. 특
히 이 방식은 이메일이 일상화된 현실을 고려할 때, 네티즌들의 토론방
접근도를 한층 제고할 수 있는 운영방식으로 평가되고 있다.

6. 전망: 인터넷과 의정활동

의정활동에 있어서 인터넷의 활용은 의회행정의 효율성 향상, 의정활
동의 투명성 향상, 시민들의 의회정치과정에 대한 참여 기회의 확대 등
긍정적인 효과를 가져올 수 있다. 그러나 인터넷의 기술적 특성이 자동
적으로 의회민주주의의 질적 향상을 가져올 것이라는 생각은 오류이다.
인터넷 기술은 단지 인간이 이용하는 수단에 불과하다. 단순히 홈페이지
를 개설하고 운영한다고 해서 의정활동의 투명성, 책임성, 그리고 효율성
이 확보되는 것은 아니다. 중요한 점은 인터넷 홈페이지가 '공론의 장'
이 될 수 있도록 끊임없이 노력하는 일이다.

인터넷 홈페이지가 건실한 '공론의 장'으로 되기 위해서는 수준 높고
시의성 있는 정보를 끊임없이 네티즌들에게 제공해야 한다. 정보가 결여

된 곳에서 수준 높은 대화와 논의를 기대하기 어렵다. 풍부한 정보와 쌍방향대화가 어우러질 때, 인터넷 홈페이지는 '공론의 장'으로 작동할 수 있다. 이러한 의미에서 의회 홈페이지와 의원 홈페이지는 질 높은 정보를 제공해야 하며, 그런 바탕 하에서 대화의 장을 이끌어가야 한다.

'강한 민주주의'란 활발한 의사소통과 치열한 논의를 거쳐 정책적 합의를 이끌어내는 정치체제이다. 소수 의견이라 해서 정책결정과정에서 배제되지 않는다. 인내와 관용, 그리고 상대방에 대한 존중이 정치과정이 핵심적 규범이 된다. 마찬가지로, 홈페이지가 진정한 '공론의 장'으로 작동하려면 건전한 토론문화가 정립되어야 한다. 이러한 작업은 홈페이지를 운영하는 의원과 그 보좌진들의 몫이다. 요컨대, 의원들의 인터넷 홈페이지에 대한 적극적이고 긍정적인 태도는 정부와 시민사회를 연계하는 의회의 기능을 활성화하는 데 기여하겠지만, 그렇지 못한 경우 의회는 고비용 · 저효율의 정치기관으로 전락할 것이다.

제4장

인터넷과 정당

현대 민주사회에서 정당은 시민사회와 정부를 매개하는 중요한 정치조직이며, 당원과 시민들의 정치적 선호와 요구를 수렴하고 조직화하여 정부의 정책결정과정에 반영하며, 선거경쟁을 통해 정치지도자들을 양성·충원하고 정부를 구성하는 자발적이며 공식적인 조직이다. 따라서 원활한 정치커뮤니케이션은 성공적 정당활동의 필수 요건이다. 사실 정당의 역사는 정치커뮤니케이션의 역사라 할 만큼 정보통신기술은 정당과 시민 간의 관계에 큰 영향을 미쳐왔다. 최근 활성화되고 있는 인터넷의 이용은 정당의 활동 및 조직에 상당한 영향을 미칠 것으로 예상되고 있다.

1. 정당 간의 경쟁양상

인터넷이 정당 활동에 적극적으로 활용되면 어떠한 현상이 발생할 것인가? 정당은 궁극적으로 선거를 통한 정권획득을 목표로 한다. 그런데 선거운동이란 선거운동 주체가 자신의 이용 가능한 모든 인적·물적 자원을 동원하여 유권자들의 지지를 유인하고 획득하고 유지하기 위한 모든 조직적 활동을 의미한다. 그 대표적인 활동으로 선거전략의 수립, 조직의 구축 및 정비, 여론조사, 선거자금 및 자원봉사자의 모집, 대중집회, 선거유세 등이 있다. 그 다양한 형태에도 불구하고, 선거주체들과 유권자들 사이의 커뮤니케이션(election campaign communication)은 선거활동의 핵심을 구성해 왔으며, 커뮤니케이션의 매체는 선거주체의 구체적인 선거활동의 양상에 상당한 영향을 미쳐왔다.[1] 대중매체가 등장하기 이전의 선거운동은 주로 지역 수준에서 선거주체와 유권자 간의 직접적인 대면이 중심축을 구성하였으나, 대중매체의 등장 이후 전국적 수준에서 선거주체와 유권자들과의 간접적·일방향적 커뮤니케이션 활동이 선거운동의 주축을 이루어 왔다. 그러나 TV 및 신문 등과 같은 대중매체를 매개로 하는 선거운동은 고비용을 요구하는 까닭에, 선거자금이 풍부한 다수당은 재정적 능력이 취약한 소수당(혹은 주변당)의 선거활동을 압도하는 현상을 초래하여 왔다. 최근 인터넷 선거운동의 활성화가 이러한 다수당과 소수당(혹은 주변당) 간의 선거를 둘러싼 경쟁양상에 어떠한 변화를 가져올 것인가에 대한 관심이 학문적 이슈로 떠오르고 있다.

(1) 변화가설 대 정상화가설

"변화가설"(change hypothesis)에 의하면, 인터넷 선거전은 정당 간의 경쟁 양상에 상당한 변화를 가져올 것으로 예상한다. 커뮤니케이션 매개체로서 인터넷은 그 비용의 저렴성으로 인해 선거운동을 재정적 요소로부터 해방시키는 효과를 지니고 있으며,[2] 정보제공 능력과 쌍방향대화 능력에서 비롯되는 대중동원 능력은 궁극적으로 선거운동 주체들 간의 경쟁을 평등화시키는 효과를 내재하고 있다는 것이다.[3] 이러한 인터넷의

---

1) Pippa Norris, *A Virtuous Circle: Political Communications in Postindustrial Societies* (Cambridge, UK: Cambridge University Press, 2000), pp. 137-140.

2) Dick Morris, *Vote.com* (Los Angeles: Renaissance Books), chapter 4.

3) Anthony Corrado, "Elections in Cyberspace: Prospects and Problems," in Anthony

특성은 재원의 결여와 매스컴의 주목 부족으로 인해 곤란을 받아왔던 소수당의 선거운동에 상당한 혜택을 가져다 줄 것이라고 한다. 즉 인터넷이 선거운동에 적극적으로 활용될 경우, 다수당이 일방적으로 압도하는 선거운동의 양상은 점차적으로 약화될 것이며, 적어도 가상공간에서 다수당과 소수당의 차이는 사라지고 선거주체들의 경쟁은 매우 치열한 양상을 띨 것으로 예상한다. 예컨대, 1998년 미국 미네소타 주지사 선거에서 소수정당(개혁당)의 제시 벤츄라(Jesse Ventura) 후보가 다수당인 공화당과 민주당 후보들을 물리치고 선거에서 승리할 수 있었던 것은 선거운동에 인터넷을 적극적으로 활용하였기 때문인 것으로 파악한다.

이와 달리, "정상화가설"(normalization hypothesis)은 다수당이 현실공간을 지배하여 왔듯이, 사이버공간 역시 다수당이 지배하게 될 것으로 예상한다.[4] 비록 인터넷의 도입 초기에는 소수당이 사이버공간에 재빨리 진출하여 그 정치적 가시도(political visibility)를 높일 수 있으나, 인적·물적 자원이 풍부한 다수당이 사이버공간에 진입함에 따라 그 양상은 크게 달라질 것이라고 한다. 즉 다수당은 풍부한 자원을 기반으로 양과 질에서 훨씬 수준 높은 인프라와 웹사이트를 구축할 것이며, 이를 통해 보다 많은 네티즌을 자신의 웹사이트로 유인하고 동원할 것으로 본

Corrado and Charles M. Firestone, eds., *Elections in Cyberspace: Toward a New Era in American Politics* (New Hampshire, NW: The Aspen Institute, 1996), pp. 10-12; Richard Davis, *The Web of Politics: The Internet's Impact on the American Political System* (Oxford: Oxford University Press, 1999), pp. 89-90.

4) David Resnick, "Politics on the Internet: The Normalization of Cyberspace," in Chris Toulouse and Timothy W. Luke, eds., *The Politics of Cyberspace: A New Political Science Reader* (New York, NY: Routledge, 1998); Gary W. Selnow, *Electronic Whistle-Stops: The Impact of the Internet on American Politics* (Westport, CT: Praeger, 1998); Michael Margolis, David Resnick, and Joel D. Wolfe, "Party Competition on the Internet in the United States and Britain," *The Harvard International Journal of Press/Politics* 4:4 (1999).

다.[5] "정상화 가설"에 따르면, 1998년 미국 중간선거에서 제시 벤츄라의 승리는 사이버공간이 선거운동에 활용되던 초기의 예외적 현상에 불과하며, 시간이 지남에 따라 사이버공간에 나름의 정상적 질서를 형성하게 되면, 풍부한 자원을 보유한 다수당이 사이버 공간을 압도하게 될 것으로 예상한다.

과연 두 가설 가운데 어느 것이 현실에 더욱 가까운 것인가? 이를 살펴보기 위해, 2002년 6월에 실시된 한국의 지방선거 기간 동안 각 정당들이 운용했던 홈페이지들을 다음의 5가지 측면에서 검토하였다[6]: ① 정당이 사이버공간에서 자신의 영역을 구축하고 있는가? ② 정당은 네티즌들이 자신의 웹사이트에 손쉽게 접근할 수 있도록 인터넷 검색엔진을 이용하고 있는가? ③ 정당이 점유한 사이버공간의 크기는 어느 정도이며, 그 공간은 네티즌들의 매끄러운 항해를 위해 얼마나 세련되게 구축되어 있는가? ④ 정당의 사이버공간은 네티즌의 지지를 유인하고 획득하기 위하여 얼마나 풍부한 내용들을 보유하고 있는가? 그리고 ⑤ 각 정당들은 네티즌들의 재방문을 위해 자신의 사이버공간을 얼마나 충실히 관리하고 운용하고 있는가?

(2) 한국 정당의 홈페이지 분석

한국에서 최초의 온라인 선거운동은 1995년 지방선거이다. 당시 온라인 선거운동은 일부 후보자들 수준에서 PC 통신을 통한 후보자에 대한 홍보가 전부였다. 이후, 1997년 대통령선거에서 각 정당들은 자신의 홈

---

5) Stephen Ward and Rachel Gibson, "The Politics of the Future? UK Parties and the Internet," in Stephen Coleman, ed., *Elections in Age of the Internet: Lessons from the United States* (UK: Hansard Society, 2001).
6) 2002년 6월 지방선거 당시, 각 정당들의 홈페이지 내용분석은 다음의 논문에 의거한 것임. 김용철, 한국과 미국 정당들의 인터넷 선거운동과 경쟁양상," 『한국정당학회보』 3권 1호 (2004), pp. 63-94.

페이지를 활용하는 인터넷 선거운동을 개시하였고, 2000년 국회의원 선
거를 계기로 정당 간의 인터넷 선거전은 본격화되기 시작하였다.

웹사이트의 존재 및 접근 용이성

정당의 사이버공간에의 진출은 자신의 공식 홈페이지의 개설 여부로
평가될 수 있다. 그리고 자신의 홈페이지를 개설하였다 하더라도, 네티즌
들이 정당 웹사이트에로 접근하는 데 상당한 곤란을 느낀다면 그 웹사이
트는 무용지물에 가까울 것이다. 따라서 웹사이트의 접근용이성은 대단
히 중요한 요소이며, 이는 두 측면에서 평가될 수 있다.[7] 첫째, 인터넷 검
색엔진에 정당의 웹사이트가 등록되어 있는가의 여부이다. 이는 네티즌
이 특정 정당의 웹사이트에 연결하고자 할 때, 가장 먼저 찾는 곳이 검색
엔진이기 때문이다. 둘째, 일단 네티즌이 정당 웹사이트에 접근을 시도하
였을 때, 특별한 시간적 지체 및 접속 장애 없이 얼마나 빠르게 그리고 손
쉽게 목표 지점에 도달하는가의 정도이다. 왜냐하면 웹사이트의 연결 속
도가 느릴 경우, 네티즌들은 접속을 포기하는 경향이 강하기 때문이다.[8]

2002년 6월 지방선거 당시, 1명 이상의 후보자를 낸 정당들은 총 10개
의 정당이었다. 이 가운데 자체 웹사이트를 운용하였던 정당은 한나라당,
민주당, 자민련, 민주노동당, 사회당, 미래연합, 민국당, 녹색평화당, 민주

---

7) Institute for Politics, Democracy & the Internet, *Online Campaign 2002: A Primer* (Washington D.C.: The George Washington University, 2002), p. 3.
8) 웹사이트의 홈페이지에 대한 접속 시간(download time)은 네티즌을 이끌어 들이는데 있어 매우 중요한 요소이다. 즉 접속을 시도한 웹사이트의 연결 속도가 느릴 경우, 네티즌들은 접속을 포기하는 경향이 있음을 유의해야 한다. 따라서 일반적으로 접속 속도는 최대 15초를 넘어서지 않도록 해야 하며, 이를 위해 홈페이지의 초기화면에 과다한 그래픽이나 사진을 담지 않도록 주의해야 한다. EmilienneIreland and Phil Tajitsu Nash, *Winning Campaigns Online: Strategies for Candidates and Causes* (Bethesda, Maryland: Science Writers Press, 2001), p. 89; Michael Confield, *Online Campaigning: A Primer* (The George Washington University, 2000), p. 8.

〈표 4-1〉 정당 홈페이지들의 인터넷 검색엔진 등록 실태

정당 검색엔진	한나라 당	민주당	자민련	민노당	사회당	미래 연합	민국당	녹색 평화당	민주 공화당
야후코리아	○	○	○	○	○	○	○	○	○
심마니	○	○	○	○	○	○	×	○	○
네이버	○	○	○	○	○	○	×	×	×
구글	○	○	○	○	○	×	○	○	○
빈도	4	4	4	4	4	3	2	3	3

공화당 등 총 9개의 정당이었다. 이들은 모두 인터넷 검색엔진에 자신의
웹사이트를 등록하고 있었는데, 그 구체적 양상은 〈표 4-1〉과 같다. 즉
한나라당 및 민주당을 포함한 5개의 정당들은 주요 인터넷 검색엔진에
모두 등록하고 있었으며, 미래연합·녹색평화당·민주공화당은 3개의
검색엔진에, 민국당은 2개의 검색엔진에 등록하고 있었다.

그리고 웹사이트 주소를 클릭했을 때, 대부분의 정당 홈페이지들은 별
다른 시간적 지체 및 기술적 장애 없이 접속되었다. 다만 선거기간 직전
에 홈페이지를 개편한 미래연합의 경우, 접속이 다소 불량한 상태를 보
였다.

웹사이트의 규모 및 세련도

정당홍보 및 선거활동에 활용되는 웹사이트의 규모는 정당이 점유하
고 있는 사이버 공간의 크기를 의미한다. 웹사이트의 규모가 크다고 해
서 반드시 선거운동에 유리한 위치에 서있다고 말할 순 없지만, 이는 사
이버공간을 통해 상대적으로 많은 양의 정보를 제공하고 있거나 네티즌
과의 상호작용이 빈번함을 의미한다. 이러한 웹사이트의 규모는 그 사이
트가 담고 있는 내용을 A4 용지로 몇 장이나 프린트할 수 있는가로 측정
할 수 있을 것이다.

〈표 4-2〉 정당들의 홈페이지 규모

한나라당	민주당	자민련	민노당	사회당	미래연합	민국당	녹색평화당	민주공화당	평균
705	2,022	416	430	268	89	74	72	44	457.8

조사에 의하면, 홈페이지 규모는 정당별로 다양한 양상을 보였다. 〈표 4-2〉에서 보듯이, 홈페이지들의 평균규모는 457.8쪽으로 조사되었다. 이 가운데, 가장 규모가 큰 정당은 민주당으로 총 2,022매 분량의 규모이고, 그 뒤를 이어 한나라당, 민주노동당, 자민련, 사회당, 미래연합, 민국당, 녹색평화당의 순으로 나타났다.

한편, 네티즌의 매끄러운 웹사이트 항해를 돕는 중요한 요소는 웹사이트의 세련도이다. 웹사이트의 세련도는 두 측면에서 측정될 수 있다. 첫째, 웹사이트의 디자인이다. 즉 특정 웹사이트를 방문한 네티즌이 항해 도중 길을 잃지 않도록 일관성 있는 디자인과 색채를 활용하는지의 여부, 사이트 맵(site-map)을 제공하는지의 여부, 항해 도중 어느 메뉴에서나 초기 홈페이지로 되돌아 올 수 있게 홈 아이콘(home icon)을 제공하고 있는가의 여부 등이다. 둘째, 웹사이트가 채택하고 있는 정보통신기술이다. 예컨대, PDF 파일을 이용하여 네티즌이 필요한 정보를 손쉽게 다운받을 수 있는지의 여부, 비디오(video) 및 오디오(audio) 파일을 제공하는가의 여부, 그래픽 및 사진을 활용하는가의 여부, 네티즌에게 맞춤정보(personalized information)를 제공하는지의 여부 등이 그것이다.

조사에 의하면, 웹사이트의 세련도 역시 정당별로 다양한 양상을 보여주고 있다(표 4-3 참조). 첫째, 디자인의 일관성 및 사이트 맵과 홈 아이콘의 측면에서, 민주당, 한나라당, 민국당, 민주공화당의 홈페이지가 가장 뛰어나고, 녹색평화당의 홈페이지가 가장 뒤떨어진 것으로 관찰되었다. 그리고 중간 순위로 나타난 민노당과 미래연합의 홈페이지는 홈 아

〈표 4-3〉 정당 홈페이지의 디자인 일관성, 사이트 맵, 홈 아이콘

정당 항목	한나라 당	민주당	자민련	민노당	사회당	미래 연합	민국당	녹색 평화당	민주 공화당	평균 (%)
일관성	○	○	○	○	○	○	○	×	○	88.9
사이트 맵	○	○	×	○	×	○	○	×	○	66.7
홈 아이콘	○	○	○	×	○	×	○	×	○	66.7
합계	3	3	2	2	2	2	3	0	3	—

이콘이 부재하였고, 사회당의 홈페이지는 사이트 맵을 제공하지 않았던 것으로 조사되었다.

둘째, 각 정당의 홈페이지가 어떠한 웹페이지 기술을 채택하고 있는지에 관한 것이다. 즉 정보 혹은 메시지를 네티즌에게 전달하기 위해 그래픽 혹은 사진을 활용하거나, 오디오(audio) 및 비디오(video) 기술을 채택하는 것이 문자에만 의존하는 것보다 훨씬 효과적일 것이다. 또한 네티즌이 원하는 내용을 홈페이지에서 쉽게 내려받기(download)를 할 수 있게 PDF 파일을 제공하는 것도 중요한 대목이다. 〈표 4-4〉에 의하면, 9개의 정당 홈페이지 가운데, 6개 정당(한나라당, 민주당, 자민련, 민노당, 사회당, 미래연합) 홈페이지의 기술활용도는 매우 높고, 나머지 3개 정당(민국당, 녹색평화당, 민주공화당)의 홈페이지의 기술활용도는 낮은 것으로 관찰되었다.

웹사이트의 내용

웹사이트의 세련된 디자인이 네티즌을 편안하게 안내하는 역할을 한다면, 웹사이트의 내용은 네티즌이 항해 끝에 도달한 목적지에 해당한다. 도착한 목적지가 네티즌의 흥미와 관심을 끌지 못한다면, 네티즌은 곧 바로 더 나은 여행지를 향해 떠나가 버릴 것이다. 따라서 웹사이트의 내용은 인터넷 선거운동의 성패를 결정하는 중요한 핵심 요소이다.

〈표 4-4〉 정당 홈페이지들의 웹페이지 기술의 채택 상태

정당 항목	한나라 당	민주당	자민련	민노당	사회당	미래 연합	민국당	녹색 평화당	민주 공화당	평균 (%)
PDF 파일	○	○	○	○	○	○	×	×	×	66.7
그래픽/사진	○	○	○	○	○	○	○	○	○	100
오디오 파일	○	○	○	○	○	○	×	×	×	66.7
비디오 파일	○	○	○	○	○	○	×	○	×	77.8
합계	4	4	4	4	4	4	1	2	1	–

　정당의 웹사이트를 통한 선거운동은 대체로 다음의 다섯 범주로 분류된다.[9] 첫째, 정보제공 활동이다. 인터넷은 다른 대중매체보다 훨씬 많은 양의 정보를 빠른 속도로 유권자에게 전달할 수 있다. 또한 시간과 장소에 구애됨이 없이 하루 24시간 항상 가동될 수 있다. 따라서 정당은 자신의 웹사이트를 통해 정강 및 정책, 후보자들에 대한 홍보, 선거유세일정의 소개 등 다양한 정보를 유권자에게 배포함으로써 네티즌의 관심과 지지를 유도할 수 있다.

　둘째, 조직과 조직을 연결하는 네트워킹(networking) 활동이다. 정당은 자신의 웹사이트를 통해 중앙당과 지구당, 지구당과 지구당 간의 연결망을 구축하여 정당 조직 간의 유기적인 선거운동을 전개할 수 있다. 또한 정당과 동일한 정책노선을 표방하는 사회단체 및 연구기관과의 링크를 통해 선거연합을 꾀할 수 있으며, 주요 정부부처 및 언론매체와 링크를 통해 네티즌들에게 다양한 선거관련 정보를 제공할 수 있다.

　셋째, 표적 선택적(targeting) 선거운동이다. 기존 매체의 특징인 방송

9) Stephen Ward and Rachel Gibson, "The Politics of the Future? UK Parties and the Internet," in Stephen Coleman, ed., Elections in Age of the Internet: Lessons from the United States (UK: Hansard Society, 2001).

(broadcasting)과는 달리, 인터넷은 협송(narrow-casting)을 그 특징으로 한다. 따라서 정당은 다양한 유권자집단들 하나하나에 대해 웹페이지를 만들어 각 집단들의 특성에 따라 적절한 선거전략 및 선거활동을 구사할 수 있다. 예컨대, 젊은 유권자를 겨냥해서 젊은이들의 취향에 맞는 선거활동을 전개할 수 있으며, 특정 지역 및 계층의 유권자를 겨냥하여 맞춤 정보 및 서비스를 제공할 수 있다.

넷째, 유권자의 동원과 자원봉사자의 참여를 유인하고, 선거자금을 모집하는 활동이다. 수직적이며 일방적 정보의 흐름을 기본으로 하는 기존 대중매체와는 달리, 인터넷은 수평적 상호작용(interactivity) 및 쌍방향적 정보의 흐름을 가능케 한다. 따라서 정당들은 웹사이트를 통해 쌍방향대화 및 상호작용을 적극적으로 활용함으로써 유권자들의 반응을 효과적으로 취합할 수 있으며, 온라인 상에서 선거자금을 모금하고 자원봉사자를 동원할 수 있다.

다섯째, 인터넷 웹사이트는 정당으로 하여금 기존 대중매체를 우회할 수 있는 능력을 부여한다. 웹사이트의 편집 자율성은 정당으로 하여금 자신의 메시지를 외부의 간섭 없이 유권자들에게 직접 전달할 수 있는 기회를 제공한다. 또한 정당은 웹사이트를 통해 자신에 대한 대중매체의 부정적 보도에 대해 즉각적인 반박이 가능하며, 나아가 정당 자신이 적극적으로 대중매체에게 보도의제(news agenda)를 제공할 수 있게 한다. 예컨대, 언론보도자료(press release) 및 대변인성명 등이 이에 해당한다고 할 수 있다.

〈표 4-5〉는 각 정당들의 홈페이지 내용을 '정보제공' 형 메뉴 29개 범주와 '상호작용' 형 메뉴 13개 범주를 기준으로 분석한 것이다. 전체적으로, 정당 홈페이지들은 정당의 역사, 당헌, 정강/정책, 정당조직, 정당 심볼 및 당가 등 정당의 배경 정보들을 가장 활발하게 제공하고 있는 것으로 조사되었다. 그러나 전당대회 및 과거 선거결과에 대한 데이터베이스, 신문보도의 소개, FAQ(Frequently Asked Questions), 엔터테인먼트 등과 같이 선거운동과 직접적인 관련이 없는 정보의 제공은 상대적으로

활발하지 못한 것으로 관찰되었다. 선거운동과 관련한 정보제공, 네트워킹, 타기팅(targeting), 유권자의 동원, 보도자료의 제공 등의 측면에서 분석하면 다음과 같다

첫째, 선거운동과 관련한 정보제공 활동은 대체로 ① 후보자 소개, ② 선거유세 및 행사 일정, ③ 선거활동 보기, ④ 선거홍보물 내려받기, ⑤ 선거관련 연설문 등으로 요약된다. '후보자 소개'는 대체로 후보자들의 경력, 지역구, 이메일 주소 등 연락처의 소개로 구성되었는데, 광역단체

〈표 4-5〉 한국 정당들의 홈페이지 내용 분석

항목 / 정당		한나라당	민주당	자민련	민노당	사회당	미래연합	민국당	녹색평화당	민주공화당	평균 (%)
정당역사		○	○	○	○	○	○	×	○	×	77.8
당헌		○	○	○	○	○	○	○	×	×	77.8
정강/정책		○	○	○	○	○	○	○	○	○	100
정당조직		○	○	○	×	×	○	○	×	×	55.6
정당심볼 및 당가		○	○	○	×	×	○	○	×	×	55.6
정보제공	정당외부연결	정부부처	○	○	×	×	×	×	○	×	×	33.3
		시민단체	○	○	×	○	○	○	×	×	×	55.6
		의회	○	○	×	×	×	×	○	×	×	33.3
		언론기관	○	○	○	○	○	○	×	×	×	66.7
	지구당 연결		×	×	×	○	×	×	×	×	×	22.2
	FAQ		×	×	×	○	○	×	×	×	×	22.2
	전당대회		×	×	×	×	×	×	×	×	×	0
	정당리더 소개		○	○	○	×	×	○	○	×	○	55.6
	현직의원 소개		○	○	○	×	×	○	×	×	×	33.3
	정당관료 소개		○	○	○	×	×	○	×	×	×	44.4
	후보자 소개		○	○	○	○	○	○	○	×	○	77.8
	선거관련 연설문		×	×	×	×	×	×	×	×	×	0

항목＼정당		한나라당	민주당	자민련	민노당	사회당	미래연합	민국당	녹색평화당	민주공화당	평균(%)
타깃섹션	여성	○	○	×	○	○	×	×	×	×	44.4
	대학생	○	○	×	○	○	×	×	×	×	44.4
	기타	×	×	×	○	○	×	×	×	×	22.2
정보제공	행사/유세일정	○	○	○	○	×	○	×	○	×	66.7
	보도자료/성명서	○	○	○	○	○	×	×	×	×	55.6
	신문보도 소개	○	○	×	×	×	×	×	×	×	22.2
	선거활동 보기	○	○	○	○	×	×	×	×	×	44.4
	선거홍보물(다운)	×	○	×	×	×	×	×	×	×	11.1
	외국어 제공	○	○	○	○	×	○	×	×	×	55.6
	투표안내	○	○	○	○	×	○	×	×	×	55.6
	선거결과 DB	×	×	×	×	×	×	×	×	×	0
	엔터테인먼트	○	○	×	×	×	×	×	×	×	22.2
	정보제공 합계	22	23	15	16	13	8	10	4	2	
상호작용	토론광장	○	○	○	○	○	○	○	○	○	100
	웹마스터 이메일	○	○	×	×	○	×	×	×	○	55.6
	정당리더 이메일	○	○	○	○	○	×	×	×	×	55.6
	의원 이메일	○	○	○	×	×	×	×	×	×	33.3
	정당가입	○	○	○	○	○	○	○	○	×	88.9
	후원금 모집	○	○	○	○	○	○	○	×	×	77.8
	자원봉사자 모집	○	○	×	×	×	×	×	×	×	22.2
	민원	○	○	○	○	×	○	×	×	×	55.6
	이메일리스트	○	○	×	○	○	×	×	×	×	44.4
	여론조사	○	×	○	×	○	○	○	○	×	66.7
	친구에게 소개	×	×	×	×	×	×	×	×	×	0
	선거홍보물판매	×	×	×	○	○	×	×	×	×	22.2
	부정선거고발	○	○	○	○	×	×	×	×	×	44.4
	상호작용 합계	11	10	8	8	8	4	5	3	3	
전체보유항목 총합계		33	33	23	24	21	12	15	7	5	

장 후보와 같은 주요 공직 후보자들의 경우, 이들 후보자들의 선거운동 사이트로 직접 연결할 수 있는 아이콘을 제공하고 있었다. 후보자를 낸 9개의 정당들 가운데, 두 개의 정당(민국당, 민주공화당)을 제외한 모든 정당들은 자당 소속의 후보자들을 홈페이지에 소개하고 있었다.

'선거유세 및 행사 일정'은 오프라인 선거운동과 밀접한 관련을 갖는 메뉴이다. 즉 후보자 및 정당의 선거유세일정을 네티즌들에게 미리 알려줌으로써, 네티즌들의 오프라인 선거운동에의 참여를 유도하고자 하는 메뉴이다. 조사에 의하면, 9개의 정당 가운데 5개의 정당들이 유세일정 메뉴를 제공하였다. '선거활동 보기'는 전날 혹은 이전의 선거유세 및 활동을 사진이나 오디오/비디오 파일을 통해 네티즌들에게 소개하는 메뉴이다. 9개의 정당 가운데 4개의 정당만이 이 메뉴를 제공하였다. '선거 홍보물 내려받기'는 정당 지지자 및 선거운동원들이 특정 정당의 홈페이지에서 필요한 자료나 정보를 다운받아 선거운동에 활용할 수 있도록 하는 메뉴로써, 오직 민주당의 홈페이지만이 이 메뉴를 제공하고 있었다. 그리고 '선거관련 연설문'은 정당의 대표나 후보자가 선거운동을 목적으로 행한 연설을 홈페이지에 게재하여 네티즌이 언제든지 볼 수 있도록 서비스를 제공하는 메뉴이다. 그러나 조사에 의하면, 후보자들의 선거 연설문을 게재한 정당은 전무하였다.

둘째, 정당 홈페이지는 하이퍼링크 기술을 이용하여 조직과 조직을 연결하는 네트워킹(networking) 기능을 수행할 수 있다. 이와 관련하여, 3개의 정당(미래연합, 녹색평화당, 민주공화당)을 제외한 6개의 정당이 외부 단체 및 기관과의 링크를 제공하고 있다. 이들 링크는 주로 언론기관, 시민단체, 의회, 정부부처 등의 웹사이트로의 연결 기능을 제공하고 있었다. 이러한 외부 기관들과의 연계가 네티즌들을 위한 정보제공 차원의 서비스라면, 중앙당과 지구당, 혹은 중앙당 내부의 위원회들 간의 연계는 내부 조직 간의 효율적인 커뮤니케이션 및 동원을 목적으로 하는 네트워킹 서비스를 제공하는 성격을 띤다. 조사에 의하면, 중앙당 홈페이지를 통해 지구당 혹은 정당내부의 각종 위원회와의 연결을 제공하는 홈페이지는 민노당과 사회당뿐이었다.

셋째, 인터넷의 특성인 협송(narrow-casting)은 선거주체로 하여금 특정 유권자집단을 대상으로 선택적 선거운동의 전개를 가능하게 하고 있다. 즉 타기팅(targeting)은 특정 유권자집단을 대상으로 보다 효과적으로 유권자를 유도하고 동원하는 선거전략이다. 조사에 의하면, 이러한 타기팅 전략을 구사하는 홈페이지는 4개의 정당 홈페이지에서 관찰되었다. 구체적으로, 한나라당과 민주당은 여성 및 대학생을 표적으로, 그리고 민노당과 사회당은 대학생, 여성, 빈민, 노동자를 표적으로 타기팅 전략을 구사하였다.

넷째, 정당들은 인터넷의 상호작용 기능을 활용한 지지자의 동원과 자원봉사자의 참여를 유인하는 다양한 선거활동 메뉴를 이용하고 있었다. 구체적으로, 쌍방향 대화장인 토론광장, 이메일, 정당 가입, 후원금 모금, 자원봉사자 모집, 민원, 메일링리스트, 여론조사, 정당 및 선거홍보물 판매, 부정선거 고발센터 등이 그것이다. 조사에 의하면, 모든 정당들의 홈페이지는 토론광장을 갖추고 있었으며, 홈페이지 가운데 55.6%가 정당 지도부에게 이메일을 보낼 수 있는 기능을 제공하고 있었다. 온라인을 통한 정당가입, 후원금 약속, 자원봉사자 지원 등이 가능한 홈페이지는 각각 88.9%, 77.8%, 22.2%로 분석되었다. 메일링리스트 서비스는 네티즌이 굳이 관련 홈페이지를 방문하지 않고서도 정기적으로 다양한 정보를 제공받을 수 있는 서비스로써, 이러한 기능을 제공하는 홈페이지는 44.4%에 불과하였다. 또한 홈페이지를 통해 여론조사를 행하고 있는 정당은 66.7%로 조사되었다.

다섯째, 웹사이트 편집권의 자율성은 정당으로 하여금 기존 대중매체를 우회하는 능력을 부여한다. 이는 대중매체의 소외 혹은 왜곡 보도에 대항하여 정당이 자신의 홈페이지를 통해 반박하거나, 나아가 정당 자신이 능동적으로 대중매체에게 보도자료를 제공할 수 있게 한다. 이러한 기능은 주로 대변인성명 혹은 보도자료의 제공을 통해 이루어지고 있는데, 9개의 정당 홈페이지 가운데 5개 홈페이지가 이러한 기능을 적극적으로 활용하고 있는 것으로 조사되었다.

웹사이트의 업데이트(update) 정도

웹사이트의 내용은 크게 정적인 내용과 동적인 내용으로 분류할 수 있다. 정적인 내용이란 일단 웹사이트 상에 그 내용을 올려놓으면 일정 기간 동안 변경 혹은 수정하지 않아도 되는 내용을 의미한다. 예컨대, 정당의 역사, 정강정책, 정당대회 정보, 자원봉사자 모집공고, 후보자 정보 등이 그것이다. 이와는 달리, 동적인 내용은 정기적으로 내용을 갱신해야 하거나 네티즌의 질문에 응답해야 할 내용들을 의미한다. 예를 들면, 선거유세일정, 토론광장, 대변인 성명, 신문보도 소개 등이 이에 해당한다. 이렇게 볼 때, 정당 웹사이트 상의 동적인 내용이 얼마나 자주 갱신되고 있는가의 여부는 웹사이트를 통한 선거활동을 평가하는 중요한 척도 가운데 하나이다.[10]

〈표 4-6〉은 정당들의 홈페이지가 선거기간 동안에 얼마나 자주 갱신되

〈표 4-6〉 정당 홈페이지의 업데이트 정도

정당\검색엔진	한나라당	민주당	자민련	민노당	사회당	미래연합	민국당	녹색평화당	민주공화당
홈페이지 초기화면	매일	매일	매일	2일	2일	3일	불변	2일	불변
선거유세 및 행사일정	매일	매일	매일	매일	메뉴없음	3일	메뉴없음	4일	메뉴없음
대변인성명 및 보도자료	매일	매일	매일	매일	매일	메뉴없음	메뉴없음	메뉴없음	메뉴없음
신문보도 소개	매일	매일	메뉴없음	매일	메뉴없음	메뉴없음	메뉴없음	메뉴없음	메뉴없음

10) Politics Online, *Digital Power '02: An Analysis of the Major Political Parties Web Activities*, http://rightclickes.com (검색일: 2003년 1월 15일).

었는가를 조사한 것이다. 이때 분석의 대상은 상황의 변화에 따라 자주 갱신되어야 할 내용을 담은 '동적 메뉴' - 홈페이지의 초기화면, 선거유세 및 행사일정, 대변인 성명 및 보도자료, 그리고 신문보도의 소개 등 - 이다. 조사에 의하면, 선거기간 동안 한나라당, 민주당, 자민련의 홈페이지는 거의 매일 갱신되었다. 그리고 민노당과 사회당의 홈페이지가 평균 1~2일마다 업데이트 되었으며, 미래연합과 녹색평화당이 평균 2~3일마다 업데이트 되었다. 그러나 민국당과 민주공화당은 선거기간 동안 한 번도 갱신되지 않았다.

(3) 정당의 위상과 온라인 선거운동 양상

'정상화 가설'과 '변화가설'의 쟁점은 온라인 선거운동이 본격화됨에 따라 정당 간의 비대칭적 선거활동이 완화 혹은 공고화되느냐의 여부이다. 따라서 가설의 검증을 위해서는 다수당과 소수당(혹은 주변당)의 인터넷상에서 벌어지는 선거활동의 비교분석이 중심 축을 이룬다.

여기서 정당의 위상은 Norris의 분류에 기초하였다. 즉 다수당은 의회 의석의 20%이상을 차지하고 있는 정당을 의미하며, 소수당은 3~20%, 주변당은 3% 미만의 정당을 의미한다. 이에 따라 2000년 16대 국회의원선거에서 133석(48.7%)을 차지한 한나라당과 115석(42.1%)을 차지한 국민회의(민주당)는 다수당으로, 18석(6.6%)을 차지한 자민련은 소수당으로, 그리고 나머지 정당들은 주변당으로 분류된다.[11] 분석 결과(표 4-7)에 의하면, 다수당이 소수당(혹은 주변당)에 비해 웹사이트 운용과 접속용이성에서 약간 우세한 것으로 드러나고 있다. 정당 홈페이지 운용의 측면에서, 다수당은 100%의 개설률을 보였으나, 소수당과 주변당들은 평균

---

11) Pippa Norris, *Digital Divided: Civic Engagement, Information Poverty, and the Internet Worldwide* (Cambridge, UK: Cambridge University Press, 2001).

〈표 4-7〉 정당의 위상에 따른 홈페이지 개설/등록률, 장애율, 규모, 그리고 세련도

항목 \ 정당위상		다수당	소수당	주변당	소수당+주변당
홈페이지 개설률		100%	100%	85.7%	87.5%
검색엔진 등록률		100%	100%	79%	82%
접속 장애율		0%	0%	16.7%	14.3%
홈페이지 규모		1,364	416	163	199
홈페이지세련도	일관성	100%	100%	83.3%	85.7%
	사이트 맵	100%	0%	66.7%	42.9%
	홈 아이콘	100%	100%	50%	57.1%
	PDF 파일	100%	100%	50%	57.1%
	그래픽/사진	100%	100%	100%	100%
	오디오 파일	100%	100%	50%	57.1%
	비디오 파일	100%	100%	66.7%	42.9%

87.5%의 개설률을 보였다. 검색엔진 등록의 경우, 다수당은 100%의 등록률을 기록하였으나, 소수당과 주변당들은 평균 82%를 기록하였다. 그리고 접속 장애율의 경우, 대부분의 정당들의 홈페이지는 별 다른 시간적 지체 및 장애 없이 연결되었다. 다만 선거기간 직전에 홈페이지를 개편한 미래연합의 경우, 접속이 다소 불량한 상태를 보였다.

홈페이지의 규모를 비교하면, 다수당이 소수당(혹은 주변당)보다 훨씬 큰 규모의 웹사이트를 운영하고 있었다. 구체적으로, 다수당(한나라당과 민주당)의 평균규모는 1,364쪽, 소수당(자민련)의 평균규모는 416쪽, 주변당(민노당, 사회당, 미래연합, 민국당, 녹색평화당, 민주공화당)의 평균규모는 163쪽으로, 다수당의 평균규모는 소수당과 주변당의 평균규모보다 각각 3.3배와 8.4배 큰 것으로 조사되었다.

홈페이지의 세련도를 분석해 보면, 거의 모든 항목에서 다수당의 홈페이지가 주변당의 홈페이지에 비해 앞서는 것으로 나타났다. 구체적으로,

〈표 4-8〉 정당의 위상과 홈페이지 내용

국가\항목		한국 정당 홈페이지(%)		
		전체	다수당	소수당+주변당
정보제공	정당역사	77.8	100	71.4
	당헌	77.8	100	71.4
	정강/정책	100	100	100
	정당조직	55.6	100	42.9
	정당심볼 및 당가	55.6	100	42.9
	정당외부연결 정부부처	33.3	100	14.3
	시민단체	55.6	100	42.9
	의회	33.3	100	14.9
	언론기관	66.7	100	57.1
	지구당 연결	22.2	0	28.6
	FAQ	22.2	0	28.6
	전당대회	0	0	0
	정당리더 소개	55.6	100	42.9
	현직의원 소개	33.3	100	14.3
	정당관료 소개	44.4	100	28.6
	후보자 소개	77.8	100	71.4
	선거관련 연설문	0	0	0
	타깃섹션 여성	44.4	100	28.6
	대학생	44.4	100	28.6
	기타	33.3	0	42.9
	행사/유세일정	55.6	100	57.1
	보도자료/성명서	55.6	100	42.9
	신문보도 소개	22.2	100	0
	선거활동 보기	44.4	100	28.6
	선거홍보물(다운)	11.1	50	0

국가 항목		한국 정당 홈페이지(%)		
		전체	다수당	소수당+주변당
	외국어 제공	55.6	100	42.9
	투표안내	55.6	100	42.9
	선거결과 DB	0	0	0
	엔터테인먼트	22.2	100	0
상	토론광장	100	100	100
	웹마스터 이메일	55.6	100	42.9
	정당리더 이메일	55.6	100	42.9
	의원 이메일	33.3	100	14.3
호	정당가입	88.9	100	85.7
	후원금 모집	77.8	100	71.4
	자원봉사자 모집	22.2	100	0
작	민원	55.6	100	42.9
	이메일리스트	44.4	100	28.6
	여론조사	66.7	50	71.4
용	친구에게 소개	0	0	0
	선거홍보물판매	22.2	0	28.6
	부정선거고발	44.4	100	28.6
전체보유 항목수 평균		19.2	33	15.4

다수당의 홈페이지들은 100% 디자인의 일관성을 갖추고 있었으나, '소수당과 주변당'의 홈페이지들의 경우 이보다 약간 낮은 85.7%가 일관성을 보유한 것으로 조사되었다.

사이트맵의 보유는, 다수당의 홈페이지가 100% 그리고 '소수당과 주변당'의 홈페이지가 42.9%를 기록하였다. 홈 아이콘의 경우, 다수당이 100%이며 '소수당과 주변당'이 57.1%로 조사되었다. 뿐만 아니라, 기술의 활용 측면에서도 다수당의 홈페이지가 '소수당과 주변당'의 것에 비해 우수한 것으로 조사되었다. 예컨대, 다수당의 홈페이지 모두가 100%가 PDF파일, 그래픽, 오디오/비디오 파일을 활용하고 있었는데 비해, '소수당과 주변당'의 홈페이지들의 경우 57.1%가 PDF 파일을, 100%가 그래픽을, 57.1%가 오디오파일을, 그리고 42.9%가 비디오파일을 채택하고 있었다.

웹사이트의 내용이라는 측면에서도 다수당이 소수당(혹은 주변당)에 비해 월등히 풍부한 컨텐츠를 제공하고 있음을 보여준다. 〈표 4-8〉에서 보듯이, 다수당의 홈페이지는 평균 33개의 메뉴를 제공하였는데 비해, '소수당과 주변당'은 평균 15.4개의 메뉴를 제공하였다. 이러한 경향은 '정보제공'과 '상호작용'이라는 상위 카테고리 하에서도 동일한 양상을 보였다. 즉 다수당의 '정보제공' 및 '상호작용'의 메뉴가 각각 평균 22.5개와 10.5개인데 비해, 소수당과 주변당은 각각 평균 9.7개와 5.6개로 조사되었다.

웹사이트 관리의 측면에서 볼 때(표 4-9), 다수당의 홈페이지가 '소수당 및 주변당'의 홈페이지에 비해 더욱 자주 업데이트되었음을 알 수 있다. 특히 소수당과 주변당의 홈페이지들 가운데, 조사기간 동안 전혀 변화가 없었던 홈페이지는 2개(민국당과 민주공화당)가 존재하였다.

(4) 가설에 대한 논의

정당 홈페이지들에 대한 분석 결과는 '변화가설' 보다는 '정상화가설'이 좀 더 현실에 가까운 것처럼 보인다. '변화가설'에 의하면, 인터넷의 비용 효율성은 인터넷 선거운동의 확산을 촉진시키고, 정당 간의 치열한 사이버 선거경쟁을 유발시킴으로써, 사이버공간에서의 다수당과 소수당(혹은 주변당)의 선거활동 격차를 축소시켜 정당 간의 경쟁은 더욱 치열하게 전개될 것으로 예상하고 있다.

그러나 조사에 의하면, ① 웹사이트의 접근 용이성, ② 웹사이트의 규모 및 세련도, ③ 웹사이트의 내용적 다양성, ④ 웹사이트의 업데이트 정

〈표 4-9〉 정당의 위상과 홈페이지 업데이트 정도

항목　　　　　　정당의 위상	다수당	소수당+주변당
홈페이지 초기화면	매일	매일~불변
선거유세 및 행사 일정	매일	매일~4일
대변인 성명 및 보도자료	2일	매일
신문보도 소개	매일	매일

도 등 모든 면에서 다수당과 소수당(혹은 주변당)의 차이는 여전히 존재하는 것으로 드러나고 있다. 즉 인터넷 선거운동의 확산은 다수당 간의 선거경쟁을 더욱 치열하게 전개시킬 수는 있으나, 다수당과 소수당(혹은 주변당) 간의 선거운동의 격차를 줄이는 데에는 별 영향을 미치지 못함을 암시한다.

이러한 사이버 공간상에서의 다수당과 소수당의 격차는 주로 정당의 인적 · 재정적 자원의 차이에서 비롯된 것으로 보여진다. 즉 효과적인 인터넷 선거운동을 위해서 정당들은 다양한 웹사이트 메뉴와 기능 등을 마련해야 하며, 네티즌들의 방문을 유인하기 위해 이를 지속적으로 관리해 주어야 한다. 그렇게 하기 위해서는 하드웨어 및 소프트웨어는 물론이고, 전문 인력들의 확보가 필수적이며, 이는 상당한 인적 · 재정적 투자가 전제되기 때문이다.

그렇다고 현실공간에서의 정당의 정치적 위상이 사이버공간에서도 그대로 반영되고 있으며, 인터넷의 활용이 기존 선거정치의 판도를 변화시키기보다는 더욱 공고화시키는 역할을 할 것이라는 '정상화 가설'의 입장이 '변화가설'에 비해 더욱 적실성이 있는 이론적 시각이라고 판단하기에는 이르다. 왜냐하면, 2002년 지방선거 당시 각 정당들의 홈페이지를 자세히 살펴보면, 주변당의 하나인 민노당의 경우 모든 면에서 소수당인 자민련보다 더욱 나은 홈페이지 활동을 보였기 때문이다. 다수당인 민주당과 한나라당에 비해, 그리고 소수당인 자민련에 비해, 정당의 역사

나 재정이 일천한 민노당이 사이버공간에서 상당한 정도의 정치적 가시
도를 보유할 수 있었던 것은 '변화가설'이 주장하는 커뮤니케이션 수단
으로써 인터넷 자체가 갖는 저렴한 비용 때문이었다는 사실을 부인할 수
없기 때문이다.

한국의 2002년 지방선거의 홈페이지 분석 결과만을 고려할 때, 다음과
같은 해석이 가능하다. 사이버공간에서의 다수당과 소수당(혹은 주변당)
의 격차가 여전히 존재할 가능성이 높다. 그럼에도 불구하고 기존 현실
공간에서의 정당 간의 경쟁에 비해 사이버공간에서의 정당 간의 경쟁은
더욱 치열해 질 수 있다. 요컨대, '변화가설'이 시사하는 정치적 다원성
은 더욱 강하게 드러날 가능성은 있으나, 자원이 풍부한 다수당이 여전
히 사이버공간에서도 우위를 지속할 가능성이 높다. 미국과 서구유럽 국
가를 대상으로 조사한 연구에서도 이러한 경향이 나타나는 것으로 보고
되고 있다.[12]

2. 정당조직의 변화

인터넷의 활용은 정당 커뮤니케이션 네트워크의 조밀도를 제고하고
공간적 범위를 크게 확장시키는 결과를 낳고 있다. 향상된 네트워킹은
정당 내외의 다양한 조직들이 거의 동시적으로 정보를 교환할 수 있게
하였고, 정당 지도부는 기존 대중매체를 거치지 않고 직접 유권자들에게
다가설 수 있게 되었으며, 특히 선거과정에서 특정 집단을 대상으로 협
송(narrow-casting)이 가능하게 되었다. 요컨대, 정보통신기술의 발전이
정당의 커뮤니케이션 네트워크의 확장을 가져오고 있으며, 이는 다시 정
당의 내부적 활동에 변화를 가져올 것으로 예측되고 있다. 과연 새로운

---

12) Pippa Norris, "Preaching to the Converted? Pluralism, Participation and Party
    Website," *Party Politics* 9:1 (2003), pp. 21-45.

정보통신기술의 확산이 정당의 조직 및 위상에 어떠한 변화를 초래할 것
인가? 이 질문에 대해 크게 두 가지 상반된 시나리오가 존재한다.

(1) 정당쇠퇴론

그 하나는 '정당쇠퇴론'이다. 새로운 정보통신매체의 정치적 활용으
로, 시간과 공간은 시민들의 정치적 결정과정의 참여에 있어서 더 이상
장애물이 되지 않는다. 그 결과, 직접민주주의는 새로운 기회를 맞이할
것으로 본다. 시민들은 자신의 집이나 직장에서 정치적 현안이 되고 있
는 모든 이슈에 대해 자신의 의견을 전자투표를 통해 국정에 반영할 수
있다. 다시 말하면, 인터넷의 도움으로 '전자국민투표'(electronic refer-
endum)를 신속히 그리고 저렴한 비용으로 실시할 수 있게 된다. 전자국
민투표가 현실적인 대안으로 등장함에 따라, 대의민주주의의 필요성은
도전을 받게 된다. 새로운 정보통신기술은 국민과의 직접적인 협의를 가
능하게 함으로써, 정당을 비롯한 중간조직(intermediary organizations)
들은 이익대표의 기능을 상실하게 된다.[13] 시민들은 더 이상 자신의 의사
결정권을 정치적 대표자에게 위임하지 않아도 되는 상황이 도래하게 되
는 것이다.

또한 정치인들은 전자게시판(electronic bulletin boards)을 이용하여
구체적 정보, 성명서, 메시지 등을 자신의 지지자들에게 전달할 수 있다.
이러한 상황은 정당조직의 미래에 중요한 의미를 지니고 있다. 즉 정당
조직은 궁극적으로 정치인과 유권자를 연결하는 데 필요한 존재가 아니
라는 점이다. 정당조직의 도움이 없이도, 정치인들은 인터넷의 네트워킹
과 쌍방향대화 능력을 활용하여 시민들과 효과적으로 접촉할 수 있게 된

---

13) Gerald Benjamin, "Innovations in Telecommunications and Politics," in Gerald
    Benjamin, ed., *The Communications Revolution in Politics* (New York: Acade-
    my of Political Science, 1982), pp. 1-12.

다. 따라서 인터넷은 정치인들을 정당조직으로부터 해방시키는 기회를 제공하고 있다.[14] 정치인들은 유권자들을 설득하고 동원하는 데 있어 더 이상 정당의 도움을 필요로 하지 않게 됨으로써, "정당 없는 정치"(party-less politics)가 가능하게 된다. 정치인들은 정당에서 벗어나 독립적으로 활동할 수 있기 때문에, 인터넷의 정치적 활용은 정치의 사인화(person-alization of politics)를 촉진하게 될 것으로 본다.

요컨대, '정당쇠퇴론'에 의하면 정보통신기술은 정당조직을 지속적으로 주변화(marginalization)시키는 방향으로 작동한다. 그 결과, 고전적 정당의 모습은 희미해지고, 궁극적으로 정당은 다음의 두 가지 새로운 형태로 그 모습을 드러낼 것으로 예상되고 있다.[15] 첫째, 정당은 패니비안코(Panebianco)가 주장하는 "전문선거기관"(professional electoral association)[16]으로 대체될 것이다. 이 시나리오에 의하면, '전문선거기관'은 일인의 정치지도자를 중심으로 조직된다. 정치지도자는 자신의 명성과 개성을 활용하여 선거 지지를 유인할 수 있는 정책 이슈를 만들어 낸다. 따라서 이 조직은 오직 선거만을 위해서 형성되고, 그것의 목적은 유권자의 지지를 동원해 내는 데 있다. 즉 선거운동이 이 조직의 유일한 활동이다. 선거가 끝나면 조직은 해체되며, 다음 선거시기에 기존 지도자가 다시 후보자가 되는 경우 '전문선거기관'은 재조직된다.

둘째, 사이버공간에만 존재하는 '전자정당'으로 변모하게 된다. 이 시나리오에 의하면, '전자정당'은 환경운동 및 반핵운동과 같은 신사회운동의 참여적 에토스(ethos)에 기반하며, 이익의 대변(representation of inter-

---

14) Dick Morris, *Vote. com*, chapter 9.

15) Karl Lofgren and Colin Smith, "Political Parties and Democracy in the Information Age," in Rachel Gibson, Paul Nixon and Stephen Ward, eds., *Political Parties and the Internet: Net Gain?* (London and New York: Routledge, 2003), pp. 48-50.

16) Angelo Panebianco, *Political Parties: Organization and Power* (Cambridge: Cambridge University Press, 1988).

est) 보다는 정체성의 대변(representation of identities)을 강조한다. 전자
정당은 선거에서의 승리를 통한 공직의 추구보다는 원외에서의 사회운동
및 활동을 더욱 중요시한다. 따라서 모든 정책은 참여자들의 인터넷상의
토론, 심의, 투표에 의해 결정되며, 전자정당의 정치적 영향력은 참여자들
이 확고한 민주적 정체성과 정치적 동원이 가능할 때 발휘될 수 있다.

(2) 정당강화론

정당강화론의 밑바탕에는 새로운 정보통신기술의 정치적 활용은 직접
민주주의의 실현보다는 대의민주주의를 제도적으로 보완하고 질적으로
향상시키는 방향으로 작동할 것이라는 가설이 깔려있다.[17] 이 가설은 인
터넷의 활용이 궁극적으로 직접민주주의를 실현시켜 줄 것이라는 시각
에 대해 매우 비판적이다. 예컨대, '전자국민투표'는 시민들에 의해 제기
된 견해 및 선호에 대하여 대의제적 정치제도 및 조직이 수동적으로 반응
하는 약점을 지닐 수 있다. 즉 전자투표는 정당이 능동적으로 자신의 견
해를 피력할 수 있는 논의 공간 및 여론형성 공간, 즉 심의민주주의의 공
간을 제거시키는 효과를 갖는다는 것이다. 따라서 '전자국민투표'는 저
질의 민주주의를 – 시민들은 단순히 정기적으로 원격 조정 버튼(remote
push button)만을 누르는 "버튼조작 민주주의"(push-button-democra-
cy) – 초래할 수 있다고 한다. 이 점에서 정당들의 역할은 여전히 중요한
데, 정당들은 인터넷을 이용하여 시민들을 공적 토론 과정에 적극적으로

---

17) Colin Smith, "Political Parties in the Information Age: From Mass Party to Lead-
ership Organization?" in I. Th. M. Snellen and W. B. H. J. van de Donk, eds.,
Public Administration in an Information Age (Amsterdam: IOS Press, 1998), pp.
175-189; Paul Nixon and Hans Johansson, "Transparency through Technology:
The Internet and Political Parties," in Barry N. Hans and Brian D. Loader, eds.,
Digital Democracy: Discourse and Decision Making in the Information Age
(London: Routledge, 1999), pp. 135-153.

이끌어냄으로써 현재의 대의민주주의가 직면하고 있는 시민사회와 정치
사회와의 괴리를 극복하는 중요한 역할을 수행할 것으로 본다.

이와 관련하여, 정당강화론자들은 인터넷의 정치적 활용이 정당의 내
부 조직에 영향을 미칠 수 있다는 점에 주목한다.[18] 첫째, 새로운 정보통
신기술은 정당의 지방조직을 거치지 않고도 정당지도부와 당원들 간의
직접적 커뮤니케이션을 가능하게 한다. 또한 다양한 정보통신기술의 활
용을 통해 정당의 중앙조직은 당원들에게 공급하는 정보를 통제할 수 있
게 된다. 이러한 정보공급에 대한 통제가 가능해짐에 따라, 정당지도부
는 토론과정 및 시각을 조정할 수 있게 된다. 둘째, 정보를 수집하거나 토
론을 조직할 경우, 정당지도부는 더 이상 지방 정당조직의 활동에 의존
할 필요가 없게 된다. 왜냐하면 전자게시판과 인터넷 여론조사가 지방조
직의 역할을 대신 수행해 줄 수 있기 때문이다. 셋째, 당내 정치토론을 위
해, 정당은 화상회의(teleconference)를 활용할 수 있다. 따라서 중앙지
도부는 정치토론을 위해 더 이상 지방조직의 활동에 의존할 필요가 없
다. 요컨대, 정보통신기술의 활용은 장기적으로 정당지도부나 당원들에
게 정교한 지방조직의 필요성을 감소시킨다.

정당강화론에 의하면, 20세기의 대중정당(mass party)이 새로운 사회
환경에 직면하여 포괄정당(catch-all party) 혹은 카르텔 정당(cartel
party) 등으로 그 성격을 변화시켰듯이,[19] 정보화시대에서 정당의 조직은

---

18) Paul F. G. Depla and Pieter W. Tops, "Political Parties in the Digital Era: The
Technological Challenge?" in W. B. H. J. van de Donk, I. Th. M. Snellen, and
P. W. Tops, eds., Orwell in Athens: A Perspective on Information and Democ-
racy (Amsterdam: IOS Press, 1995), pp. 169-170.

19) 포괄정당에 대해서는 Otto Kirchheimer, "The Transformation of the Western
European Party Systems," in Joseph LaPalombara and Myron Weiner, eds.,
Political Parties and Political Development (Princeton, New Jersey: Princeton
University Press, 1966), pp. 177-200을, 카르텔정당에 대해서는 Richard S. Katz
and Peter Mair, "Changing Models of Party Organization and Party Democracy:
The Emergence of the Cartel Party," Party Politics 1:1 (January 1995), pp. 5-28

근대적 간부정당(modern cadre party)의 형태로 변화될 것으로 예측한
다.[20] 이 시나리오에 따르면, 신기술은 정당조직에 새로운 종류의 의사결
정 형태를 소개하게 된다. 즉 정보통신기술의 발전으로 인해 보다 많은
당원들이 정당 내의 의사결정에 참여하는 것이 가능해 진다. 예컨대, 인
터넷투표가 출현함에 따라, 의사결정은 인터넷상에서도 가능하게 된다.
이 경우, 모든 당원들이 정당의 후보자 및 정책 결정에 그들의 의사를 표
명할 수 있다. 이러한 진전은 정당의 내부관계에 역설적인 결과를 초래
한다. 즉 당원들의 목소리가 커짐에 따라, 의사결정과정에서의 중앙정당
조직의 영향력이 증대한다. 왜냐하면, 인터넷의 등장과 활용은 정당의 중
간조직인 지방정당조직의 영향력을 감소시키기 때문이다.

또한 통신정보기술은 유권자와의 커뮤니케이션을 향상시키는 데 활
용된다. 그 결과, 정당은 선거구민들과 직접 대화할 수 있게 된다. 정당
은 더 이상 구매체들에 의존하여 자신의 입장을 밝힐 필요가 없다. 전자
게시판, 이메일 등을 통해 정당은 대중매체를 거치지 않고 직접적인 방
법으로 자신의 정책적 입장을 유권자에게 전달할 수 있다. 또한 메일링
리스트를 활용하여, 정당은 선택적으로 유권자들에게 접근하는 것이 가
능해 진다. 다시 말해, 각각의 상이한 지지자 집단들에 대한 데이터베이
스를 기반으로 각각의 집단에 맞는 정책정보를 제공할 수 있게 되고, 이
는 정당으로 하여금 이질적인 지지자 집단들을 관리하고 동원하는 데
기여한다.

마지막으로, 정당은 자신의 정책적 입장을 결정하는 데 인터넷을 활용
한다. 신기술은 정당으로 하여금 유권자들의 견해와 의사를 용이하게 파
악할 수 있게 한다. 즉 정당은 인터넷 여론조사(Internet opinion poll)를
이용하여 어떤 후보자가 대중적 지지를 받고 있으며, 정당의 이미지는 어

을 참고할 것.
20) Paul F. G. Depla and Pieter W. Tops, "Political Parties in the Digital Era: The
Technological Challenge?" pp. 170-177.

떤 방향으로 구축되어야 하며, 어느 정당이 주요 경쟁자이며, 어떤 정책적 이슈가 유권자들의 지지를 획득하는 데 중요한가, 그리고 유권자들의 희망 사항 및 선호가 무엇인지 파악할 수 있다. 이러한 정보는 정당에게 매우 중요한 전략적 의미를 지닌다. 즉 시민의 목소리를 제대로 파악함으로써, 정당은 자신의 정책방향 및 당선 가능한 후보자 등을 결정 가능하게 된다. 정당은 이러한 방식으로 유권자들의 지지를 유도할 것이다.

이 시나리오를 요약하면 다음과 같다. 신기술은 새로운 정치참여, 의사결정, 당내 커뮤니케이션 방식에 영향을 미친다. 그리고 최종적으로 정당으로 하여금 새로운 방식으로 유권자에게 다가서게 한다. 즉 인터넷은 정당정치를 사회적 토론의 중심에 서게 한다. 이때 정당은 더 이상 고전적 '대중정당'이 아니다. 그것은 정책이슈와 정치지도자의 역할을 강조하는 일종의 '근대화된 간부정당'(modern cadre party)이다.[21] 정당의 중앙지도부가 전체 정당을 이끌어 간다. 그러나 당원들은 토론과정과 의사결정에 참여할 수 있다. 정당의 멤버십은 제한적이나 동조자들의 참여는 개방되어 있다. 그리고 여론조사 기능은 정당 유지 및 발전의 중요한 부분이 된다.

(3) 정당의 미래

정보통신기술이 정당 조직에 어떠한 영향을 미치느냐는 아직 불확실하다. 단지 '전문선거기관' 혹은 '근대적 간부정당'으로의 등장 여부는 부분적으로 정보통신기술이 어떤 방식으로 정치과정에 채택·활용되느냐에 달려 있다 할 것이다. 구체적으로, 신기술의 어떤 부분이 활용되느

---

21) '근대적 간부정당'의 개념에 대해서는 Ruud Koole, "The Vulnerability of the Modern Cadre Party in the Netherlands," in Richard S. Katz and Peter Mair, eds., *How Parties Organize: Change and Adaptation in Party Organizations in Western Democracies* (London: Sage, 1994), pp. 278-303을 참조할 것.

냐 혹은 누가 신기술을 주도적으로 활용하느냐가 중요한 변수이다. 정당
의 경우, 인터넷의 쌍방향성의 활용 여부가 대단히 중요하다. 정당은 이
기능을 활용하여 정치토론을 활성화하고, 당원 및 동조자를 새로운 방식
으로 규합할 수 있을 것이다.

그러나 궁극적으로 정당의 위상에 대해 인터넷이 갖는 정치적 의미는
여러 가지 정치적 변수들에 의해 결정될 것이다. 디플라와 톱스(Depla &
Tops)에 의하면, 정치체계의 성격(character of the political system)이 매
우 중요하다. 어떤 나라는 매우 개인 지향적 성격을 지닌 정치체계를 보
유할 수 있는데, 미국과 프랑스의 경우가 그 대표적 사례이다. 이러한 나
라에서는 '전문선거기관' 의 시나리오가 실현될 가능성이 상대적으로 높
다. 다시 말하면, 정당이 전통적으로 느슨한 조직 형태를 보이며, 정치과
정을 철저히 지배하지 못하는 경우, 정당은 서서히 전문선거조직으로 대
체되기 쉽다. 반면에, 정당이 정치체계에 깊숙이 뿌리를 내리고 있는 나
라의 경우, 정보통신기술의 활용으로 인해 사회 내의 정당의 위상은 더욱
강화될 것으로 본다. 예컨대, 독일, 오스트리아, 핀란드, 스웨덴, 덴마크,
벨기에, 룩셈부르크 등이 이에 해당되는데, 이 경우 인터넷의 활용은 '근
대적 간부정당' 의 등장을 가져오기 쉬울 것으로 예상하고 있다.[22]

22) Paul F. G. Depla and Pieter W. Tops, "Political Parties in the Digital Era: The
Technological Challenge?" pp. 178-179.

제5장

인터넷과 선거운동

선거운동은 기본적으로 후보자나 정당과 같은 선거주체들이 선거경쟁에서 승리를 목표로 자신의 이용 가능한 모든 인적 · 물적 자원을 동원하여 유권자들의 지지를 유인하고 획득하고 유지하기 위한 모든 조직적 활동을 의미한다. 구체적으로, 공직 후보의 입장에서 볼 때 선거운동은 공직 후보자들이 유권자를 대상으로 자신을 선택해 줄 것을 호소하고 설득하는 과정이며, 유권자의 입장에서 볼 때 선거운동은 후보자들의 인품과 정견을 청취하고 자신들의 의사와 선호를 적극적으로 표현하는 정치참여의 장이다. 이렇게 볼 때, 후보자와 유권자 간의 커뮤니케이션은 선거운동과정의 핵심 활동이다.

역사적으로 볼 때, 선거커뮤니케이션 수단은 면대면 접촉 → 대중매체 → 인터넷 등의 순서로 소개되고 채택되어 왔다. 구체적으로, 매스미디어가 선거전에 도입되기 이전에는 주로 면대면 접촉이 선거운동의 주축을 이루었다. 그러나 매스미디어가 출현하면서, 선거운동은 매스미디어를 활용한 선거활동과 면대면 접촉을 통한 선거운동이 결합되는 양상을 보여 왔다. 그리고 최근 인터넷이 선거운동에 활용됨에 따라, 선거전은 면대면 접촉, 매스미디어, 그리고 인터넷 선거전이 복잡하게 결합되는 양상을 보이고 있다.[1]

제17대 총선은 다양한 선거커뮤니케이션 수단들이 동원된 선거전으로 평가된다. 즉 면대면 접촉과 매스미디어가 선거전의 주축을 이루면서, 인터넷 선거운동이 새로운 주요 운동수단으로 부상된 가운데 치러진 선거였다. 이 글은 제17대 총선에서 인터넷 홈페이지를 이용한 선거운동의 위상에 대해 분석·평가하려고 한다. 이를 위해, 후보자의 홈페이지 운용과 네티즌의 홈페이지 방문활동을 집중적으로 분석할 것이며, 나아가 16대 총선에서의 인터넷 선거활동과 비교·분석을 시도할 것이다. 구체적으로, (1) 후보자들은 어느 정도 인터넷 홈페이지를 개설·운영하였는가? (2) 어떤 후보자 집단이 인터넷 홈페이지를 선거전에 활용하였는가? (3) 그들의 인터넷 홈페이지를 이용한 선거운동은 어떠한 양상을 띠었는가? (4) 네티즌들은 어느 정도 후보자 홈페이지를 방문하였는가? (5) 홈페이지를 방문하는 네티즌 집단은 누구인가? (6) 인터넷 홈페이지가 네티즌에게 미치는 영향은 어느 정도인가? 등이 분석의 내용이 될 것이다. 그리고 이러한 분석을 바탕으로 최종적으로 제17대 총선에서 인터넷 선거운동의 위상을 평가할 것이다.[2]

이를 위해, 본 논문은 다음의 4가지 유형의 데이터를 활용하였다. 첫째, 후보자 홈페이지가 담고 있는 내용에 관한 데이터이다. 이 데이터의 수집을 위해, 선거운동기간(4월2일~4월14일) 동안 후보자의 홈페이지를 방문하여 그 내용을 분석하였다. 둘째, 선거운동 주체들이 인터넷 선거운동을 어떻게 인식하는가에 관한 데이터이다. 이 데이터를 얻기 위해 선거운동기간에 각 후보자들의 선거운동 관계자를 대상으로 전화 설문을 실시하여 319명의 응답을 확보하였다. 셋째, 네티즌들의 후보자 홈페

---

1) Pippa Norris, *A Virtuous Circle: Political Communications in Postindustrial Societies* (Cambridge, UK: Cambridge University Press, 2000), p. 143.
2) 이 글은 다음의 논문을 수정·보완한 것임. 김용철, "제17대 총선과 인터넷 홈페이지를 이용한 선거운동: 선거운동유형과 네티즌참여를 중심으로,"『21세기정치학회보』14집 2호 (2004), pp. 75-96.

이지의 방문과 참여에 관한 데이터이다. 네티즌들의 참여 실태를 파악하기 위해, 총선 직후인 4월 20일부터 22일까지 전국 네티즌 800명을 대상으로 인터넷 설문조사를 실시하였다. 넷째, 2000년 총선 당시 조사한 후보자 홈페이지의 내용분석 데이터를 활용하여 부분적으로 제16대 총선과 비교할 것이다.

1. 인터넷과 선거운동

인터넷 선거운동은 기존의 선거커뮤니케이션과는 확연히 다른 특성을 지니고 있다. 이러한 상이한 특성은 기본적으로 인터넷이 갖는 기술적 속성에서 비롯된다. 인터넷의 독특한 기술적 속성은 새로운 유형의 선거운동을 만들어 내고 있다.

(1) 커뮤니케이션 수단과 선거운동

어떠한 유형의 선거커뮤니케이션 수단을 활용하느냐에 따라 선거운동의 양상은 크게 달라진다(표 5-1 참조). 먼저, 면대면 접촉(face-to-face contact)은 가장 오래된 선거운동 커뮤니케이션 수단이다. 이 경우, 후보자와 유권자의 직접적인 접촉을 통한 지지 호소 및 설득이 선거운동의 주요 전략으로 채택된다. 그리고 정당조직과 조직원들의 동원을 통한 대중집회 · 유권자 방문 · 길거리 유세 · 정당 미팅 등이 선거활동의 주축을 이룬다. 이러한 형태의 선거운동 커뮤니케이션은 기본적으로 쌍방향이며, 그 결과 후보자와 유권자 간의 정서적 교감을 최대화할 수 있다는 강점을 지닌다. 그러나 면대면 접촉을 통한 선거활동은 공간적 그리고 시간적 제약을 크게 받기 때문에, 지역 수준의 선거운동에 주로 활용되며 선거운동에 소요되는 시간적 · 인간적 비용이 매우 높다. 또한 건전한 선거운동 문화가 정착되지 않는 한, 선거운동 과정에서 부정 및 불법 선거활동이 발생할 가능성이 상대적으로 높다는 단점을 지닌다.

　이와는 달리, 미디어 선거전은 라디오·신문·TV 등과 같은 대중매체를 커뮤니케이션 수단으로 활용하는 선거운동이다. 대중매체를 이용하기 때문에, 선거커뮤니케이션은 라디오 연설·TV토론·정치광고 등과 같이 간접적 혹은 일방향적 형태를 띠며, 이러한 활동은 주로 전국적 수준에서 중앙당의 치밀한 선거전략을 바탕으로 행해진다.[3] 그리고 간접적·일방향적 커뮤니케이션을 바탕으로 하기 때문에, 미디어 선거전략의 초점은 선거공약 및 정책이슈에 대한 구체적 메시지의 전달보다는 후보자의 인지도 향상, 이미지 구축, 쟁점의 부각에 모아진다.[4] 즉 매스미디어를 이용한 정치광고 및 선전은 고비용이 요구되는 까닭에, 후보자는 유권자들에게 자신의 정치적 입장에 대해 심도 있는 정보제공 보다는 정

〈표 5-1〉 커뮤니케이션 수단과 선거운동의 유형

수단 비교항목	면대면 접촉	매스미디어	인터넷
커뮤니케이션 특징	쌍방향이나 시공간적 제약을 받음	일방향이나 공간적 제약이 비교적 덜함	쌍방향이며 시공간적 제약이 비교적 없음
선거운동전략	인간적 접촉을 통한 지지 호소 및 설득	인간적 접촉을 통한 지지 호소 및 설득	구체적 메시지 섬세한 타기팅
선거운동내용	대중집회 호별 방문 정당 미팅	방송/TV 토론 정치광고 및 선전	정보제공 쌍방향대화 상호작용
선거운동수준	지역수준	전국수준	지역/전국수준
선거운동비용	매우 높음	높음	낮음

---

3) William S. Bike, *Winning Political Campaigns: A Comprehensive Guide to Electoral Success* (Juneau, Alaska: The Denali Press, 1998), pp. 5-9.
4) William S. Bike, *Winning Political Campaigns*, p. 6; 브라이언 맥내어(Brian McNair), 『정치커뮤니케이션의 이해』(서울: 한울 아카데미, 2001), pp. 161-162; 최문휴, 『인터넷과 TV시대의 선거전략』(서울: 예웅, 2002). pp. 163-230.

치광고를 통한 간결성과 요점, 반복과 압축을 통한 상징조작에 의존하는
경향이 강하다.[5] 다른 한편으로, 대중매체를 이용한 선거운동은 유권자
와의 접촉을 최소화함으로써, 면대면 접촉에 의존한 선거활동 과정에서
발생할 수 있는 탈법 및 불법을 근본적으로 차단시키는 이점을 지닌다.
그러나 주민과의 정서적 교감을 나눌 수 없으며, 후보자 간의 이미지 경
쟁이 중요시되어, 상대적으로 정책지향의 선거운동이 경시될 수 있는 단
점을 지닌다.

면대면 접촉 및 미디어를 이용한 선거전과는 달리, 인터넷 선거운동은
새로운 정보통신기술인 인터넷을 선거커뮤니케이션의 수단으로 채택하
는 선거활동이다. 인터넷은 면대면 접촉 혹은 매스미디어와는 상이한 특
성을 지니고 있다. 따라서 인터넷 선거운동은 기존의 선거운동과는 다른
양상을 띨 것으로 예측되고 있다.[6]

첫째, 인터넷은 많은 양의 정보를 빠른 속도로 유권자에게 전달할 수
있으며, 메시지를 오디오(audio) · 비디오(video) · 텍스트(text) 등 다양
한 포맷으로 전달할 수 있다. 따라서 역동적인 방법을 효과적으로 구사
할 경우, 인터넷 선거운동은 유권자의 이목을 효과적으로 이끌어 낼 수
있을 것으로 평가된다.

둘째, 수직적이며 일방적 정보의 흐름을 기본으로 하는 기존 대중매체
와는 달리, 인터넷은 수평적이며 쌍방향적 정보의 흐름을 가능케 한다.
즉 후보자와 유권자들은, 단순한 정보의 제공자 혹은 소비자에서 벗어나,

---

5) Dick Morris, *Vote.com* (Los Angeles: Renaissance Books, 1999), chapter 7.
6) Richard Davis, *The Web of Politics: The Internet's Impact on the American Politi-
cal System* (Oxford: Oxford University Press, 1999), pp. 96-109; Rachel Gibson
and Stephen Ward, "A Proposed Methodology for Studying the Function and
Effectiveness of Party and Candidate Web Sites," *Social Science Computer
Review* 18:3 (Fall 2000), p. 302; Bruce Bimber and Richard Davis, *Campaigning
Online: The Internet in U. S. Elections* (New York, New York: Oxford University
Press, 2003), chapter 2.

정보의 소비자이자 생산자로서 상호작용 및 대화가 가능하다. 따라서 인터넷의 쌍방향 커뮤니케이션 기능을 적절히 활용할 경우, 면대면 접촉을 통한 커뮤니케이션 못지않게 후보자와 유권자들 사이의 활발한 정서적 교감을 나눌 수 있는 것으로 평가된다.

셋째, 인터넷은 협송(narrow-casting)이 가능하기 때문에, 섬세한 타기팅(targeting) 선거전을 전개할 수 있다. 즉 인터넷의 협송 기능을 활용함으로써, 후보자들은 유권자 전체를 대상으로 하는 기존의 평면적이고 반복적인 선거운동에서 벗어나, 상이한 성격과 특성을 지닌 유권자 집단들 각각에 대해서 그들의 주의와 관심을 이끌어 낼 수 있는 입체적이고 특색 있는 선거운동의 전개가 가능하게 된다.

넷째, 인터넷을 통한 메시지의 전달과 수신은 외부의 간섭 없이 자유롭게 행해질 수 있다. 즉 인터넷 홈페이지를 선거운동에 활용함으로써 후보자들은 기존의 대중매체를 우회하여 자신의 목소리를 직접 유권자에게 전달할 수 있다.

다섯째, 인터넷을 활용한 선거운동은 기존 대중매체에 비해 값이 저렴하고, 시간과 공간에 구애됨이 없이 하루 24시간 가동될 수 있다. 따라서 인터넷을 선거운동에 효과적으로 활용할 경우, 정당 및 후보자는 선거운동 비용을 현저히 줄일 수 있다.

요컨대, 효과적인 인터넷 선거운동은 면대면 접촉 및 매스미디어 선거운동이 갖는 단점들을 극복할 수 있으며, 동시에 이들이 지니는 장점들을 최대화할 수 있는 잠재력을 보유하고 있는 것으로 평가된다. 따라서 인터넷 선거전에서는 쌍방향 대화를 장려하고, 유권자의 소리에 귀를 기울이며, 그들의 의견을 정치적 행동으로 재빨리 전환시키는 능력을 보유한 후보자가 선거전의 우위를 차지할 것으로 예상된다. 그러나 이러한 상대적 강점에도 불구하고, 인터넷 선거운동은 정보통신기술이 갖는 정보 확산 및 배포 능력으로 인해 흑색선전의 가능성, 그리고 기술적 보안 능력의 취약으로 인한 사이버테러 등과 같은 부정적인 문제점들을 생산할 가능성도 함께 지니고 있다.

(2) 인터넷 선거운동의 유형

인터넷을 이용한 선거운동은 전자게시판 및 이메일을 이용한 유권자
와의 대화, 인터넷모금(e-fundraising), 인터넷자원봉사(e-volunteering),
인터넷 여론조사(e-polling), 당원 · 당간부 · 후보자 간의 의사소통을 위
한 네트워킹(e-networking), 팬클럽 활동 및 동호인 모임 등 다양하다. 여
러 형태의 인터넷 선거운동들은 ① 활동의 제1차적 목적이 지지의 동원
인가 혹은 효과적인 선거운동을 위한 전략적 활동인가, 그리고 ② 특정
선거운동이 갖는 전략적 적극성의 정도에 따라 몇 가지 유형으로 분류될
수 있다.

〈그림 5-1〉의 가로축은 인터넷 선거운동의 제1차적 목표를 의미한다.[7]
선거활동의 대부분은 유권자들을 대상으로 지지와 후원을 호소하는 것
이다. 이와 더불어, 효과적으로 선거운동을 수행하기 위해서는 운동주체
(후보자 및 운동원)들의 전략을 수정 혹은 조정하는 활동도 요구된다. 예
컨대, 선거운동조직의 정비, 운동조직 간의 네트워킹(networking), 그리
고 유권자의 태도 및 지지 상황의 변화를 꾸준히 추적하고 확인하여 이를
선거운동 전략에 반영하는 여론조사 활동이 그 대표적인 예이다.

한편, 세로축은 구체적 선거운동이 갖는 전략적 적극성의 정도를 의미
한다. 즉 ① 선거운동의 핵심 활동이 정보제공 및 수집에 있는가, ② 온라
인 대화를 통해 유권자들의 후보자에 대한 관심과 우호적인 태도를 유인
하는 데 있는가, 혹은 ③ 유권자의 집단적/개인적 의사결정 및 정치행동
을 촉발하고 동원하는 데 있는가에 따라, 선거운동은 각각 정보형, 대화
형, 행동형으로 분류될 수 있다.

이러한 기준에 의해 주요 인터넷 선거활동들을 분류하면 다음과 같다.

---

7) 〈그림 5-1〉은 다음의 논문 p.6의 그림을 수정한 것임. 김용철, "인터넷 선거운동
   의 활성화 방안," 『바람직한 국회의원 선거제도와 정당정치』(2003년 9월 한국정당
   학회 추계학술대회 논문집).

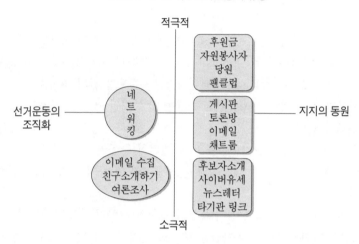

〈그림 5-1〉 인터넷 선거운동의 유형

첫째, 정보형 선거활동은 ① 정보제공형과 ② 정보수집형으로 분류된다. 정보제공형은 후보자가 유권자에게 정보를 제공하는 형태를 띠는데, 이는 주로 직접적 혹은 간접적(예: 타 기관으로 링크 설정)인 방법을 통해 후보자의 신상정보, 후보자의 지역구정보, 그리고 후보자의 의정활동, 소속 정당, 정치적 입장, 공약사항, 선거유세일정 등에 관한 정보를 제공하는데 주력한다. 즉 후보자에 관한 정보를 배포함으로써 유권자가 후보자를 인지하고 관심을 갖게 하는 선거운동이다. 이에 비해, 정보수집형은 후보자가 유권자들을 대상으로 정보를 수집하는 형태를 띤다. 예컨대, 유권자들의 이메일 주소 및 연락처를 수집하거나, 여론 동향을 파악하는 활동이 이에 속한다. 이러한 정보 제공 및 수집 활동은 유권자에게 정치적 대화 혹은 행동을 요구하지 않는다는 점에서 상대적으로 가장 소극적 형태의 선거운동이라 할 수 있다.

둘째, 대화형 선거활동에는 ① 후보자와 유권자 간의 대화를 통해 유권자들이 후보자에 대해 긍정적인 태도를 갖도록 유도하고 우호적인 견해를 표출하도록 유인하는 유형과, ② 선거주체들 간의 대화와 상호교신을 통해 선거활동을 효과적으로 실행할 수 있도록 조정하는 유형으로 세분화된다. 전자의 사례로 전자게시판, 채트룸, 이메일 등이 있으며, 후자의 예로는 중앙당과 지구당, 그리고 선거운동원 간의 연결망을 구축하는 네트워킹이 있다. 대화형 선거활동은 후보자, 유권자, 그리고 선거운동원들 사이의 커뮤니케이션을 수반한다는 점에서 정보형 선거활동에 비해 적극성의 정도가 상대적으로 높은 선거운동 방식이다.

셋째, 행동형 선거활동은 유권자들로 하여금 적극적으로 정치행동에 가담하도록 촉구하는 선거운동 방식이다. 그 대표적인 예로는 자원봉사자 · 후원금 · 당원 등의 모집, 그리고 팬클럽 및 동호인 모임과 같은 온라인 커뮤니티(online community)의 구축 등이 있다. 이러한 선거활동은 잠재적 지지자들로 하여금 의사결정과 실행을 요구한다는 점에서 가장 적극적이며 공세적인 형태의 선거운동이라 할 수 있다.

2. 총선 후보자와 인터넷 홈페이지

제17대 총선에 출마한 후보자들은, 제16대 총선 후보자들에 비해, 상대적으로 높은 홈페이지 개설률 및 운영률을 보였다. 그러나 인터넷 홈페이지를 이용한 선거운동은 후보자의 특성 및 지역구의 특성에 따라 달리 나타났다.

(1) 홈페이지 운용 실태

제17대 총선에서 지역구 출마자 총 1,167명(8명의 사퇴자 제외) 가운데 84.1%에 해당하는 981명이 홈페이지를 개설하였고, 이 가운데 실제 홈페이지를 이용한 인터넷 선거운동을 전개한 후보자는 955명으로 81.8%에 달하였다. 〈표 5-2〉는 17대 총선에서의 후보자 홈페이지 개설률과 운영률을 정당별로 조사한 내용이다. 구체적으로, 두 자리 수 이상

의 후보자들을 출마시킨 각 정당들의 홈페이지 운영률을 살펴보면, 열린
우린당이 97.9%로 가장 높은 운영률을 보였고, 그 다음으로 한나라당이
96.3%, 민주노동당이 92.7%, 녹색사민당이 85.7%, 민주당이 79.6%, 그
리고 자민련이 41.5%를 기록하였다. 또한 무소속 후보자들의 홈페이지
운영률도 71%로 정당 후보자들 못지않게 홈페이지를 이용한 선거운동을
전개하였음을 보여 준다.

이러한 17대 총선의 홈페이지 운영률은, 제16대 총선의 49.5%과 비교
할 때,[8] 크게 상승한 수치이다. 후보자들의 홈페이지 운영률이 크게 상승
한 것은 다음 몇 가지 이유 때문인 것으로 파악된다. 첫째, 네티즌의 지속
적인 증가이다. 제16대 총선 기간인 2000년 3월 말 당시 915만 명에 불과
했던 만 20세 이상의 성인 네티즌이 2001년 12월에는 1,595만 명으로,
2002년 12월에는 1,749만 명으로, 그리고 2003년 12월에는 2,025만 명으
로 급증하였다.[9] 즉 인터넷 이용자의 증가는 선거운동에서 후보자 홈페
이지가 갖는 잠재적 위상을 높이는 방향으로 작동한 것으로 파악된다.

둘째, 높은 홈페이지 운영률은 선거관련 정보를 획득하는 출처로써 인
터넷의 위상이 크게 향상되었다는 점과 관련이 있다. 제16대 총선 직후
인 2000년 4월 말 당시, 네티즌들은 선거관련 정보를 주로 신문 및 TV와
같은 대중매체를 통해 획득하는 것으로 조사되었으나,[10] 제17대 총선 직
전인 2004년 초에는 인터넷이 TV 및 신문 등 기존의 주요 매체들을 누르
고 네티즌들이 선거관련 정보를 얻는 제1의 매체로 부상하였다.[11] 이러

---

8) 김용철·윤성이, "인터넷과 선거운동: 제16대 총선 후보자의 인터넷 활용 및 네티
즌의 참여실태 분석,"『한국과 국제정치』제17권 제2호 (2001년 가을·겨울), p.
194.

9) 한국전산원,『2001 한국인터넷백서』(서울: 한국전산원, 2001), p.49; 정보통신부·
한국인터넷정보센터,『2003년 하반기 정보화실태조사』http://isis.nic.or.kr/report
_DD_View/upload/user_200312[1].pdf (검색일: 2004년 7월 4일).

10) 김용철·윤성이, "인터넷의 정치적 활용과 16대 총선,"『한국정치학회보』34집 3호
(2000년 가을), p. 134.

〈표 5-2〉 정당별 후보자 홈페이지 개설률 및 작동률

항목 정당	지역구 후보	개설		미개설 (c)	개설률(%)		운영률(%)	
		작동(a)	정지(b)		17대총선	16대총선	17대총선	16대총선
열린우리당	243	238	3	2	99.2	-	97.9	-
한나라당	218	210	0	8	96.3	66.2	96.3	66.2
민주노동당	123	114	3	6	95.1	47.9	92.7	42.9
민주당	181	144	6	31	82.9	65.7	79.6	64.0
자민련	123	51	4	68	44.7	40.6	41.5	40.0
국민통합21	3	3	0	0	100	-	100	-
민주국민당	7	2	0	5	28.6	25.8	28.6	25.8
가자희망2080	1	1	0	0	100	-	100	-
공화당	5	2	1	2	60	0	40	0
구국총연합	1	0	0	1	0	-	0	-
기독당	9	6	0	3	66.7	-	66.7	-
노권당	2	1	0	1	50	-	50	-
녹색사민당	28	23	1	4	85.7	-	85.7	-
사회당	6	6	0	0	100	100	100	100
무소속	217	154	8	55	74.7	31.2	71.0	30.2
전체	1,167	955	26	186	84.1	50.3	81.8	49.5

* 주: 개설률과 운영률은 각각 [(a+b)÷(a+b+c) x 100]과 [a÷(a+b+c) x 100]을 의미한다.

한 사실은 후보자들에게 선거운동 수단으로써 인터넷 홈페이지의 위상을 크게 향상시켰던 것으로 파악된다.

셋째, 변화된 선거규칙이다. 2004년 3월 개정된 선거법은 인터넷 선거

---

11) 2004년 1월 30일부터 2월 2일 사이에 전국의 네티즌 천 명을 대상으로 정치여론조사 전문기관(www.panup.com)이 실시한 서베이 결과에 의하면, 네티즌들은 선거관련 주요 정보원으로 인터넷을 1위, TV를 2위, 신문을 3위, 주변 사람들을 4위, 잡지를 5위, 라디오를 6위로 꼽았다. 『한겨레』, 2004년 2월 4일.

운동에 유리한 제도적 환경을 제공하였다. 개정 선거법은 정당연설회 및 합동연설회와 같은 대중집회를 금지함으로써, 후보자들의 면대면 접촉을 통한 선거운동의 기회를 크게 축소시켰다. 그 대신 각종 미디어를 통한 선거운동을 강화하였으며, 선거운동기간에만 허용되던 인터넷 홈페이지를 통한 선거운동을 상시화하였다. 또한 개정 선거법은 선거자금에 대한 규제를 강화함으로써, 후보자들로 하여금 많은 비용이 요구되는 미디어 선거운동보다는 적은 비용으로 자신을 알릴 수 있는 인터넷 선거운동에 주목하게 하였다. 이와 더불어, 중앙선거관리위원회를 비롯한 상당수의 언론기관들이 자신의 홈페이지에 정치포털 사이트를 개설하여, 후보자들의 신상정보 및 홈페이지 주소를 네티즌들에게 널리 알릴 수 있는 기회를 향상시켰다.

요약하면, 인터넷 이용자의 증가, 정보원으로서의 인터넷 위상의 향상, 그리고 제도적 환경의 변화 등은 인터넷 홈페이지를 이용한 선거운동에 대한 후보자들의 관심을 상대적으로 증대시켰던 것으로 분석된다.

(2) 지역구 및 후보자 특성별 홈페이지 운용 실태

어떤 후보자들이 선거운동용 홈페이지를 개설·운용하였는가? 지역구 및 후보자의 특성과 홈페이지 운영 간의 관계를 파악하기 위해 교차분석을 실시하였다. 〈표 5-3〉은 교차분석 결과 가운데 유의미한 관계를 보인 것들을 요약한 것이다.

분석결과에 의하면, 지역구의 중요한 특성인 도시화 정도와 홈페이지 운영 간에는 유의한 관련성이 있는 것으로 나타났다(x^2= 27.242, p = .000). 구체적으로, 서울시, 6대 광역시, 그리고 일반시를 지역구로 하는 후보자들의 홈페이지 운영률은 83.9%로 거의 동일하였으나, '시+군' 그리고 '군+군'으로 구성된 지역구들은 각각 80.8%와 63.1%의 운영률을 기록하였다. 즉 도시화의 정도가 높은 지역구에서는 홈페이지 운영률이 높으나, 도시화의 정도가 낮은 농촌지역에 위치한 지역구에서는 홈페이

〈표 5-3〉 지역구 및 후보자 특성과 홈페이지 운영

특성	항목	홈페이지 운영률			x^2(p값)
		작동(n, %)	비작동(n, %)	합계(n, %)	
도시화의 정도	서울시	209(83.9) (21.9)	40(16.1) (18.9)	249(100) (21.3)	x^2= 27.242 p = .000
	광역시/일반시	601(83.9) (62.9)	115(16.1) (54.2)	716(100) (61.4)	
	시 + 군	80(80.8) (8.4)	19(19.2) (9.0)	99(100) (8.5)	
	군 + 군	65(63.1) (6.8)	38(36.9) (17.9)	103(100) (8.8)	
	합계(n, %)	955(81.8) (100)	212(18.2) (100)	1167(100) (100)	
정당의 위상	다수당	488(97.2) (46.9)	13(2.8) (6.1)	461(100) (39.5)	x^2= 120.941 p = .000
	소수당	309(72.4) (32.4)	118(27.6) (55.7)	427(100) (36.6)	
	주변당 + 무소속	198(71.0) (20.7)	81(29.0) (38.2)	279(100) (23.9)	
	합계(n, %)	955(81.8) (100)	212(18.2) (100)	1167(100) (100)	
현역의원 여부	현역의원	163(98.2) (17.1)	3(2.4) (1.9)	167(100) (14.3)	x^2= 32.607 p = .000
	비현역	792(79.2) (82.9)	208(20.8) (98.1)	997(100) (85.7)	
	합계(n, %)	955(81.8) (100)	212(18.2) (100)	1167(100) (100)	
학력	고졸 이하	54(58.1) (5.7)	39(41.9) (18.4)	93(100) (8.0)	x^2= 39.369 p = .000
	대졸 이하	514(82.9) (53.8)	106(17.1) (50.0)	620(100) (53.1)	
	대학원 이상	387(85.2) (40.5)	67(14.8) (31.6)	454(100) (38.9)	
	합계(n, %)	955(81.8) (100)	212(18.2) (100)	1167(100) (100)	
연령	20~30대	142(88.2) (14.9)	19(11.8) (9.0)	161(100) (13.8)	x^2= 7.443 p = .024
	40대	390(82.8) (40.8)	81(17.2) (38.2)	471(100) (40.4)	
	50대 이상	423(79.1) (44.3)	112(20.9) (52.8)	535(100) (45.8)	
	합계(n, %)	955(81.8) (100)	212(18.2) (100)	1167(100) (100)	
재산 정도	5천만원 미만	132(66.0) (13.8)	68(34.0) (32.1)	200(100) (17.1)	x^2= 56.461 p = .000
	5천만~3억원 미만	265(78.4) (27.7)	73(21.6) (34.4)	338(100) (29.0)	
	3억원~10억원 미만	322(88.5) (33.7)	42(11.5) (19.8)	364(100) (31.2)	
	10억원 이상	236(89.1) (24.7)	29(10.9) (13.7)	265(100) (22.7)	
	합계(n, %)	995(81.8) (100)	212(18.2) (100)	1167(100) (100)	

지 운영률이 상대적으로 낮은 것으로 나타났다. 이러한 현상은 농촌지역 보다는 도시지역에 인터넷 이용자들이 집중되어 있기 때문인 것으로 파악된다.

한편 후보자의 특성과 홈페이지 운영 간의 관계를 살펴보면 아래와 같다. 첫째, 후보자들이 속한 정당의 위상과 홈페이지 운영 사이에는 유의미한 상관관계(x^2= 120.941, p = .000)를 보였다.[12] 구체적으로, 다수당인 열린우리당과 한나라당 소속 후보자 집단은 97.2%의 홈페이지 운영률을, 소수당인 민주노동당, 민주당, 자민련 소속 후보자 집단은 72.4%의 홈페이지 운영률을, 그리고 주변당과 무소속 후보자들은 71%의 홈페이지 운영률을 보였다. 요컨대, 다수당 소속의 후보자들이 소수당이나 주변당 소속의 후보자들에 비해 상대적으로 더욱 많이 홈페이지를 개설·운영하였음을 의미한다. 이러한 현상은 다수당 후보자들이 소수당을 포함한 주변당 및 무소속 후보자들에 비해 선거운동자원이 더욱 풍부하다는 사실에 기인한 것으로 보여진다.[13]

둘째, 현역의원의 여부와 홈페이지 운영은 통계적으로 유의한 상관관계를 갖는 것으로 분석되었다(x^2= 32.607, p=.000). 즉 현역의원 후보자 집단은 98.2%의 홈페이지 운영률을 보였고, 비현역 후보자 집단은 79.2%의 운영률을 보였다. 이러한 현상은 대부분의 현역 후보자들은 자신의 홈페이지를 보유하고 있는 까닭에 기존의 홈페이지를 선거운동 홈페이지로 쉽게 전환할 수 있으나, 비현역 후보자들은 그렇지 못하기 때문인 것으로 파악된다.

---

12) 선거기간 동안 열린우리당은 140~180 의석을, 한나라당은 80~120 의석을 차지할 것으로 예측되었고, 민주당·민주노동당·자민련은 소수의 의석을 획득할 것으로, 그리고 나머지 정당들은 의석 획득이 불확실한 주변당에 불과할 것으로 예상되었다. 그리고 이러한 예측은 선거 결과와 거의 일치하였다.

13) 실제로 다수당 소속의 후보자들 가운데 재산이 3억 이상인 자가 72%를 차지하였으나, 소수당·주변당·무소속 후보자들 가운데 3억 이상의 재산을 보유한 자는 42.1%로 조사되었다.

셋째, 후보자의 학력과 홈페이지 개설 간에 유의미한 관계가 있는 것으로 밝혀졌다. 구체적으로, 고졸이하 집단의 홈페이지 운영률은 58.1%였으나, 대졸이하의 집단과 대학원 이상의 집단은 각각 82.9%와 85.2%의 운영률을 보였다(x^2= 39.369, p = .000).

넷째, 후보자들의 연령과 홈페이지 운영 간에 유의미한 관련성을 보였다(x^2= 7.443, p = .024). 구체적으로, 20~30대 후보자 집단은 88.2%의 홈페이지 운영률을 보였고, 40대는 82.8%, 그리고 50대 이상의 후보자 집단은 79.1%의 운영률을 보였다. 즉 연령이 낮을수록 홈페이지 운영률이 높은 것으로 나타났다.

다섯째, 후보자의 재산정도와 홈페이지 운영 간에 유의한 상관관계가 존재하는 것으로 나타났다(x^2= 56.461, p = .000). 즉 재산이 5천만 원 미만인 후보자 집단은 66%의 홈페이지 운영률을 보였고, 5천만원~3억 원인 후보자 집단은 78.4%의 홈페이지 운영률을, 3억~5억 미만의 후보자 집단은 88.5%의 운영률을, 그리고 10억 원 이상의 재산을 보유한 후보자 집단은 89.1%라는 가장 높은 홈페이지 운영률을 보였다. 이는 재산이 많을수록 홈페이지 운영률이 높음을 의미한다.

요약하면, 도시화의 정도가 높은 지역구의 후보자들일수록, 다수당 소속 후보집단이 소수당·주변당·무소속 후보집단에 비해, 그리고 현역의원 후보집단이 비현역 후보집단에 비해, 높은 홈페이지 운영률을 보였다. 또한 학력이 높을수록, 나이가 젊을수록, 그리고 보유 재산이 많을수록 홈페이지 운영률이 높았다.

3. 인터넷 홈페이지의 내용과 유형

인터넷 홈페이지는 그 구성내용에 따라, 정보형·대화형·행동형으로 분류된다. 17대 총선과 16대 총선의 온라인 선거운동을 비교할 때, 후보자들의 인터넷 홈페이지는 웹사이트를 보유하고 있음을 보여주기 위한 과시용 홈페이지에서 실질적인 선거캠페인에 활용하기 위한 선거운동용 홈페이지로 변화하고 있음을 보여준다.

(1) 홈페이지 규모와 구성

홈페이지의 규모를 파악하기 위해, 각 홈페이지가 제공하는 메뉴의 수를 계산하였다. 개설된 홈페이지의 평균 사이즈는 17.33으로 조사되었다. 이는 16대 총선 당시 홈페이지 규모 15.5에 비해,[14] 17대 총선의 후보자 홈페이지는 그 규모가 커졌음을 뜻한다. 또한 홈페이지 규모를 정당별로 살펴보면, 한나라당의 평균 사이즈가 19.7로 가장 규모가 큰 것으로 나타났으며, 열린우리당이 19.47로 2위를 기록하였고, 그 다음은 민주당(17.69), 무소속(14.97), 민주노동당(14.52), 자민련(13.73), 그리고 주변당(12.58)의 순으로 조사되었다.

<표 5-4> 홈페이지 규모와 내용 구성

항목 정당	홈페이지 평균사이즈	N	홈페이지 내용 구성			
			정보형	대화형	행동형	기타
열린우리당	19.47	238	14.32(73.5%)	2.53(13%)	1.51(7.8%)	1.11(5.7%)
한나라당	19.7	210	14.72(74.7%)	2.64(13.4%)	1.21(6.2%)	1.13(5.7%)
민주노동당	14.52	114	10.32(71.1%)	1.87(12.9%)	1.71(11.8%)	0.62(4.2%)
민주당	17.69	144	13.06(73.8%)	2.48(14.0%)	1.35(7.7%)	0.8(4.5%)
자민련	13.73	51	10.73(78.2%)	1.51(11.0%)	0.67(4.9%)	0.82(5.96%)
주변당	12.58	44	9.6(76.3%)	1.37(10.9%)	1.19(9.5%)	0.42(3.3%)
무소속	14.97	154	11.35(75.8%)	1.96(13.1%)	0.91(6.1%)	0.75(5.0%)
전체	17.33	955	12.86(74.2%)	2.27(13.1%)	1.29(7.4%)	0.91(5.3%)

---

14) 김용철·윤성이, "인터넷과 선거운동: 제16대 총선 후보자의 인터넷 활용 및 네티즌의 참여실태 분석," p.199.

홈페이지의 내용을 선거운동의 유형별로 세분해 보면(표 5-4), 정보형 메뉴가 74.2%로 가장 많은 구성 비율을 차지하고 있으며, 그 다음이 대화형 메뉴(13.1%), 행동형 메뉴(7.4%), 그리고 기타(5.3%)의 순으로 조사되었다. 이는 인터넷 선거운동이 후보자에 대한 홍보 및 정보제공을 중심으로 전개되었음을 의미한다. 그러나 기존의 전통적인 선거운동(예: 거리유세 및 미디어 선거운동)과 비교할 때, '대화형'이라는 새로운 형태의 선거운동이 활발히 이용되고 있음을 보여준다. 특히 '기타'에 해당하는 유형은 주로 네티즌을 유인하기 위한 메뉴들로서(예: 게임, 오락, 유머게시판 등), 이는 네티즌을 대상으로 하는 선거운동에서 발견되는 새로운 형태의 운동방식으로 파악된다.

홈페이지 내용을 정당별로 살펴보면, 자민련이 가장 많은 정보형 메뉴(78.2%)를 제공하였으며, 민주당이 가장 많은 대화형 메뉴(14%)를 보유하였고, 그리고 민주노동당이 가장 많은 행동형 메뉴(11.8%)를 개설한 것으로 조사되었다. 이에 비해 열린우리당, 한나라당, 주변당, 그리고 무소속 후보들은 전체 평균치에 근접하는 각 유형의 메뉴들을 제공하였다. 이러한 구성비로 비추어 볼 때, 자민련 후보들의 홈페이지는 상대적으로 수동적이며 소극적인 성향을 보이고 있는데 비해, 민주노동당 후보들의 홈페이지는 상대적으로 적극적이며 공격적인 성격을 지닌 것으로 분석된다. 그리고 민주당 후보들의 홈페이지는 대화형의 메뉴를 선호한 것으로 볼 수 있다.

(2) 정보형 선거운동

정보형 선거운동은 정보제공형과 정보수집형으로 구분된다. 정보제공형은 후보자가 유권자들에게 정보를 전달하기 위한 메뉴이다. 〈표 5-5〉에 의하면, 17대 총선의 후보자 홈페이지는 16대 총선 당시와 비교할 때, 후보자소개 · 선거공약 · 정책입장 · 연설문 · 선거유세일정 등의 메뉴가 좀 더 충실해진 반면, 전문적인 정보를 제공하는 기관으로 네티즌을 안내하는 메뉴인 '타 기관으로 링크'는 상대적으로 감소하였음을 보여준다.
또한 16대 총선 당시 관찰되지 않았던 메뉴인 '후원금 및 후원인 공개'
가 등장하였다. 전체적으로 16대 총선 당시와 비교할 때, 후보자 및 후보
자의 정책적 입장을 홍보하는 메뉴, 그리고 선거운동의 일정 및 상황을
소개하는 메뉴들이 더욱 많이 채택되었음을 보여주는데, 이러한 변화는
홈페이지가 초기의 "구색 맞추기"(me-too-effect)에서 벗어나 점차 실질
적 선거운동 효과를 추구하는 방향으로 전환되고 있음을 보여 준다.

 정보수집형은, 정보제공형과는 달리, 후보자가 유권자들로부터 새로
운 정보를 획득하는 메뉴이다. 17대 총선을 앞두고 선거법 개정에 의해

〈표 5-5〉 정보형 선거운동

유형 \ 항목	메뉴	전체	
		17대 총선	16대 총선
정보 제공형	후보자소개	99.1%	84.7%
	타 기관으로 링크	87.3%	100%
	선거공약	80.3%	69.9%
	정책입장	64.0%	54.9%
	연설문	61.7%	10.7%
	선거운동 뉴스	45.7%	—
	선거유세 일정	41.0%	34.0%
	지지자의 글	39.7%	—
	후보자 가족소개	23.3%	—
	연설문 모음	14.0%	—
	후원인(금) 공개	4.3%	0%
정보 수집형	여론조사	39.0%	14.4%
	이메일 소개하기	11.6%	0%
	친구 소개하기	7.2%	0%

*주: "—"는 조사 대상에 포함되지 않아 활용 가능한 데이터가 없음을 의미함.

인터넷 선거운동의 폭이 넓어짐에 따라, 유권자들의 이메일 주소를 수집하는 것은 인터넷 선거운동의 전개를 위한 필수 요건으로 등장하였다. 그 결과 과거 16대 총선에서는 발견되지 않았던 메뉴들이 – '이메일 소개하기' 및 '친구 소개하기' – 등장하였다. 구체적으로, 후보자 홈페이지의 11.6%가 이메일 주소를 수집하는 메뉴를 개설하였으며, 홈페이지의 7.2%가 유권자의 연락처 정보(주소, 전화번호 등)를 수집하는 '친구 소개하기' 메뉴를 개설하였다.

'여론조사'는 유권자의 동향을 파악하여 후보자의 선거전략 작성에 반영하기 위한 메뉴이다. 그러나 후보자 홈페이지를 통한 여론조사는 객관적 신뢰성에 문제가 있는 까닭에 유권자 동향을 파악하기 위한 목적으로 활용되기란 대단히 곤란하다. 그럼에도 불구하고, 16대 총선(14.4%)에 비해, 17대 총선에서는 더 많은 후보자들이(39%) '여론조사' 메뉴를 활용하였다.

이들의 여론조사 내용을 살펴보면, 여론동향의 파악에 그 목적이 있기보다는 매우 세련된 방법을 통해 자신에게 유리한 담론을 유포하기 위한 것임을 쉽게 눈치 챌 수 있다. 예컨대, 열린우리당 후보들의 경우 "국회의 대통령 탄핵안 가결에 대해 어떻게 생각하십니까?"라는 질문을 통해 탄핵안에 적극 동조했던 민주당 후보들에 대해 비우호적인 분위기를 조성하려는 의도가 다분하였고, 민주당 후보들의 경우 "투표에 있어서 바람직한 선택 기준은 무엇이라고 생각하십니까?"라는 질문을 통해 '인물론'을 은근히 강조하려는 의도를 쉽게 파악할 수 있었다. 또한 민주노동당과 무소속 후보들은 "시민단체의 낙천 · 낙선운동에 대해 어떻게 생각하십니까?"라는 질문을 통해 경쟁자들에 대한 자신의 도덕적 우위를 간접적으로 나타내려 하였다. 즉 여론조사가 유권자의 동향을 파악하여 선거운동전략에 반영하려는 원래의 목적보다는 유권자의 태도 및 선호에 간접적으로 영향을 주기 위한 목적으로 활용되었다.

(3) 대화형 선거운동

대화형은 '운동조직형' 과 '지지유인형' 으로 구분된다. 먼저 '지지유인형' 은 후보자와 유권자 혹은 유권자들 간의 대화를 촉진함으로써 유권자들이 후보자에게 우호적인 감정과 태도를 갖도록 유인하는 선거운동 유형이다. 이에 해당하는 것으로 게시판과 토론방, 그리고 이메일이 대표적이다.

토론방은 특정 이슈를 중심으로 후보자와 유권자 혹은 유권자들 간의 논의를 이끄는 메뉴인데 비해, 게시판은 모든 이슈에 개방적인 쌍방향대화 메뉴이다. 그러나 대부분의 홈페이지는 토론방과 게시판을 구분하지 않았고, 조사대상 홈페이지의 96.1%가 게시판 혹은 토론방을 운용하고 있었다(표 5-6 참조). 이에 비해, 이메일은 유권자와 후보자 간 대화만을 허용하는 메뉴이다. 이 메뉴를 개설한 홈페이지는 70%로 조사되었다.

〈표 5-6〉 대화형 선거운동

유형 \ 항목	메뉴		전체	
			17대 총선	16대 총선
지지 유인형	이메일		70.0%	–
	게시판 혹은 대화방		96.1%	87.6%
운동 조직형	네트워킹 (무소속 제외)	후보자→중앙당	78.8%	45.8%
		중앙당→후보자	84.1%	68.0%
		후보자↔중앙당	68.0%	35.7%

* 주: "–" 는 조사대상에 포함되지 않아 활용 가능한 데이터가 없음을 의미함.

한편, '운동조직형' 은 선거운동 주체들 간의 상호교신을 위한 메뉴이다. 대통령 선거의 경우 중앙당-지구당-선거운동원을 연결하는 네트워크를 의미하고, 국회의원 선거의 경우 중앙당과 후보 선거사무실을 연결하는 네트워크를 뜻한다. 조사(표 5-6)에 의하면, 후보자의 홈페이지에서 중앙당의 홈페이지로의 항해가 가능한 곳이 78.8%였으며, 거꾸로 중앙당 홈페이지에서 후보자의 홈페이지로 항해가 가능한 사이트는 84.1%였다. 이 가운데, 후보자와 중앙당 홈페이지가 양방향으로 모두 연결되는 곳은 68%로 조사되었다. 이러한 수치는, 16대 총선 당시 후보자 홈페이지들과 비교할 때(후보자→중앙당이 45.8%, 중앙당→후보자가 68%, 후보자↔중앙당이 35.7%), 17대 총선 후보자 홈페이지들의 네트워킹 수준이 상당히 향상되었음을 의미한다.

(4) 행동형 선거운동

행동형은 지지 성향이 강한 유권자들에게 후보의 당선을 위해 적극적으로 선거운동에 가담하도록 촉구하는 선거운동 유형이다. 〈표 5-7〉에 의하면, 후원금기부, 자원봉사자모집, 당원가입, 온라인 커뮤니티(팬클럽) 및 동호회 가입 등이 행동형 선거운동 유형으로 활용되었다. 구체적으로, 조사대상 홈페이지 가운데, 63.2%가 후원금기부 메뉴를, 30.7%가 자원봉사자모집 메뉴를, 9.9%가 당원가입 메뉴를, 그리고 19.2%가 지지자 모임 메뉴를 보유하고 있었다.

16대 총선과 비교할 때, 17대 총선의 경우 행동형 선거운동에 관한 후보자들의 관심이 상당히 높아졌음을 알 수 있다. 즉 후원금 기부 메뉴는 16대 총선 당시 46.4%를 기록하였는데 비해, 17대 총선에서는 63.2%로 증가하였다. 그리고 자원봉사자 메뉴의 경우, 10.9%(16대 총선)에서 30.7%(17대 총선)로 늘어났다.

〈표 5-7〉 행동형 선거운동

후원금 기부		자원봉사자 모집		당원 가입		온라인 커뮤니티 가입	
17대 총선	16대 총선	17대 총선	16대 총선	17대 총선	16대 총선	17대 총선	16대 총선
63.2%	46.4%	30.7%	10.9%	9.9%	—	19.2%	—

* 주: "—"는 조사대상에 포함되지 않아 활용 가능한 데이터가 없음을 의미함.

4. 네티즌과 후보자 홈페이지

인터넷 선거운동의 실태는 후보자의 홈페이지 운용실태와 더불어 네
티즌의 홈페이지 방문 및 참여 활동을 분석할 때 비로소 온전히 파악될
수 있다. 다음은 선거기간 동안 후보자 홈페이지를 방문한 네티즌들의
특성과 그들의 홈페이지 참여 활동을 분석한 것이다.

(1) 홈페이지 방문 네티즌의 특성

총선 직후 실시한 설문에 의하면, 네티즌 800명 가운데 31.5%에 해당
하는 252명이 선거기간 동안 후보자 홈페이지를 방문한 것으로 조사되
었다. 홈페이지를 방문한 네티즌들은 어떤 특성을 지니고 있는가?

네티즌의 홈페이지 방문 여부와 그들의 개인적 특성(예: 나이, 소득수
준, 성별, 지지 정당 등)과의 관계를 파악하기 위해 교차분석을 실시하였
다. 〈표 5-8〉은 교차분석 결과들 가운데 유의미한 관계를 보인 것들을 요
약한 것이다. 첫째, 네티즌의 교육수준과 그들의 홈페이지 방문 여부 간
에는 유의한 관련성(x^2= 7.300, p = .026)이 있는 것으로 나타났다. 구체
적으로, 대학생 집단이 39.9%로 가장 많이 후보자 홈페이지를 방문한 것
으로 조사되었다. 그리고 고졸이하의 집단은 32.9%를 기록하였으며, 대
졸 이상의 집단의 27.8%로 가장 낮은 홈페이지 방문율을 보였다.

이와 관련하여, 흥미 있는 현상은 대졸이상의 집단과 대학생 집단이
보여주는 상반된 행태이다. 즉 후보자 홈페이지를 방문한 네티즌들 가운
데 대졸이상의 네티즌이 45.2%로 가장 큰 부분을 차지하고 있는데 비해,
대학생 네티즌은 21.8%로 가장 작은 부분을 차지하였다. 그러나 집단 내
적으로는 전자는 가장 낮은 홈페이지 방문율(27.8%)을 기록한 반면, 후
자는 가장 높은 방문율(39.9%)을 보였다. 이러한 수치는 비록 대학생 집
단이 네티즌에서 차지하는 비중은 작으나 홈페이지 방문에 있어서 상대
적으로 적극적인 집단이며, 반면 대졸이상 집단은 가장 큰 네티즌 집단

이나 홈페이지 방문에 소극적인 네티즌들이 가장 많이 분포한 집단임을 의미한다.

둘째, 네티즌들이 지지하는 정당의 위상과 홈페이지 방문 간에도 유의미한 상관성(x^2= 11.526, p = .003)이 존재하는 것으로 나타났다. 즉 열린우리당 및 한나라당과 같은 다수당을 지지하는 네티즌들이 가장 높은 홈페이지 방문율(35.9%)을 보였고, 다음으로 민주노동당·민주당·자민련과 같은 소수당을 지지하는 네티즌들은 29.6%의 홈페이지 방문율을 보였다. 그리고 주변당 및 무소속을 지지하는 네티즌 집단은 가장 낮은 홈페이지 방문율(25.4%)을 기록하였다.

셋째, 네티즌의 이념적 성향과 홈페이지 방문여부 간에 유의한 관련성(x^2= 5.257, p = .072)이 있는 것으로 분석되었다. 구체적으로, 보수 및 진보 집단의 경우 각각 36%와 34.5%의 홈페이지 방문율을 보이는데 비

〈표 5-8〉 홈페이지 방문 네티즌의 특성

특성	항목	홈페이지 방문 여부			x^2(p값)
		방문(n, %)	비방문(n, %)	합계(n, %)	
교육 수준	고졸 이하	83(32.9) (32.9)	169(67.1) (30.8)	252(100) (31.5)	x^2= 7.300 p = .026
	대학 재학	55(39.9) (21.8)	83(60.1) (15.1)	138(100) (17.3)	
	대졸 이상	114(27.8) (45.2)	296(72.2) (54.0)	410(100) (51.3)	
	합계(n, %)	252(31.5) (100)	548(68.5) (100)	800(100) (100)	
지지 정당의 위상	다수당	166(35.9) (65.9)	297(64.1) (54.2)	463(100) (57.9)	x^2= 11.526 p = .003
	소수당	42(29.6) (16.7)	100(70.4) (18.2)	142(100) (17.8)	
	주변당 및 무소속	44(22.6) (17.5)	151(77.4) (27.6)	195(100) (24.2)	
	합계(n, %)	252(31.5) (100)	548(68.5) (100)	800(100) (100)	
이념적 성향	진보	81(34.5) (32.1)	154(65.5) (28.1)	235(100) (29.4)	x^2= 5.257 p = .072
	중도	107(27.6) (42.5)	280(72.4) (51.5)	387(100) (48.4)	
	보수	64(36.0) (25.4)	114(64.0) (20.8)	178(100) (22.3)	
	합계(n, %)	252(31.5) (100)	548(68.5) (100)	800(100) (100)	

해, 중도 집단은 27.6%의 홈페이지 방문율을 보였다. 이는 보수 및 진보적 성향의 네티즌이 중도 성향의 네티즌들에 비해 훨씬 많이 후보자의 홈페이지를 방문했음을 의미한다. 이러한 점은 다수당(열린우리당과 한나라당)을 지지하는 네티즌들이, 소수당 및 주변당을 지지하는 네티즌 집단들에 비해, 후보자 홈페이지 방문율이 높다는 점을 고려할 때 결코 우연한 현상이 아님을 보여준다.

(2) 인터넷 선거운동과 네티즌의 참여

선거기간 동안 조사대상 네티즌의 31.5%가 후보자 홈페이지를 방문한 경험이 있는 것으로 나타났다. 이들이 홈페이지를 방문하여 어떠한 메뉴를 들러 보았는지, 그리고 어떤 행동을 했는지를 인터넷 선거운동의 유형별로 살펴보면 다음과 같다.

정보형 선거운동과 네티즌
정보제공형 가운데, 상대적으로 적극적인 네티즌들이 찾는 메뉴는 메일링서비스(mailing service)를 요청하는 메뉴이다. 이는 네티즌이 후보자에게 새로운 정보를 이메일을 통해 정기적(혹은 부정기적)으로 송신해 줄 것을 요청하는 메뉴이다. 이와는 달리, 정보수집형은 후보자 측이 방문 네티즌들에게 유권자의 연락처 정보를 요청하는 메뉴이다. 정보수집형 메뉴 가운데 대표적인 것이 '친구소개하기' 이다.
설문 결과에 의하면, 네티즌 가운데 9.8%(78명)가 메일링서비스를 요청한 경험이 있는 것으로 나타났으며, 친구의 연락처 정보를 후보자 측에 제공한 네티즌은 7.6%(61명)인 것으로 조사되었다. 이러한 메뉴는 유권자들에게 일정한 정보제공 행위를 요구한다는 점에서, 단순 정보제공형 메뉴에 비해 네티즌들은 상대적으로 낮은 호응도를 보였을 것으로 판단된다.

대화형 선거운동과 네티즌

설문조사에 따르면, 조사대상 네티즌의 15.5%(124명)가 후보자 홈페이지의 게시판이나 토론방을 방문하여 의견을 게재했던 것으로 나타났다. 〈표 5-9〉에 의하면, 이들이 17대 총선 선거운동기간(4월 2일~14일) 동안 후보자 홈페이지 토론방 및 게시판에 게재한 글은 평균 94.5개였으며, 이는 하루 평균 7.3개씩 게재되었음을 의미한다. 그리고 같은 기간 동안 평균 총조회수는 3,681.5회로 조사되었고, 이는 파일당 평균 조회수가 39회였음을 뜻한다.

〈표 5-9〉 선거운동기간 동안 토론방 및 게시판 이용 실태

항목 총선시기	평균 총파일수	하루 평균 파일수	평균 총조회수	파일당 평균 조회수
16대 총선	47.8	3.0	1,584.7	33.1
17대 총선	94.5	7.3	3,681.5	39.0

이를 16대 총선과 비교하면, 17대 총선에서 네티즌들의 게시판 참여활동은 훨씬 활발해졌음을 알 수 있다. 구체적으로, 총파일수와 1일 게재된 평균 파일수는 16대 총선에 비해 약 2배 가량 증가했으며, 총조회수도 약 2.3배 증가하였다. 그리고 파일당 평균 조회수도 평균 6회 정도 늘어났다.

그러나 토론방의 쌍방향성은 16대 총선 당시에 비해 훨씬 약화된 것으로 나타났다. 〈표 5-10〉에 의하면, 네티즌이 올린 글에 대해 후보자의 응답률은 16대의 18.2%에서 17대에는 14.5%로 하락하였고, 타 네티즌들의 응답률은 16대의 7.9%에서 17대에는 6.3%로 감소되었다. 또한 후보자측이 게시한 글에 대해 네티즌의 반응은 16대의 8%에서 17대에는 5.2%로 축소되었고, 후보자측의 재응답률은 16대의 1.7%에서 17대에는 0.9%로 감소되었다.

이러한 쌍방향성의 감소 현상은 중앙선거관리위원회의 감시활동의 강

<표 5-10> 게시판의 쌍방향성 정도

16대 총선				17대 총선			
시민들이 올린 글에 대한		후보자측이 올린 글에 대한		시민들이 올린 글에 대한		후보자측이 올린 글에 대한	
후보자 응답률	타시민 응답률	시민 응답률	후보자측 재응답률	후보자 응답률	타시민 응답률	시민 응답률	후보자측 재응답률
18.2%	7.9%	8.0%	1.7%	14.5%	6.3%	5.2%	0.9%

화에 기인한 것으로 판단된다. 선관위는 선거기간 동안 '사이버 선거부
정 감시단'을 편성·운용하여, 게시판 및 토론방에의 활동을 감시하였
다. 그 결과, 총 4,841건에 이르는 인터넷상의 비방 및 흑색선전을 적발
하는 성과를 이루었으나,[15] 동시에 후보자와 네티즌 간 그리고 네티즌과
네티즌 간의 쌍방향성을 위축시키는 효과를 초래한 것으로 파악된다.

다른 한편, 선관위의 감시활동은 네티켓의 수준을 향상시킨 것으로 판
단된다. 16대 총선 당시 후보자들의 홈페이지 게시판 분석 결과에 의하
면, 상대후보를 비난하는 글들을 비롯하여 욕설과 비방으로 이어지는 감
정적인 언사가 난무하였다. 그러나 이번 17대 총선에서는 상식에 벗어난
언사가 상당히 줄어들었으며 감정적 대립에 기인한 대화가 눈에 띄게 감
소된 것으로 관찰되었다.

행동형 선거운동과 네티즌

네티즌들이 홈페이지의 행동형 선거운동에 어느 정도 참여하였는가를
파악하기 위해 자원봉사신청, 후원금기부, 온라인 커뮤니티 가입 여부에
대한 설문조사를 실시하였다. 이들 메뉴는 앞서 <표 5-7>에서 제시된 바
처럼 후보자 홈페이지들이 가장 빈번히 제공하는 메뉴이기 때문이다. 설
문 결과에 의하면, 응답자의 6.6%인 53명이 후보자 홈페이지를 방문하여

---

15) 중앙선거관리위원회, "정치포털 사이트 통계현황," 2004년 선관위 내부자료.

자원봉사를 신청하였으며, 7%에 해당하는 56명이 후원금을 기부하였으며, 8%에 해당하는 64명이 온라인 커뮤니티(예: 동호회 혹은 팬클럽)에 가입했던 것으로 조사되었다. 이러한 조사 결과에 비추어 볼 때, 인터넷 홈페이지의 행동형 선거운동에 대한 네티즌의 호응도는 높지 않았던 것으로 판단된다.

5. 인터넷 선거운동의 위상과 효과

후보자의 선거운동은 크게 ① 면대면 접촉을 통한 선거운동, ② TV · 라디오 · 신문 등을 이용한 미디어 선거운동, 그리고 ③ 정당 및 후보자 홈페이지를 이용한 인터넷 선거운동으로 분류된다. 제17대 총선에서 선거운동 주체들은 여러 선거운동유형들 가운데 인터넷 선거운동의 상대적 위상을 어느 정도로 인식하였을까? 이를 위해, 선거운동기간 중에 무작위 추출에 의한 318명의 후보자들의 선거운동 관계자들을 대상으로 다음과 같은 전화설문을 시도하였다: "3가지 선거운동유형 가운데 스스로 가장 중요하다고 평가하는 유형을 10점으로 했을 때, 나머지 2가지 유형에 대해 중요도를 숫자로 표현해 주시기 바랍니다." 그 결과, 거리유세 등의.면대면 접촉이 7.8, 미디어 선거운동은 7.6, 그리고 홈페이지를 이용한 인터넷 선거운동이 3.6을 기록하였다. 이는 대부분의 후보자들에게 있어서 인터넷 선거운동은 거리유세 및 미디어 선거운동을 보완하는 추가적 선거운동방식으로 인식되고 있음을 암시한다.

네티즌들 역시 후보자 홈페이지 방문에 적극적인 관심을 보이지 않았던 것으로 조사되었다. 총선 직후에 실시한 설문조사에 의하면, 네티즌 800명 가운데 252명(31.5%)이 지역구 후보자의 홈페이지를 방문한 것으로 나타났다. 그러나 일단 홈페이지를 방문한 네티즌들은 후보자 홈페이지에 대해 긍정적으로 평가하는 것으로 조사되었다.

방문자 가운데 73.4%(185명)이 후보자 홈페이지가 "후보자를 이해하는데 도움이 되었다"고 반응하였으며, 나머지 26.6%(67명)는 "도움이 되지 않았다"고 응답하였다. 또한 홈페이지 방문으로 인해 기존의 지지후보를 변경한 경우는 15.4%(33명)에 달하였으며, 나머지 84.6%(181명)는 홈페이지 방문으로 인해 기존의 지지 후보를 더욱 확실하게 지지하게 되었다는 반응을 보였다. 이러한 사실들은 인터넷 선거운동이 비록 전체 네티즌의 방문을 유인하는 데는 크게 성공하지 못하였으나, 기존의 지지자들의 이탈을 방지하거나 계속해서 지지자로 남아 있게 하는 "강화 효과"를 보유하고 있으며, 동시에 미약하나마 지지 후보를 변경시키는 "전환 효과"도 지니고 있음을 암시한다.

종합적으로 볼 때, 16대 총선과 비교하여, 17대 총선에 출마한 후보자들은 인터넷 홈페이지를 보다 적극적으로 선거운동에 활용한 것으로 나타났다. 그러나 인터넷 선거운동은, 기존의 주요 선거운동(예: 거리유세 및 미디어 선거운동)에 비해, 아직은 그 위상이 상대적으로 낮은 상태인 것으로 보여진다. 그럼에도 불구하고, 인터넷 홈페이지가 방문자들에게 미치는 영향력은 결코 무시하지 못할 수준인 것으로 판단된다.

향후 공직자 선거에서 홈페이지를 이용한 인터넷 선거운동이 활성화되려면, 네티즌의 참여를 촉발하는 선거전략이 절실한 것으로 보여진다. 또한 홈페이지가 갖는 "강화 효과" 및 "전환 효과"를 감안한다면, 그리고 특정 네티즌 집단이 홈페이지를 빈번히 방문한다는 점을 고려한다면, 향후 후보자들은 특정 네티즌 집단을 겨냥한 타기팅(targeting) 전략에 주목하여야 할 것이다.

제6장

인터넷투표

　급속한 정보통신기술의 발전으로, 인터넷투표가 새로운 투표방식으로 등장하고 있다. 이에 따라 인터넷투표를 둘러싼 다양한 의견들이 개진되고 있다. 찬성론자들은 인터넷투표의 도입이 유권자들의 투표참여율을 제고시킬 것이며, 신속하고 정확한 표의 집계를 가능하게 하며, 투표과정에 소요되는 막대한 비용을 절감시킬 것이라고 주장한다.

　반면, 반대론자들은 인터넷투표의 실시가 유권자의 '디지털 디바이드'(digital divide) 현상을 초래할 것이며, 비밀투표의 원칙이 준수되지 않을 소지가 많아 표의 매수현상을 만연시킬 가능성이 높으며, 현재의 정보기술 수준에 비추어 악의적인 해커(hacker) 혹은 바이러스의 침투에 취약하여 정치적으로 매우 위험한 투표방식이라고 주장한다.

　이러한 비판론에도 불구하고, 인터넷투표는 미래의 지배적인 투표방식이 될 것이라는 주장이 꾸준히 설득력을 얻고 있는 추세이다. 특히, 이러한 주장은 선진민주주의 사회에서 인터넷투표가 공식적인 투표방식으로 채택됨에 따라 더욱 그 무게를 얻어 가고 있다. 미국의 경우, 2000년 3월에 실시된 애리조나주 민주당 대통령 예비선거에서, 그리고 동년 11월에 실시된 대통령선거에서 일부 해외주둔 군인들을 대상으로 인터넷선거를 실시하였다. 이후, 영국, 독일, 이탈리아, 스위스, 호주 등지에서 인터넷투표는 지방선거의 수준에서 전통적 투표방식과 더불어 하나의 옵션으로 채택되기 시작하였다.

이러한 추세를 반영하듯, 한국에서도 참여민주주의의 발전과 정착을 위해 인터넷투표의 도입을 진지하게 고려해 보아야 한다는 규범론적 주장이 제기되고 있다. 인터넷의 급속한 확산을 경험하고 있는 한국사회에서 인터넷투표에 대한 논의는 의미 있는 주제임이 틀림없다. 그러나 인터넷투표의 도입 여부는 단순히 규범적 차원에서 논의하기보다는 투표제도 및 투표행태와 관련하여 우리 사회가 직면하고 있는 구체적 상황에 대한 면밀한 분석에 기초하여 판단해야 할 것이다.

이를 위해 두 가지 수준에서 인터넷투표에 대해 검토하려고 한다. 첫째, 전통적 투표방식과의 비교를 통해 인터넷투표의 장점과 취약점을 분석할 것이다. 둘째, 사회적 선택이라는 관점에서 인터넷투표의 도입 가능성을 검토할 것이다. 왜냐하면, 인터넷투표의 채택 여부는 단순히 그것이 지니는 기술적 성격이나 기능에 의해 결정되기보다는 사회적 선택의 문제이자 정치적 결정의 문제이기 때문이다. 이러한 논의는 인터넷투표의 활용을 적극적으로 고려하고 있는 미국 사례와의 비교·분석을 통해 이루어질 것이다.[1]

1. 비교·분석의 시각

투표의 절차와 방법은 역사적으로 다양한 모습을 보이면서 오늘에 이르고 있다. 고대 아테네 및 로마의 집회민주주의(assembly democracy)에서는 추첨을 통해 공직자를 선발했으며, 거수(擧手)를 통해 의사결정을 하였다.[2] 그리고 집회에 참여하였던 시민들의 숫자는 아고라(Agora)

---

1) 제6장은 다음의 논문을 수정·보완한 것임. 김용철, "인터넷투표: 미국의 실험과 한국에서의 전망," 『한국정치학회보』 37집 5호(2003년 겨울), pp. 127-146.

혹은 콜로세움과 같이 한 장소에 모두 모일 수 있는 정도로 소규모였기 때문에 이러한 공개적인 투표방식이 가능하였던 것이다. 그러나 근대사회에 들어서면서, 정부는 광범위한 국민들의 지지를 확보하여 정당성을 확보하려 하였고, 그에 따라 선거권의 폭이 확대되었다. 그 결과, 시민들이 한 장소에 모여 공통의 관심사를 토론하고 의사를 집약하여 공동체의 방향을 결정하는 집회민주주의 방식은 대의민주주의로 대체되었고, 추첨 및 거수 등과 같은 투표방식은 그 제도적 효율성을 상실하였다.

19세기 후반에 들어서면서, 서구사회에서는 시민들의 평등하고 효과적인 투표참여를 위한 새로운 투표 절차 및 방법들이 개발되기 시작하였다. 즉 절차적으로 보통·평등·직접·비밀투표의 원칙이 정착되었으며, 방법적으로 다양한 투표도구를 이용한 투표방법들이 광범위하게 채택되어 왔다. 이러한 투표 절차와 방법을 통해 시민들은 정치지도자를 선택하였고, 정치권력 및 국가의 통치행위에 정당성을 부여해 왔다. 그 결과 투표는 "국민에 의한 통치"(rule by the people)라는 민주적 정치과정의 실천을 상징하는 중요한 제도로 간주되어 왔다.

그것이 어떤 형태의 투표방식이든, 중요한 점은 온전한 민주적 제도로서 인정받기 위해서는 몇 가지 조건들을 보유해야 하는데,[3] 이 조건들은 필요조건과 충분조건으로 분류될 수 있다. 우선 필요조건들은 다음과 같이 요약할 수 있다. 첫째, 투표참여자의 투표내용이 오류 없이 집계결과에 정확히 전달·반영되어야 한다. 둘째, 보통·평등·직접·비밀투표라는 절차적 기본원칙들을 보장할 수 있어야 한다. 즉 법적으로 적격한

---

2) David Held, *Models of Democracy* (California: Stanford University Press, 1987), p. 21.

3) Internet Policy Institute, *Report of the National Workshop on Internet Voting: Issues and Research Agenda*, http://www.internetpolicy.org/research/results.html, p. 11, (검색일: 2001년 12월 10일); Safevote, "Internet Voting: U.S. Market Intelligence Study, Part 1," *The Bell* 1:1 (May 2000), pp. 3-12.

유권자만이 선거권을 갖도록 해야 하며, 모든 선거인은 동일한 가치로 동일한 횟수의 투표권을 행사해야 하며, 투표권을 타인에게 위임하거나 양도하는 행위를 제도적으로 예방할 수 있어야 하며, 외부의 강요나 협박에 의한 투표행위를 효과적으로 방지할 수 있어야 한다.[4] 셋째, 집계 결과에 대한 재검표는 언제든지 가능해야 한다.

이러한 세 가지 기본 요건을 갖춘 투표방식이라 할지라도, 그것이 반드시 민주적인 투표제도라고 간주하기에는 이르다. 만일 투표방식이 유권자에게 지나치게 높은 투표참여비용(예: 시간 혹은 노동)을 요구한다면, 유권자들의 투표참여율은 매우 저조할 수밖에 없으며, 저조한 투표율은 공직자의 대표성에 대한 논란을 초래할 수 있다. 또한 투표방식이 투표행위를 완성하는 데 있어서 특별한 지식이나 기술을 요구한다면, 투표참여자들은 특정 계층 혹은 집단에 국한될 것이다. 요컨대, 높은 투표참여비용을 요구하거나 유권자들을 차별하는 요소를 내재한 투표방식으로는 민주주의의 기본 원칙인 "평등하고 효과적인 정치참여"를 달성하기 어렵다.[5]

따라서 투표방식은 다음과 같은 충분조건들을 보유해야 한다. 첫째, 투표방식이 유권자 친화적(voter-friendly)이어야 한다. 왜냐하면, 유권자의 편의성을 고려하지 않는 투표방식은 저조한 투표참여율을 초래하기 쉽고, 이는 다시 선택된 후보자에 대한 국민적 대표성 및 정당성을 훼손시키는 결과를 초래하기 쉽기 때문이다. 따라서 모든 투표방식은 유권자의 투표참여비용을 최소화할 수 있어야 한다. 둘째, 투표방식은 모든 유권자들에게 중립적이어야 한다. 왜냐하면, 투표방식이 제도적으로 유권자들을 차별하는 경우, 투표는 결국 소수 계층 및 집단들만의 투표로 전락하기 쉽기 때문이다.

4) Andrew Reeve and Alan Ware, *Electoral Systems: A Comparative and Theoretical Introduction* (London: Routledge, 1992), p. 26.
5) Robert A. Dahl, *On Democracy* (Yale University Press, 1998).

새로운 투표방식이 이러한 필요조건과 충분조건을 갖추었다고 해서, 그것의 도입이 모든 사회에서 바람직한 것인가? 기존 제도의 폐기와 새로운 제도의 도입에는 항상 전환비용(transitional costs)이 수반된다. 그 비용은 경제적 부담의 형태를 띨 수도 있고, 정치적 혼돈의 형태로 나타날 수도 있다. 따라서 기존의 투표제도가 원활하게 작동되고 민주적 요건들을 충족하고 있다면, 굳이 새로운 투표방식을 도입할 필요는 없을 것이다.

이 점에서 각 사회가 투표과정을 둘러싸고 직면하고 있는 구체적 상황에 대한 면밀한 분석이 필요하다. 이에 대한 분석은 두 가지 차원에서 검토될 수 있을 것이다. 하나는 새로운 투표방식을 채택하도록 강요하는 압박요인(push factors)이 존재하는가의 차원이다. 다시 말하면, 기존 투표방식이 보유하고 있던 필요조건과 충분조건을 훼손시키는 상황이 발생하였는가 혹은 발생하고 있는가의 여부이다. 다른 하나는 새로운 투표제도의 도입에 대한 필요성을 촉발할 수 있는 잠재적 유인요인(pull factors)에 대한 분석이다. 즉 가까운 미래에 기존 투표방식이 확보하고 있는 민주성을 훼손시킬 수 있는 잠재적 요인들이 존재하는가에 대한 검토이다. 이러한 두 차원의 분석을 통해, 한국에서의 인터넷투표의 도입에 대한 가능성과 활용 전략에 대해 논의할 것이다.

2. 인터넷투표의 절차와 쟁점

투표방식이 갖추어야 할 필요·충분조건이라는 측면에서 볼 때, 인터넷투표는 편의성이 뛰어난 투표방식임에 틀림없다. 그러나 기술적 문제로 인해 정확성 및 비밀보장이 의문시되고 있으며, 또한 투표방식 자체가 지니는 유권자에 대한 차별성을 최소화해야 하는 과제를 안고 있다.

(1) 전통적 투표방식

유권자의 입장에서 볼 때, 투표절차는 대체로 세 단계로 구성된다. 첫째, 유권자등록(voter registration) 혹은 선거인 명부작성의 단계이다. 유권자가 관할 선거관청에 유권자 등록을 하면, 관청은 등록자의 투표 자격을 확인하고, 이를 토대로 선거인명부를 작성하고, 작성된 명부를 지정된 각 투표소에 배부한다. 둘째, 유권자는 투표일에 지정된 투표장소에 나가, 이미 작성된 선거인명부를 토대로 본인 여부를 확인한다. 본인임이 확인된 유권자는 일정한 절차에 따라 투표를 행한다. 셋째, 개표와 집계과정이다. 투표가 완료되면, 일정한 절차에 따라 개표한다. 그리고 개표가 종료되면, 집계 결과를 발표하고 당선자를 확정한다. 이와 더불어, 투표내용의 재검표에 대비하여 투표내용이 기록된 투표용지를 후보자별·투표구별로 구분하여 일정기간 보관한다.

이러한 투표절차를 기본으로 다양한 형태의 투표방식들이 개발되고 사용되어 왔는데, 이들 전통적 투표방식을 구체적으로 살펴보면 다음과 같다.[6] 첫째, 투표용지(paper ballot)를 이용한 투표방식은 가장 오래된 것으로, 유권자들이 투표지에 기록된 후보자들 가운데 자신이 지지하는 후보자의 이름에 표시를 한 다음 투표함에 넣는 것으로 투표가 완료된다. 그리고 수작업에 의한 개표(hand-count)를 통해 표를 집계한다. 따라서 이 방식은 집계과정에서 상당한 시간과 노동을 요하며, 불가피한 실수가 발생할 여지가 많으며, 계획적이고 의도적인 부정행위에 취약하다는 문제점을 지닌다.

둘째, 레버조작기계(lever machine)를 이용한 투표방식의 경우, 유권

---

6) Lorrie Faith Cranor, "Voting After Florida: No Easy Answer," http://www.research.att.com/~lorrie/voting/essay.html (검색일: 2001년 6월 5일); Robert L. Dudley and Alan R. Gitelson, *American Elections: The Rules Matter* (New York: Longman, 2002), pp. 117-127.

자가 선출하고자 하는 후보자의 이름이 붙은 레버를 잡아당김으로써 투표가 완료되는데, 레버가 잡아당겨질 때마다 지지후보자의 표가 하나씩 증가된다. 그리고 투표가 마감되었을 때 각각의 기계에 후보자들의 지지표가 자동적으로 집계된다. 따라서 이 방식은 투표용지를 이용한 투표방식에 비해 신속하게 집계가 이루어지는 장점을 지닌다. 그러나 이 방식의 문제점은 재검표가 불가능하다는 점이며, 투표 진행 도중에 기계 고장이 발생할 경우 투표에 치명적인 결과를 초래할 수 있다는 단점을 지닌다. 그리고 기계의 무게와 부피가 커서 기계를 운반하고 보관하는 비용이 비싸다는 난점을 지닌다.

셋째, 펀치카드(punch card) 투표방식의 경우, 유권자들이 컴퓨터 판독용 투표지에 기록된 후보자들의 이름 가운데 자신이 지지하는 후보자의 이름에 펀치를 함으로써 투표권을 행사한다. 이 방식은 컴퓨터를 이용하여 투표지를 판독하기 때문에 집계과정이 신속하며, 투표용지 방식처럼 재검표가 가능하다는 장점을 지닌다. 그러나 펀치카드 투표방식은 펀치를 할 때 발생하는 종이 부스러기로 인한 컴퓨터 판독상의 오류가 발생할 수 있으며, 펀치카드가 완전하게 천공이 되지 않아 발생하는 이른바 '임신카드'(pregnant chads) 및 '보조개카드'(dimpled chads)의 발생 등으로 집계과정에서 종종 오류를 낳는 경우가 있다.

넷째, 스캐너장치(optical scan)를 이용한 투표방식은 펀치카드 투표방식을 개선한 것으로, 유권자는 자신이 지지하는 후보자의 이름 옆에 펜이나 연필로 표시를 함으로써 투표권을 행사한다. 그리고 표의 집계는 스캐너를 통해 이루어진다. 이 방식은 투표용지에 구멍을 낼 필요가 없기 때문에, 펀치카드 투표방식에서 종종 발생하는 임신카드, 보조개카드, 종이 부스러기로 인한 판독 오류를 피할 수 있다. 그러나 투표지에 표시된 빈칸에 투표자가 펜이나 연필로 정확하게 표시하지 않았을 경우 스캐너가 이를 판독할 수 없으며, 따라서 무효표가 발생할 여지가 많다.

다섯째, 가장 최근에 개발된 것으로 터치스크린(touch screen) 방식이 있다. 이는 유권자가 투표용지 대신에 컴퓨터 단말기(전자투표기)를 이

용한다는 점에서 위에서 언급된 방식들과 확연히 구분된다. 이 방식은
은행에서 활용되고 있는 현금인출기(ATM System)와 유사하다. 구체적
으로, ① 유권자는 선관위에서 발급 받은 신용카드 형태의 '스마트 카드'
(smart card)를 컴퓨터 단말기에 투입하여 합법적인 유권자임을 확인한
다음, ② 컴퓨터 화면에 나타난 후보자의 이름을 터치하거나 버튼을 누
름으로써 투표권을 행사하고(이때, 유권자의 투표내용은 실시간으로 전
자투표기의 메모리 카드에 저장되며), ③ 최종적인 투표결과는 각 투표
장에 설치된 개별 전자투표기의 메모리 카드를 모두 모아 집계기에 하나
씩 투입하여 전자적으로 집계한다. 이 방식은 투표용지를 필요로 하지
않기 때문에, 투표용지로 인한 부정행위 혹은 오류 발생의 여지가 없으
며, 표의 집계가 대단히 신속하다는 장점을 지닌다. 그러나 컴퓨터 프로
그램 상에 오류가 있을 경우 치명적인 결과를 초래할 수 있으며, 투표장
비를 마련하는 데 소요되는 비용이 상대적으로 매우 비싸다는 단점을 지
닌다.

전통적 투표방식들은 각각 나름의 장·단점을 보유하고 있다. 그러나
이들의 공통점은 유권자가 지정된 장소에서 투표를 한다는 점이며, 유권
자 등록 및 선거인 명부작성에 있어서 유권자에 대한 편의성 제공에 무
관심하고, 투표용지 혹은 투표장비가 필수적으로 요구되기 때문에 장기
적으로 비용-효율적이지 못하다는 점이다.[7]

(2) 인터넷 투표방식

인터넷투표란 투표과정에 있어서 투표용지, 레버조작기계, 펀치카드,
스캐너, 전자투표기 대신에 인터넷을 활용하는 투표방식을 의미한다. 그
러나 인터넷투표의 기본 절차는 전통적 투표방식의 그것과 크게 다르지

---

7) 김용철, "전자민주주의: 인터넷투표의 활용가능성과 문제점,"『민주주의와 인권』
2:2 (2002), pp. 91-116.

〈그림 6-1〉 인터넷투표의 기본 절차

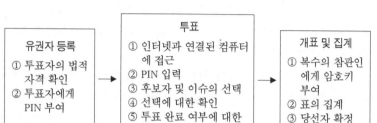

```
┌──────────────┐      ┌────────────────────────┐      ┌──────────────┐
│  유권자 등록   │      │          투표           │      │  개표 및 집계  │
│              │      │ ① 인터넷과 연결된 컴퓨터 │      │              │
│ ① 투표자의 법적 │ ───▶ │    에 접근              │ ───▶ │ ① 복수의 참관인 │
│    자격 확인   │      │ ② PIN 입력             │      │    에게 암호키 │
│ ② 투표자에게   │      │ ③ 후보자 및 이슈의 선택   │      │    부여       │
│    PIN 부여   │      │ ④ 선택에 대한 확인       │      │ ② 표의 집계   │
│              │      │ ⑤ 투표 완료 여부에 대한   │      │ ③ 당선자 확정  │
│              │      │    확인                │      │              │
└──────────────┘      └────────────────────────┘      └──────────────┘
```

않을 것으로 추정된다.[8]

〈그림 6-1〉은 인터넷투표 과정을 도표로 표현한 것이다. 첫째, 유권자 등록은 두 단계로 구성된다. 먼저 투표자는 인터넷을 통해 관할 선거 관청에 유권자등록을 요청한다. 선거담당 공무원은 투표자의 법적 자격을 확인한 후, 인터넷을 통해 유권자에게 PIN(Personal Identification Number)을 부여한다.

둘째, 유권자등록을 마친 투표자는 정해진 투표일에 인터넷과 연결된 컴퓨터를 이용하여 지정된 선거 웹사이트(election website)에 접속하고 자신의 PIN을 입력한다. 후보자 혹은 이슈에 대한 리스트가 컴퓨터 화면에 나타나면, 투표자는 마우스(mouse) 혹은 포인터(pointer)를 이용하여 자신이 원하는 후보자 혹은 이슈를 선택한다. 그리고 투표자는 자신이 선택한 후보자 혹은 이슈를 확인하고, 최종적으로 확인 버튼을 누른다. 이때, 유권자의 투표정보가 암호화된 형태로 저장서버(vote server)와 집

---

8) Arizona Secretary of State, *Election Day 2000 Online Voting Demonstration Project*, http://www.sosaz.com/election/onlinevoting.htm (검색일: 2000년 7월 10일); Internet Policy Institute, *Report of the National Workshop on Internet Voting: Issues and Research Agenda*, http://www.internetpolicy.org/research /results.html (검색일: 2001년 12월 10일).

계서버(canvass server)로 보내지게 된다. 투표정보를 수신한 서버는 투표자에게 투표행위의 성공적 완료 여부를 알리게 된다. 그리고 투표행위가 성공적으로 마감되었을 경우, 서버에서는 유권자의 재투표행위를 방지하기 위한 적절한 조치가 취해진다.

셋째, 일단 공식적인 투표기간이 마감되면, 암호키(cryptographic key)를 부여받은 다수의 선거관리요원과 참관인들이 참여한 가운데 집계서버의 내용을 해독하고, 선거결과에 대한 최종적인 확인 이후 당선자를 확정·발표한다. 그리고 재검표의 요구가 있을 경우, 저장서버의 내용을 해독하여 재검표를 수행한다.

이처럼 인터넷 투표방식은 그 기본 절차에 있어서 전통적 투표방식과 유사하다. 그러나 인터넷 투표제도는 유권자등록, 투표, 개표 및 집계의 전 과정에 인터넷 기술이 적용된다는 점이 다르다. 따라서 인터넷투표의 경우, 유권자는 사이버공간을 통해 유권자등록이 가능하며, 지리적 공간에 관계없이 투표할 수 있으며, 개표 및 집계의 정확성과 신속성을 제고할 수 있으며, 인터넷과 개인 컴퓨터를 이용하기 때문에 장기적으로 매우 비용-효율적인 특성을 지닌다.

(3) 인터넷투표의 쟁점: 상대적 우위성과 취약점

투표의 절차와 방법이 갖추어야 할 조건 ― 편의성, 정확성, 비밀성, 재검표, 중립성 ― 들을 중심으로 전통적 투표방식과 인터넷 투표방식을 비교하면 〈표 6-1〉과 같다. 인터넷 투표방식의 탁월성은 편의성에 있다. 인터넷 투표방식은 컴퓨터 네트워크를 이용한 투표방식인 까닭에, 투표자들은 유권자등록 및 투표를 하기 위해 공간적 이동을 필요로 하지 않는다. 이는 유권자들의 입장에서 볼 때, 투표참여비용이 매우 낮음을 의미한다. 예컨대, 시민들은 폭풍 및 홍수 등과 같은 악천후의 기상조건에 구애받지 않고 투표행위를 할 수 있으며, 또한 지정된 투표장소로의 이동이 곤란한 장애인·노인·해외여행자들도 투표참여가 가능해 진다.

따라서 부재자투표를 따로 실시할 필요가 없어진다. 또한 선거관리자의 입장에서 볼 때, 개표 및 집계가 네트워크 상에서 자동적으로 이루어지기 때문에 매우 신속하고 정확하다는 편리성을 지닌다. 이에 비해, 전통적 투표방식은 유권자등록 및 투표의 측면에서 유권자 친화적이지 못하다. 유권자등록과 투표를 위해 유권자들은 해당 관청과 투표소를 반드시 방문해야 한다. 개표 및 집계의 측면에서, 투표용지를 이용한 투표방식은 수개표 작업을 거치기 때문에 가장 많은 시간과 인력을 소모해야 한다.

뛰어난 편의성에도 불구하고, 인터넷 투표방식은 몇 가지 중요한 문제점들을 안고 있다. 첫째, 정확성의 측면 – 유권자의 투표내용이 정확하게 집계결과에 전달되느냐 – 에서 볼 때, 인터넷 투표방식은 아직 해결해야 할 기술적 문제점을 안고 있는 것으로 평가된다. 현재의 정보통신기술의 수준에 비추어 볼 때, 해커들의 공격이나 바이러스의 침투 등으로 인한 투표내용의 변경 가능성을 배제할 수 없는 상황이다.[9] 그러나 향후 정보

〈표 6-1〉 전통적 투표방식과 인터넷 투표방식의 비교

요건 \ 유형	전통적 투표방식					인터넷 투표방식
	투표용지	레버조작	펀치카드	스캐너	터치스크린	
정확성	△	×	×	△	○	○(*)
비밀투표	○	○	○	○	○	○(*)
재검표	○	×	△	△	○	○
편의성	×	△	△	△	△	○
중립성	○	○	○	○	△	△

* 주: ○(높음), △(중간), ×(낮음), ○(*) 높으나 기술적 문제점을 내재.

---

9) Internet Policy Institute, *Report of the National Workshop on Internet Voting: Issues and Research Agenda*, http://www.internetpolicy.org/research/results.html, pp. 13-23 (검색일: 2001년 12월 10일); Andreu Riera, Jordi Sanchez, and Laia Torras, "Internet Voting: Embracing Technology in Electoral Processes," in Ake

통신기술의 발전으로 이 같은 보안상의 문제가 해결될 경우, 인터넷투표는 재래식 투표방식에서 불가피하게 발생할 수밖에 없는 인간적 오류(예: 유권자의 부주의로 인한 무효표의 발생 혹은 개표과정에서 발생할 수 있는 '혼표' 현상)를 범하지 않고, 훨씬 정확하게 유권자의 투표내용을 중앙투표관리소에 전달하고 집계할 수 있을 것으로 기대된다.

둘째, 인터넷 투표방식은 투표의 프라이버시(privacy)가 기술적으로 보장되지 못할 가능성이 있는 것으로 평가되고 있다. 전통적 투표방식들은 통제된 공간(투표소)에서 투표를 하기 때문에 비밀투표의 원칙이 보장되지만, 투표장소가 개방된 인터넷 투표방식의 경우 그렇지 못하다는 것이다. 특히 다음의 두 가지 상황은 인터넷투표에서 비밀투표의 원칙을 훼손하는 대표적 사례가 될 것으로 추정되고 있다.[10] 하나는 인터넷 투표시스템이 외부의 공격에 노출되어 투표정보가 염탐되는 경우이고, 다른 하나는 제3자(예: 가족, 친구, 혹은 선거 브로커 등)가 개입하여 투표자의 투표내용을 강제하거나 매수할 경우이다. 전자의 경우는 보안시스템의 개발로 해결되어야 할 문제이다.

후자의 경우와 관련하여, 인터넷투표 옹호자들에 의하면, 표의 강제 및 매매는 제도적 장치를 마련함으로써 효과적으로 차단될 수 있는 것으로 본다. 즉 투표기간 동안 유권자들은 단 한 번의 투표로 후보자 혹은 이슈를 최종적으로 결정하는 것이 아니라, 여러 차례에 걸쳐 투표를 할 수 있도록 허용하고, 그 가운데 마지막 투표를 유효한 투표로 간주함으로써, 표의 강제 및 매매를 무력하게 할 수 있다는 것이다. 그러나 이러한 제도적 장치도 선거 브로커가 유권자의 패스워드와 PIN을 확보한다면, 표의 매매 및 강제를 차단할 방법이 없게 된다.[11] 따라서 이러한 불공정한 투

Gronlund, ed., *Electronic Government: Design, Applications and Management* (Hershey, PA: Idea Group, 2002), pp. 81-87.

10) Debora M. Phillips and David Jefferson, "Is Internet Voting Safe?" http://www. voting-intergrity.org/text/2000/internetsafe.html (검색일: 2000년 10월 8일).

표행위를 근본적으로 방지하기 위해서는 유권자의 지문(finger print), 음성인식(voice recognition), 혹은 홍채스캔(retina scan) 등의 생체학적 신분확인 시스템(biometric identification system)을 도입할 수밖에 없다. 이 경우 또 다른 문제점이 발생하게 되는데, 그 하나는 엄청난 비용이 소요된다는 점이며, 다른 하나는 사생활 침해와 같은 정치적 논란에 휩싸일 가능성이 높다는 점이다.

셋째, 재검표의 측면에서 볼 때, 인터넷투표는 저장서버에 이미 암호화된 형태로 기록된 투표내용을 해독함으로써 언제든지 신속한 재검표가 가능하다. 그러나 이러한 재검표 가능성도 인터넷투표의 보안성이 기술적으로 해결되었을 때 그렇다는 의미이다. 또한 기술적으로 문제가 해결된다 하더라도, 인터넷투표에 대한 사회적 신뢰성이 형성되어 있지 않는 상황에서 인터넷투표 결과에 대한 재검표는 정치적 갈등을 초래하기 쉽다.

넷째, 유권자들에 대한 투표방식의 중립성 측면이다. 전통적인 투표방식들은 유권자들에게 문자해독능력을 요하는 것이 보통이다. 따라서 글을 읽지 못하는 유권자들은 투표를 하는 데 있어 상당한 부담을 느끼게 된다. 그러나 오늘날 교육수준의 향상으로 문자해독능력은 투표권을 행사하는 데 더 이상 장애가 되지 않는다. 이에 비해, 인터넷 투표방식의 경우, 유권자들의 '디지털 디바이드' 현상을 초래할 가능성이 있는 것으로 평가되고 있다.[12] 이 견해에 의하면, 인터넷투표는 유권자들에게 컴퓨터의 소유와 컴퓨터에 대한 최소한의 지식을 요구하기 때문에, 컴퓨터에 익숙한 젊은층 및 교육수준이 높은 계층은 손쉽게 투표 웹사이트에 접근할

11) Robert L. Dudley and Alan R. Gitelson, *American Elections: The Rules Matter* (New York: Longman, 2002), p. 124.

12) Deborah M. Phillips and Hans A. Von Spakovsky, "Gauging the Risks of Internet Elections," *Communications of the ACM* 44:1 (January 2001), p. 76; 이현우, "인터넷투표와 대표성의 문제: 2000년 미국 애리조나 민주당 예비선거," 『한국정치학회보』 35:3 (2001년 가을), pp. 379-396.

수 있으나, 그렇지 못한 집단들은 투표참여에 상당한 어려움에 직면할 수 있다는 것이다. 그 결과, 인터넷 투표방식은 사회집단의 성격에 따라 투표참여기회가 개방되거나 폐쇄되는 심각한 정치적 불평등을 초래할 수 있으며, 이는 궁극적으로 투표의 민주적 정당성을 훼손시키는 방향으로 작동될 가능성이 높다고 주장한다.

전체적으로 볼 때, 인터넷 투표방식이 지니는 기술적 문제점이 어느 정도 해결되더라도, 투표의 비밀성 및 '디지털 디바이드' 현상은 여전히 해결되어야 할 과제로 남는다.

비밀투표의 이슈는 선거문화와 직접적인 관련을 갖는다. 미국처럼, 개인주의적 문화가 강하고 프라이버시가 존중되는 사회에서는 비밀투표의 원칙이 어느 정도 준수될 수 있을 것이다. 그러나 선거부정 및 비리가 아직도 문제가 되고 있는 한국사회에서 인터넷투표의 도입은 불공정 투표행위를 양산할 가능성이 상대적으로 높다.

또한 '디지털 디바이드'를 둘러싼 쟁점은 사회계층 및 집단의 투표 참여율과 관련하여 발생하는 현상이다. 인터넷투표의 실시는 젊은층의 투표참여율 증가와 노인층의 투표참여율 저하, 교육수준에 따른 고학력자의 투표율 증가와 저학력자의 투표율 하락으로 이어질 가능성이 높다. 그리고 이러한 상황은 심각한 정치적 갈등 및 혼란을 야기할 수 있다. 왜냐하면, '디지털 디바이드'로 인한 각 사회계층 및 집단들의 투표참여율 증감은 기존 정치세력의 정치적 위상을 하루아침에 변화시킬 수도 있기 때문이다.

요컨대, 인터넷투표의 보안상의 취약점이 해결되었다 하더라도, 건전한 선거풍토가 조성되어 있지 않다면, 그리고 '디지털 디바이드' 현상을 최소화할 수 있는 사회적 여건 및 제도적 장치가 마련되어 있지 않다면, 인터넷투표는 온전한 투표방식으로서 작동하기 곤란할 것이다.

3. 인터넷투표의 사회적 필요성: 미국과 한국

투표제도 및 투표행태를 둘러싼 미국사회의 위기의식은 심각한 수준이다. 이러한 위기의식은 저조한 투표참여율, 높은 투표참여비용, 점증하는 무효표 및 누락표, 불명확한 재검표 기준, 부재자투표의 문제점 등에서 비롯되고 있다. 이에 비해, 한국의 상황은 상대적으로 양호한 편이다. 이러한 차이점들은 인터넷투표에 대한 미국과 한국의 사회적 효용성을 크게 달리하는 근본적인 배경이 되고 있다.

(1) 미국의 상황

미국의 경우, 인터넷투표는 "제도의 도입 여부"가 문제가 아니라, "언제 그리고 어떤 형태로 활용되느냐"의 문제에 관심이 집중되고 있다.[13] 인터넷투표의 기술적 문제점에도 불구하고, 미국에서 새로운 투표방식으로써 인터넷투표가 주목을 받게된 것은 기존 투표제도를 둘러싼 미국의 독특한 사회적 상황에서 기인한다.

첫째, 유권자들의 저조한 투표참여율이다. 〈표 6-2〉에서 보듯이, 유권자들의 투표참여율은 1970년대에 접어들면서 심각한 수준으로 하락하였다. 대통령선거의 경우, 1960년대에 60%대를 기록하던 투표참여율이 1970년대에는 평균 54.4%로 줄어들었고, 1980년대에는 평균 51.9%로 하락하였다. 그리고 1996년에는 전후 최하 수준인 49.1%로 떨어졌다. 중간선거의 경우, 투표참여율은 더욱 급감하여 1974년의 중간선거부터 30%대를 벗어나지 못하여, "국민에 의한 통치"라는 투표의 민주적 대표성이 크게 위협받는 실정에 이르렀다.

---

13) Steven Granese, "The Challenge of Using Remote Internet Voting in High-Profile Public Elections," http://sgranese.com/files/votingSecurity.pdf (검색일: 2002년 5월 10일).

<표 6-2> 역대 미국 대통령 및 중간선거의 유권자 등록률 및 투표참여율

대통령 선거	연도	1968	1972	1976	1980	1984	1988	1992	1996	2000
	등록률	74.3%	72.3%	66.7%	66.9%	68.3%	66.6%	68.2%	65.9%	63.9%
	투표율	60.8%	55.2%	53.5%	52.6%	53.1%	50.1%	55.1%	49.1%	51.0%
중간 선거	연도	1966	1970	1974	1978	1982	1986	1990	1994	1998
	등록률	70.3%	68.1%	62.2%	62.6%	64.1%	64.3%	62.2%	62.5%	62.1%
	투표율	48.4%	46.6%	38.2%	37.2%	39.8%	36.4%	36.5%	38.8%	36.4%

* 출처: Federal Election Commission, *National Voter Turnout in Federal Elections: 1960-1996*, 2002; U.S. Census Bureau. *Voting and Registration in the Election of November 2002*, 2002.

이러한 저조한 투표참여율은 유권자들의 동기(motivation) 및 정보 (information) 부족, 그리고 투표절차의 편의성(convenience) 결여에서 기인한 것으로 파악되어 왔다. 특히 투표절차와 관련하여, 미국의 유권 자들은 투표권을 행사하기 위해 선거관련기관에 총 2회 출두해야 한다. 구체적으로, 유권자들은 유권자등록을 위해 해당 선거관련기관을 방문 해야 하며, 또한 투표권을 행사하기 위해 투표일에 해당 투표소를 방문 해야 한다. 왜냐하면, 대부분의 서유럽 나라들이 채택하고 있는 '직권명 부제' 와 달리,[14] 미국은 유권자가 자발적으로 해당 투표관련당국에 등록 함으로써 투표권을 확정하는 '등록명부제' 를 채택하고 있기 때문이다. 그 결과 미국의 투표절차는 유권자의 편의성을 고려하지 않는 시간 소모 적인 제도로 비판받아 왔다.[15]

---

14) '직권명부제' 란 선거업무관련 국가기관이 선거권을 구비한 주민을 직권으로 선거 인명부에 등재하는 방법으로, 많은 유럽국가들은 '직권명부제' 를 채택하고 있다. '직권명부제' 는 다시 '계속명부제' 와 '수시명부제' 로 분류된다. '계속명부제' 는 일정한 기간(보통 1년) 마다 정기적으로 선거인명부를 작성하는 방법이며, '수시 명부제' 는 선거가 있을 때마다 선거인명부를 작성하는 방법이다. 최한수,『한국선 거정치론』(서울: 문왕사, 1996), pp. 63~65.

실제로, 미국인들의 유권자 등록률은 선거를 거듭하면서 꾸준히 하락하는 경향을 보여 왔다. 〈표 6-2〉에 의하면, 1970년대 초반까지만 해도 유권자 등록률은 70% 이상을 상회하였지만, 이후 서서히 등록률이 떨어지면서 2000년 대통령선거의 유권자 등록률은 63.9%를 기록하였다. 등록률의 저하는 처음부터 투표권을 포기하는 유권자들이 증가함을 의미하는 것으로, 투표참여율을 떨어뜨리는 데 크게 기여해 왔다. 따라서 미국 연방정부는 유권자등록 절차를 유권자 친화적으로 개선함으로써, 유권자 등록률을 향상시키고 이를 통해 투표참여율을 제고시키려는 노력을 기울여 왔다. 그 대표적인 사례가 1993년에 제정된 전국유권자등록법(the National Voter Registration Act)이다. 이 법은 유권자등록 과정에 있

〈그림 6-2〉 유권자 등록을 마친 유권자들의 투표불참 이유

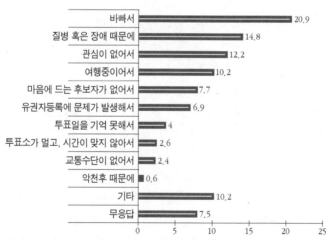

* 출처: U.S. Census Bureau, *Voting and Registration in the Election of November 2002*, 2002.

15) Tom Waldman, *The Best Guide to American Politics* (Los Angels, CA: Renaissance Books, 2000), p. 22.

어서 시민들의 참여비용을 줄이려는 것으로, 유권자들이 운전면허증을 새로 발급 받거나 갱신하면서 자동적으로 유권자등록을 할 수 있게 하였다. 그러나 부분적인 제도적 개선은 투표참여율을 끌어올리는 데 그 효과가 매우 제한적인 것으로 드러나고 있다. 따라서 투표참여율의 향상을 위해서는 유권자등록 과정을 좀 더 투표자 친화적인 방향으로 개선시켜야 할 상황에 직면해 있다.

또한 유권자등록을 마친 선거인들 모두가 투표참여로 이어지는 것은 아니다. 〈표 6-2〉에서 보듯이, 등록률과 투표율은 상당한 차이를 보이고 있다. 2000년 11월 선거직후에 실시한 미국 인구조사국(Census Bureau)의 조사결과 〈그림 6-2〉에 의하면, 약 1억3천만 명이 유권자등록을 마쳤으며, 이 가운데 약 1천9백만 명이 투표에 불참한 것으로 드러나고 있다. 그들의 투표불참 사유를 구체적으로 살펴보면, 시간적·공간적 이동성에 관련된 사유(바빠서, 질병 혹은 장애 때문에, 여행중인 관계로, 먼 투표장소 및 짧은 투표시간대, 교통수단의 부재, 악천후 등)가 51.5%로 가장 많고, 정치적 동기(마음에 드는 후보자 부재, 선거에 대한 무관심, 투표일의 망각)에 해당하는 사유가 23.9%, 기타 및 무응답이 17.7%, 그리고 유권자등록의 문제 발생이 6.9% 순으로 분류된다. 이러한 조사결과는 유권자등록을 마치고도 투표에 불참한 데에는 정치적 동기보다는 시공간적 이동성에 관련된 사유가 더욱 많이 작용하고 있음을 의미하며, 이는 다시 투표참여율을 향상시키기 위해서는 시공간적으로 자유로운 투표방식이 절실히 필요함을 시사하고 있다.

둘째, 투표, 개표, 집계 과정에서 발생하는 문제점이다. 지난 2000년 11월 대통령선거과정에서 발생한 플로리다 재검표 사태는 미국의 투표제도 자체에 대한 심각한 신뢰성의 문제를 제기하였다. 예컨대, 재검표 과정에서 일부 투표구에서는 개표가 안 된 투표용지가 발견되었으며, 이른바 "나비투표용지"(butterfly ballots)를 이용한 투표구에서 민주당 고어(Al Gore) 후보 지지자가 개혁당의 뷰캐넌(Patrick J. Buchanan) 후보란에 기표하고 뒤늦게 소송을 제기하는 일이 발생하였으며, 펀치카드를 이용한 투표구에서는 이른바 '임신표' 혹은 '보조개표'가 다량 발견되기도 하였다.[16] 이러한 현상은 플로리다에 국한된 것은 아니었고, 동일한 투표방식을 채택한 나머지 주들의 선거구에서도 이와 유사한 현상이 발생한 것으로 보고되었다.

칼텍(Caltech)과 MIT대학의 공동연구팀의 분석에 의하면, 과거 4회에 걸친 대통령선거에서 집계대상에서 누락된 표와 무효표가 평균 2백만 표(2%)를 상회하는 것으로 조사되었다. 그리고 상원의원과 주지사 선거의 경우, 이 수치는 더욱 증가하여 평균 5백만 표(5%) 이상인 것으로 분석되었다. 이 가운데 투표자의 의도적인 무효표를 제외하면, 대통령선거에서는 약 1백5십만 표가, 그리고 중간선거에서는 약 3백5십만 표가 집계대상에서 누락되거나 무효로 처리되는 것으로 조사되었다.[17] 이렇듯 투·개표 및 집계과정에서 상당 부분의 표가 누락 혹은 무효로 처리되는 것은 대체로 미국의 지방분산적인 투표제도로 인한 투표관리인의 전문성 부족, 유권자의 편의성에 무관심한 투표방식, 그리고 투표장비의 결함에서 기인하는 것으로 평가되고 있다.[18]

셋째, 현재 약 600만 명으로 추산되는 해외거주자를 위한 부재자투표에서 드러나는 문제점이다. 1986년에 제정된 '군인 및 외국거주 시민을 위한 부재자 투표법'(the Uniformed & Overseas Citizens Absentee Act)에 의하면, 해외주둔 군인 및 그 가족들은 일정한 절차를 거쳐 우편투표를 하도록 규정하고 있다. 부재자 투표제도의 문제점은 그 절차가 매우

16) Pippa Norris, "US Campaign 2000: Of Pregnant Chads, Butterfly Ballots and Partisan Vitriol," *Government and Opposition* 36:1 (Winter 2001), p. 21.

17) Caltech/MIT, *Voting: What Is What Could Be*, http://www.vote.caltech.edu/Reports/july01/ July01_VTP_%20Voting_Report_Entire.pdf, pp. 20-21 (검색일: 2001년 12월 14일).

18) Richard Soudriette, "Promoting Democracy at Home," *Journal of Democracy* 12:2 (April 2001), pp. 134-137; Richard G. Smolka, "Recommendation for Reform," *Journal of Democracy* 12:2 (April 2001).

복잡하여 유권자의 투표참여를 방해하는 장애물로 작용해 왔다는 점이다. 또한 투표에 참여하더라도, 부재자투표를 담은 우편물이 해당 투표관리소에 제때 도착하지 못하여 집계에서 누락되는 경우가 많았다.[19] 그 결과 해외거주 유권자들의 투표참여 의지를 손상시키는 결과를 초래하였다.[20] 이러한 부재자투표의 제도적 문제점을 해결하기 위해, 1992년 연방정부는 부재자투표 전용의 우편봉투를 개발하여 신속하게 해당 투표관리소에 시간 내에 도착할 수 있도록 조처하기도 하였으며, 그리고 1996년에 들어 주정부들은 팩스를 이용해서 투표용지를 전송할 수 있도록 보완하였다. 그러나 이러한 제도적 보완은 비용-효율적이지 못하며, 또한 비밀투표의 원칙을 보장하지 못하는 취약점을 안고 있다.[21]

이러한 문제점들은 투표과정의 신뢰성을 훼손시키는 방향으로 작동하였는데, 특히 2000년 대통령선거의 플로리다주 재검표 사태 이후, 투표과정의 신뢰성과 투명성 향상을 위한 투표제도의 전면적 개혁을 요구하는 사회적 분위기가 형성되기에 이르렀다. 2000년 대통령 선거 직후, 전국총무처장관연합(NASS: the National Association of Secretaries of the State)은 투표의 신뢰성 회복을 위해 지방정부들에게 ① 새로운 투표기구와 기술의 채택, ② 유효표에 대한 기준의 확립, ③ 재검표의 절차 및 기

---

19) 부재자투표의 경우, 투표 당일의 우체국 소인이 찍혀 도착한 것에 한하여 유효한 것으로 판정한다. 그러나 유효한 부재자투표라 할지라도, 투표소 투표용지의 집계가 완료되는 시점 이후(보통 투표 마감 후 1~2일이면 투표소 투표용지의 집계가 완료됨)에 도착한 부재자투표는 집계 대상에서 누락되는 경우가 허다한 것으로 알려져 있다. Caltech/MIT, *Voting: What Is What Could Be*, p. 9.

20) 1996년에 실시된 선거후조사(post-election survey)에 의하면, 이러한 이유로 해외거주 유권자들 가운데 1/4에 해당하는 유권자들이 향후 부재자투표에 참여할 의사가 없음을 표명하였다. John Dunbar, "Internet Voting Project Cost Pentagon $73,809 Per Vote," http://www.notablesoftware.com/Press/JDunbar.html (검색일: 2001년 11월 30일).

21) Department of Defense, *Voting Over the Internet Pilot Project Assessment Report* (Washington, D.C.: Federal Voting Assistance Program, 2001).

준의 확립, ④ 적극적인 유권자 교육 프로그램의 실시를 촉구하였다. 더불어 NASS는 의회에게 이러한 권고가 실천될 수 있도록 예산적 뒷받침을 해야 할 것이라고 촉구하였다.[22] 이러한 사회적 압력에 직면하여, 의회는 2002년 10월 투표제도의 개혁을 위한 "미국투표구조법"(the Help America Vote Act)을 제정하기에 이르렀다.

(2) 한국의 상황

미국의 투표체계와 비교할 때, 한국의 투표체계는 보다 간소하며 중앙집중적인 것이 특징이다. 미국의 경우, 선거관리업무는 철저히 지방분권화 되어 있다. 대부분의 선거관리업무는 주정부가 담당하고 있으며, 주정부는 대부분의 선거관리업무를 지방정부(카운티)에 위임하고 있다.[23] 이에 비해, 한국은 중앙선거관리위원회에서 모든 선거관리업무를 맡고 있는 중앙집중적 선거관리체제를 채택하고 있으며, 이러한 중앙관리는 표준화된 선거관리규칙과 투표절차의 운용을 가능케 해왔다. 이러한 제도적 차이는 유권자의 투표참여비용 및 투표관리의 효율성에 상당한 영향을 미치고 있다.

첫째, 투표절차의 첫 관문인 유권자등록 절차의 경우, 한국은 '직권명부제'를 채택하고 있다. 즉 선거가 있을 때마다, 선거관리위원회의 감독 하에 관할 행정기관이 주민등록부를 기초로 선거인명부를 작성한다(공직선거 및 선거부정방지법 제37조). 따라서 '등록명부제'를 채택하고 있

22) Richard G. Smolka, "Recommendation for Reform," *Journal of Democracy* 12:2 (April 2001), pp. 147-148.
23) 1975년 연방정부 차원의 선거관리기구인 연방선거위원회(the Federal Election Commission)가 수립되었으나, 그 주요 기능은 주정부 및 지방정부의 선거관리에 대한 조언이나 권고, 그리고 연방선거에 관련된 선거비용의 공개 및 감독에 국한되고 있다.

는 미국의 유권자와는 달리, 한국의 유권자들은 번잡한 등록절차를 거치지 않고 투표일에 해당 투표장소에 방문하여 투표권을 행사할 수 있는 이점을 지닌다.

둘째, 미국은 동일한 주라 할지라도 카운티에 따라 그 투표방식이 매우 상이하다. 예컨대, 2000년 대통령선거 당시 플로리다주의 총 67개 카운티 가운데, 투표용지를 이용한 투표방식을 채택한 카운티가 1곳, 펀치카드 투표방식을 선택한 카운티가 24곳, 레버조작방식을 이용한 카운티가 1곳, 그리고 스캐너장치를 활용한 카운티가 41곳이었다.[24] 즉 지방정부에 따라 투표방식이 다르기 때문에, 표준화된 투표관리규칙의 수립 및 선거관리인에 대한 효과적인 교육 및 훈련이 곤란한 상태이다. 이에 비해, 한국은 전국적으로 투표용지를 이용한 투표방식 하나만을 채택하고 있다. 따라서, 미국과는 달리, 표준화된 선거관리규칙의 운용 및 선거관리인의 교육이 상대적으로 용이한 형편이다. 이러한 여건은 투표과정에서 발생할 수 있는 유권자의 혼돈과 오류를 예방하는 데 매우 유리하다는 이점을 지니고 있다.

셋째, 개표 및 집계의 신속성이라는 측면에서 투표용지의 수집계 방식은 가장 효율성이 떨어지는 집계방식이며, 또한 정확성의 측면에서도 인간적 오류를 결코 피할 수 없는 집계방식으로 평가된다. 이러한 면에서 미국의 스캐너 및 터치스크린 방식을 이용한 투표방법을 채택하고 있는 카운티들의 집계과정에 비해,[25] 한국의 수집계 방식은 상대적으로 그 신

24) U. S. Commission on Civil Right, *Voting Irregularities in Florida During the 2000 Presidential Election*, http://www.usccr.gov/pubs/vote2000/report/main.htm (검색일: 2002년 11월 20일).
25) 2000년 현재, 미국의 총 3,141개의 카운티 가운데, 투표용지 투표방식을 채택한 곳이 294곳(9%), 레버조작기계 투표방식이 388곳(12%), 펀치카드 투표방식이 531곳(17%), 스캐너장치 투표방식이 1,336곳(43%), 터치스크린 투표방식이 327곳(10%), 그리고 기타 투표방식을 채택한 카운티가 265곳(8%)으로 조사되고 있다. Henry E. Brady, et al., *Counting All The Votes: The Performance of Voting*

속성의 면에서 뒤떨어져 있다고 볼 수 있다. 그러나 최근 16대 대통령선거의 개표과정에 전자개표기가 활용되었고, 또한 2003년 1월 27일 대법원에 의한 부분적인 재검표를 통해 전자개표기의 정확성이 확인되었다.[26] 따라서 그간 수집계 방식의 시간 및 인력 소모적인 취약점을 상당부분 극복할 수 있게 되었다.

넷째, 미국은 해외거주 유권자들에 대한 부재자투표를 인정하고 있는데 비해, 한국은 해외거주자의 투표권을 인정하지 않고 있다. 따라서 한국의 부재자투표 신고자들은 모두 국내 거주자들이다. 부재자투표자들가운데 약 90%가 군인 · 경찰 · 선거종사자들이며, 이들은 자신의 직장과가까운 곳에 설치된 부재자투표소에서 투표를 하게 되어있다. 그리고 나머지 약 10%가 질병 및 기타 이유로 이동이 곤란하거나 부재자투표소를설치할 수 없는 지역에 거주하는 이른바 '거소투표자' 로서, 이들은 우편투표방식을 이용하도록 되어 있다. 따라서 한국의 부재자투표는, 미국의경우와는 달리, 투표내용을 담은 우편물의 배달 지연 등의 이유로 집계대상에서 누락될 확률이 상대적으로 낮으며, 또한 비밀투표의 원칙이 준수되지 못하는 확률도 비교적 낮은 편이다.

〈표 6-3〉 역대 한국 대통령, 국회의원, 지방선거의 투표참여율

대통령선거	89.2%(1987)	81.9%(1993)	80.7%(1997)	70.8%(2002)	—
국회의원선거	75.8%(1988)	71.9%(1992)	63.9%(1996)	57.2%(2000)	60.6%(2004)
지방선거	—	68.4%(1995)	52.7%(1998)	48.9%(2002)	—

* 출처: 중앙선거관리위원회, 『제16대 국회의원선거 투표율분석』, 2000; 중앙선거관리위원회, 『제3회 전국동시지방선거 투표율분석』, 2002; 중앙선거관리위원회, 『제17대 국회의원 선거 투표율분석』, 2004.

Technology in the United State, http://ucdata.berkeley.edu/new_web/countingallthe votes.pdf, p. 11 (검색일: 2003년 1월 20일).
26) 『동아일보』, 2003년 2월 28일.

투표행태의 측면에서도 한국의 유권자들은 미국의 유권자들과 사뭇 다른 양상을 보여 왔다. 우선 투표참여율이 미국에 비해 상대적으로 높다. 미국 대통령선거(1988~2000)의 평균 투표참여율인 51.3%에 비하여, 한국의 대통령선거(1987~2002), 국회의원선거(1988~2004), 지방선거(1995~2002)의 평균 투표참여율은 각각 80.7%, 65.9%, 56.7%로 훨씬 높은 수치를 보여주고 있다. 미국의 투표율과 비교할 때, 한국의 선거는 저조한 투표율로 인해 공직자의 대표성이 훼손될 만한 수준은 결코 아니다. 다만, 〈표 6-3〉에서 보듯이, 시간이 지남에 따라 투표율이 낮아지는 추세를 보이고 있는 것이 문제점으로 지적될 수 있다.

또한 한국 유권자들의 투표불참의 사유는 미국 유권자들의 사유와 다른 양상을 보이고 있다. 2002년 지방선거 직후 중앙선거관리위원회가 조사한 투표불참사유에 대한 설문결과〈그림 6-3〉에 의하면, 유권자의 정치적 동기와 관련된 사유(효능감 부족, 정치적 무관심, 정보부족, 후보자에 대한 선호)가 58.9%로 가장 많고, 시간적 · 공간적 이동성과 관련된 사유(개인적인 일/출근 등으로 바빠서 혹은 귀찮아서)가 35.3%, 기타가 5.8%를 차지하고 있다. 이러한 조사결과는 시 · 공간적 불편보다는 정치적 동기 때문에 투표에 불참하고 있으며, 투표참여율을 높이기 위해서는 투표절차의 편의성보다는 유권자의 낮은 정치적 관심도 및 정치적 효능감이

〈그림 6-3〉 2002년 지방선거에서 기권자들의 투표불참 이유

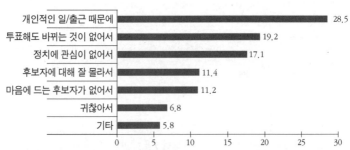

* 출처: 중앙선거관리위원회, 『제3회 전국동시지방선거에 관한 유권자 의식조사』, 2002, p. 241.

우선 해결되어야 함을 시사하고 있다.

(3) 비교: 인터넷투표의 기대 효과

미국과 한국의 투표과정은 여러 면에서 다른 양상을 보이고 있다. 이러한 차이점들에 비추어 볼 때, 인터넷투표를 도입할 경우 그 잠재적 효과는 미국이 한국보다 훨씬 클 것으로 보인다. 첫째, 미국의 유권자들은 투표권을 행사하기 위해 반드시 유권자등록을 해야 하지만, 한국의 유권자들은 이 절차를 거치지 않는다. 인터넷 투표방식은 유권자등록을 사이버공간에서 가능하게 하여 투표자의 유권자등록에 상당한 편의를 제공할 수 있다. 이 점에서 미국은 인터넷투표를 도입함으로써 투표참여비용을 일정 정도 낮출 수 있을 것으로 기대된다.

둘째, 미국의 투표참여율은 한국에 비해 현저히 낮다. 특히 중간선거의 경우, 당선자들의 대표성에 문제가 제기될 정도로 유권자의 투표율은 낮아지고 있다. 이와 관련하여, 투표불참자들의 사유는 중요한 실마리를 제공하고 있다. 미국의 투표불참자의 경우, 시·공간적 이동의 불편성이 투표불참 사유의 51.1%를 차지하고 있다. 이에 비해, 한국의 투표불참자의 경우, 정치적 무관심 혹은 정치적 효능감의 결여 등과 같은 동기적 사유가 58.9%를 차지하고 있다. 이러한 측면을 고려할 때, 미국에서 인터넷 투표방식의 도입은 투표참여율의 향상에 기여할 것으로 보여지나, 한국의 경우 인터넷투표의 도입이 투표참여율 증가로 이어질 가능성은 상대적으로 낮을 것으로 보인다.

셋째, 미국은 비효율적인 투표장비로 인해 상당수의 표가 선거 때마다 무효로 처리되고 있다. 특히 레버조작기계 및 펀치카드를 이용하는 지역에서 무효표가 많이 산출되고 있으며, 반면 투표용지와 스캐너를 이용하는 지역에서는 무효표가 상대적으로 적은 것으로 분석되고 있다.[27] 따라서 미국은 레버조작기계 및 펀치카드 투표방식을 인터넷투표를 포함한

다른 여타의 투표방식으로 대체해야 할 상황에 직면해 있다. 이에 비해, 한국은 비교적 안전한 투표용지 투표방식을 채택하고 있기 때문에, 무효표의 예방을 위해 기존의 투표방식을 변경할 이유가 전혀 없는 상황이다.

넷째, 개표 및 집계과정은 정확하고 신속해야 한다. 미국의 개표 및 집계과정은 비효율적인 투표장비 및 훈련된 선거관리인의 부족으로 상당한 문제점을 노출하고 있다. 그 대표적인 사례가 2000년 플로리다주 재검표 사태이다. 따라서 인터넷 투표방식이 도입될 경우, 이러한 문제점들의 상당 부분이 해결될 수 있을 것으로 기대된다. 이에 비해, 한국은 최근 전자개표기의 개발 및 활용으로 정확하고 신속한 개표가 가능하게 되었다. 따라서 개표 및 집계와 관련해서 굳이 많은 비용을 들어 새로운 투표방식으로 전환할 이유가 없는 상태이다.

다섯째, 미국은 현재 약 600만 명으로 추산되는 해외거주자들을 위해 부재자투표를 실시하고 있다. 그러나 해외거주자를 위한 부재자 투표과정은 그 절차가 다소 복잡하고, 비밀투표의 원칙을 제도적으로 보장하지 못하는 문제점을 지니고 있다. 이러한 문제점들을 해결하기 위해, 미국무성은 최근 해외거주 유권자들을 위한 인터넷 투표방식의 도입을 고려하고 있는 상황이다. 이에 비해, 한국은 해외거주자에 대한 투표권을 인정하지 않는다. 따라서 모든 부재자투표 신고자들은 국내에 거주하는 유권자들이며, 이들 가운데 약 90%가 '일반 부재자투표자'로서 부재자투표소에서 투표하고 있다. 그리고 이들의 투표참여율은 90% 이상으로 매우 높다.[28] 다만 부재자투표자의 약 10%에 해당하는 '거소투표자'들만이 현재 우편투표를 이용하고 있는데, 인터넷투표의 도입은 특히 '거소

---

27) Caltech/MIT, *Voting: What Is What Could Be*, p. 21.

28) 최근 4회의 대통령선거에서 보여준 부재자 투표율을 보면, 제13대(1987년)에서 96.8%, 제14대(1992년)에서 95.7%, 제15대(1997년)에서 96.8%, 그리고 제16대(2002년)에서 93.7%를 기록하고 있다. http://www.nec.go.kr (검색일: 2003년 6월 10일).

투표자' 들에게 크게 도움이 될 것으로 보인다.

전체적으로 볼 때, 인터넷투표의 도입으로 큰 효과가 기대되는 곳은 미국이다. 기존의 투표절차에 문제가 있으며, 광대한 영토 때문에 유권자들의 공간적 이동에 상당한 불편이 따르고, 해외거주 유권자들의 투표권을 인정하고 있는 까닭에, 그리고 최근 플로리다주 재검표 사태의 충격으로 인해, 미국은 인터넷투표의 도입을 적극적으로 고려할 수밖에 없는 사회적·정치적 상황에 직면해 있다. 이에 비해, 한국은 투표절차가 상대적으로 간편하며, 지리적으로 협소한 영토로 인해 대체로 투표를 위한 공간적 이동거리가 짧고, 해외거주자의 투표권이 인정되지 않는 관계로, 인터넷투표의 도입에 관한 사회적 필요성이 상대적으로 매우 낮다고 할 수 있다.

4. 한국에서의 인터넷투표의 전망

그러면 미래 한국사회에서도 인터넷투표는 전혀 고려할 가치가 없는 투표방식으로 남아 있을 것인가? 지금까지의 논의가 기존의 투표제도 및 투표행태의 문제점에서 기인하는 사회적 압박요인들(push factors)에 대한 분석이었던 관계로, 위의 질문에 답하기 위해서는 앞으로 인터넷투표의 필요성을 제기할 수 있는 잠재적 유인요소들(pull factors)을 검토해야 한다.

대체로 장래 한국사회는 두 가지 측면에서 인터넷투표를 필요로 할 것으로 예상된다. 첫째, 장기적 관점에서 한국사회에서도 저조한 투표율로 인한 '대표성의 위기' 현상이 대두할 가능성이 있다. 상대적으로 높은 투표참여율에도 불구하고, 〈표 6-3〉이 보여주듯이 대통령선거를 비롯한 모든 선거에서 투표율이 서서히 하락하는 경향이 등장하고 있다. 예컨대, 지방선거의 투표참여율은 1995년 68.4%에서 1998년에는 52.7%로, 그리고 2002년에는 48.9%로 감소하고 있다. 특히 당선자의 국민(혹은 주민) 대표성에 문제가 제기될 정도로 저조한 투표참여현상은 재·보궐선거에서 매

우 극심하다. 예컨대, 2002년 8월 8일에 실시된 국회의원 재·보궐선거의
평균 투표율이 29.8%을 기록하였고, 2003년 4월 24일에 실시된 국회의원
재·보궐선거의 평균 투표율은 25.3%에 불과하였다.[29] 이러한 '대표성의
위기' 현상의 등장은 인터넷투표의 필요성을 증폭시킬 것이다.

둘째, 장래 인터넷의 광범위한 보급과 활용은 국민들의 생활 패턴을
변화시킬 것이고, 이는 궁극적으로 투표문화의 변화를 초래할 수 있다.
즉 인터넷의 일상화로 인한 라이프 스타일의 변화는 좀 더 편리한 투표
방식에 대한 사회적 요구를 점증시킬 것으로 예상된다. 실제로 2000년 4
월 국내에서 실시된 한 설문조사에 의하면, 18~34세 집단의 59.5%가,
34~44세 집단의 52%가, 45~54세 집단의 48%가, 그리고 55세 이상 집단
의 28.5%가 인터넷투표를 수용할 의사가 있음을 밝히고 있는 것으로 분
석되었다.[30] 이러한 통계수치는 나이가 젊은 집단일수록 인터넷에 익숙
하며, 인터넷투표에 대한 선호가 높다는 것을 시사한다. 최근, 국내 인터
넷 이용자 수는 1999년 10월의 22.4%(9백43만 명)에서 2002년 12월의
59.4%(2천6백만 명)로 급증하고 있다.[31] 또한 인터넷 이용자 수는 향후
계속해서 증가할 것으로 예측되고 있다. 요컨대, 인터넷 세대의 유권자
로의 진입 및 인터넷 이용자의 급증은 인터넷투표에 대한 사회적 요구를
창출할 것으로 예상된다.

이러한 잠재적 유인요소들을 고려할 때, 장래 한국사회도 인터넷투표
의 도입이 불가피하게 될 것으로 전망된다. 그러면 언제 그리고 어떤 형
태로 인터넷투표를 도입해야 할 것인가? 첫째, 분명한 점은 미국을 비롯
한 여러 나라들에서 인터넷투표가 기술적으로 안전한 투표방식임이 입
증되었을 때, 인터넷투표를 국내에 도입하는 것이 바람직하다는 사실이
다. 둘째, 인터넷에 대한 보편적 접근이 확보되었을 때이다. 셋째, 건전한

29) 『한겨레신문』, 2003년 4월 25일.
30) 유지열(외), 『정보생활실태 및 정보화인식 조사』(서울: 한국정보문화센터, 2000).
31) 한국전산원, 『2003 한국인터넷백서』(서울: 한국전산원, 2003), p. 76.

선거문화가 정착되었다고 판단되는 시점이다. 이러한 상황적 여건들이 확보되었다 하더라도, 새로운 투표방식의 도입은 유권자들에 상당한 혼돈을 초래할 수 있는 여지가 많다. 따라서 인터넷 투표방식의 도입은 점진적이고 단계적인 방식을 취해야 할 것이다.[32]

첫째, 인터넷투표의 도입은 '사적 영역'에서의 충분한 검증을 거쳐 '공적 영역'으로 확장해 가는 방법을 취해야 할 것이다. '사적 영역'이란 학교, 노동조합, 시민단체, 회사 등과 같은 사적 조직체들의 재정적 부담에 의해 치러지는 투표영역을 의미하고, '공적 영역'이란 국가의 재정적 부담에 의해 치러지는 투표영역을 의미한다. 이러한 도입 전략은 인터넷투표의 보안상의 취약점들을 교정하고 보완할 수 있는 시간적 여유를 충분히 가질 수 있는 이점을 지니고 있으며, 동시에 유권자들에게 인터넷투표에 대한 친숙성과 최소한의 지식을 부여해 줄 것이다.

둘째, '공적 영역'에서의 인터넷 투표방식의 채택은 지방수준의 선거에서 전국수준의 선거로 확대해 가는 단계적 전략을 취해야 할 것이다. 이는 초기 도입단계에서 혹시 발생할지도 모르는 인터넷투표를 둘러싼 정파 간의 정치적 시비를 회피할 수 있으며, 인터넷투표의 오류로 인한 정치적 위험을 최소화할 수 있기 때문이다.

셋째, '투표소 인터넷투표'에서 '원거리 인터넷투표'로, 그리고 '기존 투표방식과의 병행'에서 '기존 투표방식의 대체'의 방향으로 나아가야 할 것이다. 〈그림 6-4〉에서 보듯이, 인터넷투표의 유형은 크게 투표소 인터넷투표(poll-site Internet voting)와 원거리 인터넷투표(remote Internet voting)로 구분할 수 있으며, 인터넷투표의 법적 위상은 기존 투표방식과 병행하여 실시하는 것과 기존의 투표방식을 완전히 대체하여 실시하는 것을 생각해 볼 수 있다. A는 기존 투표방식과 병행하여 지정된 장소 − 투표소 혹은 간이투표소(kiosk) − 에 설치된 컴퓨터를 통해 인터넷투표

---

32) 김용철, "전자민주주의: 인터넷투표의 활용가능성과 문제,"『민주주의와 인권』2:2 (2002), pp. 91−116.

〈그림 6-4〉 인터넷투표의 활용 형태

유형 \ 위상	기존 투표방식과 병행	기존 투표방식을 대체
투표소 인터넷투표	A	B
원거리 인터넷투표	C	D

를 행하는 형태이고, B는 투표소 인터넷투표가 기존의 투표방식을 완전히 대체한 형태이다. 그리고 C는 기존의 투표방식과 병행하여 개인 컴퓨터 혹은 모바일 폰(mobile phone)을 이용한 인터넷투표의 형태이며, D는 배타적으로 원거리 인터넷 투표방식만을 허용하는 형태이다.

장래 인터넷투표를 도입할 경우, B와 같은 형태보다는 A의 형태가 유리할 것으로 보인다. 즉 유권자들이 기존의 투표방식과 투표소 인터넷 투표방식 가운데 하나를 선택할 수 있게 함으로써, 인터넷 투표방식의 전면적 도입으로 인한 유권자들의 '디지털 디바이드' 현상, 혹시 발생할 수 있는 정치적 갈등, 그리고 과도기적 혼돈을 최소화할 수 있을 것이다. 특히 최초 도입기에는 인터넷에 익숙한 젊은층(예: 학생)을 대상으로 투표소 혹은 간이투표소에서 인터넷투표를 실시하고, 이후 차츰 그 대상을 넓혀 나가는 전략도 생각해 볼 수 있겠다. 또한 전국선거(대선 및 총선)에 바로 도입하기보다는, 상대적으로 정치적 중요성이 낮은 지방선거 및 그 정치적 파급효과가 낮은 재보궐 선거에 먼저 적용하는 방식도 고려해 볼 수 있을 것이다.

그 다음 단계로서, C의 형태로 바로 전환하기보다는 A의 형태에다 원거리 인터넷 투표방식을 추가하는 형태로 나아감으로써, 아직 인터넷투표를 꺼려하는 유권자의 투표권을 보호할 수 있을 것이다. 그리고 모든 유권자들이 인터넷투표에 대해 친숙하다고 판단될 때, 궁극적으로 D의 단계로 전환할 수 있을 것이다.

5. 전망과 과제

많은 전문가들은 가까운 장래에 인터넷투표가 미국사회에서 지배적인 투표방식으로 등장하게 될 것으로 예측하고 있다. 이러한 예상은 인터넷투표의 높은 기능적 편의성에 근거하기도 하지만, 더욱 중요하게 지적되어야 할 사항은 미국사회의 투표를 둘러싼 위기의식이다. 재래식 투표장비의 결점으로 인해 개표 및 집계에 있어 잦은 오류의 발생은 기존의 투표방식에 대한 국민적 신뢰를 심하게 훼손시켜 왔으며, 투표참여율의 저하는 공직자의 대표성을 근본적으로 위협해 왔다. 그 결과 미국사회는 투표율의 제고와 투표과정의 정확성을 위해 기존의 투표절차와 방법에 대한 전면적 개혁이라는 사회적 요구에 직면해 있다. 최근 미국에서 실행된 일련의 인터넷투표는 이러한 사회적 요구에 부응하기 위한 준비 작업이라 할 수 있다.

투표절차 및 방식, 그리고 투표참여율을 둘러싼 한국의 상황은 미국과는 매우 다른 양상을 보여 왔다. 미국의 '등록명부제'와는 달리, 한국은 '직권명부제'를 채택하고 있기 때문에 투표참여비용이 상대적으로 낮다. 재·보궐선거를 제외하면 투표참여율도 전반적으로 높은 편이며, 개표 및 집계과정도 전자개표기의 개발로 신속·정확한 편이다. 미국의 상황과는 달리, 낮은 투표율 및 효율성 결여로 인한 투표제도의 민주적 정당성 및 신뢰성의 위기를 우려할 상황은 아니다. 즉 한국사회에서 인터넷 투표방식을 서둘러 도입할 이유가 존재하지 않는다.

이와 더불어, 현재 인터넷투표는 기술적으로 아직 완벽한 투표방식이 아니라는 점이다. 뿐만 아니라, 기술적으로 완벽하다 할지라도, 한국사회에 도입되었을 경우 여전히 해결해야 할 문제점이 남아 있다는 점이다. 즉 비밀투표의 보장을 위한 건전한 선거문화의 정착과 '디지털 디바이드'를 최소화하기 위한 사회적 여건이 마련되어야 한다. 따라서 당장 인터넷투표를 도입하는 것은 불필요할 뿐만 아니라, 오히려 정치적 혼란을 야기할 가능성이 높다.

그러나, 장기적인 관점에서 볼 때, 장래 한국사회에서도 인터넷투표의 도입은 불가피할 것으로 전망된다. 서서히 하락하고 있는 투표율, 인터넷에 익숙한 젊은층들의 유권자 집단으로의 진입, 그리고 인터넷 이용자의 지속적인 증가는 장래 인터넷투표의 도입을 촉구하는 잠재적 유인요소로 작용할 것으로 보인다.

인터넷 투표방식의 도입은 인터넷의 취약한 보안성이 기술적으로 해결되었을 때, 건전한 선거풍토가 조성되었을 때, 그리고 인터넷에 대한 보편적 접근이 확보되었을 때에 가능할 것이다. 그리고 그 도입은 과도기적 전환비용을 최소화하기 위해, 사적 영역의 선거에서 충분히 활용한 이후 공적 영역의 선거에 도입하는 방식으로, 지방선거에서 전국선거로 확대하는 방식으로, 기존 투표방식과 병행하는 방식으로, 그리고 그 대상을 대학생이나 '거소투표자'에서 전체 유권자로 확대하는 점진적이며 단계적인 형태로 이루어져야 할 것이다.

이러한 의미에서, 한국의 선거당국은 인터넷투표에 대해 지금부터 연구하고 대비해야 한다. 인터넷투표의 기술적 과정에 대한 연구는 물론, 이미 인터넷투표를 허용하고 있는 외국의 사례에 대한 면밀한 사회과학적 검토를 토대로 한국 상황에서 인터넷투표의 활용이 초래할 긍정적 측면과 부정적 측면을 가늠하여 우리 실정에 맞는 운용전략을 준비할 필요가 있다. 더불어, 건전한 선거문화의 사회화 및 인터넷의 보편적 접근을 위한 정책적 노력이 요구된다.

제7장

인터넷과 시민운동

1. 인터넷과 시민사회의 변화

정보사회로 진입함에 따라, 시민과 시민사회가 더욱 중요한 정치행위자로 등장할 것이라는 전망이 지배적이다. 이러한 전망은 인터넷이 갖는 기술적 특성에 근거한다. 인터넷 커뮤니케이션의 중요한 특성 가운데 하나는 '일대일' (一對一) 혹은 '다대다' (多對多) 커뮤니케이션을 가능하게 한다는 점이다. 즉 TV나 라디오와는 달리 인터넷을 통해서 사이버 공간 상의 누구와도 접촉이 가능하다. 이는 정보 제어를 통해 국민여론을 통제하기를 원하는 지배계층의 위계구조(hierarchy)와 권위(authority)의 붕괴를 의미한다. 인터넷의 이러한 특성은 기존의 정당이나 이익집단, 언론과 같은 정치적 매개집단의 약화를 가져올 것이다. 역사적으로 정당은 흩어져 있는 국민들을 조직화하고 이들의 여론을 대표하는 기능을 수행하였다. 그러나 이제 인터넷을 통한 시민들의 상호접촉과 직접적인 정치참여가 용이해짐에 따라 자신들의 이익을 표출하기 위해 기존의 매개집단에 의존할 필요가 상당 부분 사라지게 되었다.

인터넷의 또 다른 특성은 기존의 단방향 방송매체와 달리 쌍방향 커뮤니케이션이 가능하다는 점이다. 오늘날 대의민주주의 하에서 시민들은 단지 TV, 라디오, 신문 등을 통해 일방적으로 정보를 전달받을 뿐이다. 또한 시민과 시민사회는 이러한 매체를 통해 얻은 정보를 바탕으로 정부가 자신들의 권력을 남용하지 않는지를 감시하는 소극적 역할에 머물고 있다. 대의제 정부는 시민들이 단지 선거일에만 적극적인 참여를 하고 나머지 부분에 있어서는 정부에 모든 것을 맡겨 주기를 원한다. 그러나 참여민주주의하에서 시민들은 단지 투표에만 참여하는 소극적 시민에 머물지 않고, 자신들에 관련된 일을 스스로 결정하고 결과적으로 스스로 통치하는 적극적 시민이 되기를 원하는 것이다.[1] 이러한 점에서, 인터넷의 비매개적 상향식 커뮤니케이션 방식은 시민사회의 권력을 강화할 수 있는 중요한 특성이다.

과연 정보통신기술의 발달이 새로운 권력관계를 가져올 것인가?

데이비스(Richard Davis)는 인터넷 시대의 도래로 일반대중의 정치참여와 영향력이 제고될 것이라는 낙관적 전망에 의문을 제기한다. 그의 웹사이트 분석결과에 의하면, 인터넷의 일상화에도 불구하고 일반 시민들의 정치참여 증대 및 영향력 제고를 보여주는 어떤 징후도 나타나지 않고 있으며, 일반 국민에게로 권력이 이동되고 있다는 조짐 역시 보이지 않고 있다. 나아가 데이비스는 기존의 전통적 집단들이 사이버 공간상에서도 여전히 시민들의 주목을 받고 영향력을 행사하고 있음을 지적한다. 또한 조직 내의 권력구조도 리더에서 일반회원으로 옮겨가고 있다는 아무런 증거도 나타나지 않고 있으며, 회원들의 의견을 수렴할 수 있는 다양한 채널이 존재함에도 불구하고 정책결정은 여전히 소수 리더들에 의해 행해지고 있음을 확인하고 있다.[2]

---

1) Benjamin R. Barber, "Which Technology for Which Democracy? Which Democracy for Which Technology?" *International Journal of Communications Law and Policy* 6 (2000/2001), pp. 4-5.
2) Richard Davis, *The Web of Politics: The Internet's Impact on the American Political System* (New York: Oxford University Press, 1999), pp. 83-84.

이와는 달리, 일부 학자들은 사이버공간의 확장이 시민의 권력 강화를 가져올 것으로 분석하고 있다. 응구엔과 알렉산더(Nguyen & Alxander)는 정치권력의 핵심은 게이트키핑(gatekeeping)에 있음을 강조하면서, 이제 시민들은 사이버공간을 통해 문지기(gatekeeper)를 우회하여 중요한 정치정보를 얻을 수 있게 되었음을 지적한다. 그 결과 기존 지배계층은 정보와 지식의 독점이 불가능해지고, 현실사회에서 권력의 중심은 그 의미를 잃게 될 것으로 본다.[3] 정연정 역시 기존 현실공간(off-line)의 의제설정과정에서는 공공의제를 선택하고 배제하는 데 있어 문지기의 영향력이 강하게 작용하였으나, 사이버 공간에서는 이들 문지기를 우회하여 자유롭게 사회적 이슈들을 제기할 수 있다고 지적한다. 그 결과 시민들은 공공의제 설정과정에 자유롭게 참여할 수 있게 되었으며, 이는 궁극적으로 시민의 영향력을 증대시키는 역할을 할 것으로 본다.[4]

과연 정보화의 진행이 시민사회의 위상을 강화시키는 방향으로 작용할 것인가? 우리는 정보화 진행이 새로운 시민권력의 등장 여부에 어떠한 영향을 미치는지에 대해 정보의 확산과 시민정치참여라는 관점에서 살펴 볼 것이다.

(1) 정보확산

낙관적 미래학자들은 인터넷이 일반 시민들에게 보다 많은 정보를 제공할 수 있는 매체임을 강조한다. 특히 인터넷은 다른 미디어 매체에 비해 정보수요자의 필요에 부합하는 맞춤형 정보를 제공할 수 있는 협송전달(narrow-casting) 기능을 보유하고 있음을 지적한다. 이들은 인터넷이 정치, 정책, 정부 등에 관한 정보를 시민들에게 제공함으로써 국정 전반에 걸쳐 시민들의 적극적인 역할을 가능하게 하며, 이는 시민들의 권한을

---

3) 윤영민, 『사이버 공간의 정치』(서울: 한양대학교 출판부, 2000), p. 20.
4) 정연정, "인터넷과 시민운동," 미출판 논문, 2001, pp. 2-3.

더욱 강화시킬 것이라고 본다.[5] 즉 정보통신기술의 발달이 정보량의 증
대와 더불어 시민들의 정보에 대한 취합·선택·활용 능력을 제고시킴
으로써 이전에 국가가 독점하던 정치, 경제, 사회적 정보를 일반 대중에
게 확대시키며, 이는 다시 국가정책에 대한 시민들의 비판능력을 제고시
켜 민주적 정치과정을 질적으로 향상시킬 것이라고 주장한다.[6]

그러나 지금까지의 현실은 정보확산이 곧바로 시민사회의 성장과 시
민의 권력강화를 가져오지는 않음을 보여준다. 정보확산이 시민사회의
성장으로 연결되는 데 있어서는 정보범람과 정보불평등이라는 심각한
장애요인이 존재하고 있기 때문이다.

사이버 공간상의 정보범람은 인터넷 사용자들에게 혼란을 초래하고
있다. 얼마 전까지만 해도 국가의 최고 관심사는 기아문제의 해결이었던
것이 이제는 비만의 문제를 해결하기 위한 다이어트가 주요 관심사로 대
두되었다. 이와 마찬가지로 정보화의 진행에 따라 정보부족의 문제가 해
결되면서 정보범람이라는 새로운 문제가 대두되었다. 현대인은 자신이
처리할 수 없을 정도의 정보폭증으로 인해 집중력 결핍장애(Attention
Deficit Disorder) 증상에 시달리고 있다.[7] 인터넷을 통해 제공되는 정보
가 시민들의 정치교육과 적극적 정치참여에 도움이 될 것이라는 전망이
일반적이었으나, 현재와 같이 걸러지지 않은 정보가 범람하는 상황에서
는 오히려 시민들의 판단력을 흐리게 할 가능성이 높다.[8] 대부분의 사람

5) Anthony Corrado and Charles Firestone (eds.), *Elections in Cyberspace: Towards a New Era in American Politics* (Washington, D.C.: Aspen Institute, 1996), p. 29.
6) 김형오, "정보화사회의 도전과 한국전자민주주의의 가능성에 관한 연구," 경남대 박사학위 논문(1999), p. 29.
7) David Shenk, *Data Smog: Surviving the Information Glut* (New York: Harper Collins, 1997).
8) Beth Simone Noveck, "Paradoxical Partners: Electronic Communication and Electronic Democracy," in Peter Ferdinand (ed.), *The Internet, Democracy and Democratization* (London·Portland, OR: Frank Cass., 2000), p. 24.

들은 인터넷상의 모든 정보를 검색할 만큼의 충분한 시간을 할애하지 않으려 한다. 그들은 자신들이 필요하다고 생각하는 정보를 빠르고 효과적으로 얻을 수 있기를 원한다.

이러한 상황에서 체계적인 정보전달 구조는 매우 중요하다. 정보의 체계적 전달은 기존의 전통적 제도들, 즉 매스미디어 · 정당 · 정부 등에 의해 이루어지고 있다. 사이버 공간상에 수백만 개의 사이트가 정보를 제공하고 있으나, 시민들이 주로 접근하는 채널은 여전히 오프라인에서 지명도와 신뢰도를 확보한 기존의 미디어들이 대부분이다.[9] 또한 정보범람의 상황에서 인터넷상에서 얻은 정보의 신뢰성이 문제가 된다. 기존의 정보제공자들은 이러한 신뢰성을 확보한 상태이나 새로운 인터넷 소스는 대중에게 정보전달의 정통성을 아직까지 확보하지 못하고 있다. 국내에서도 딴지일보 (www.ddanzi.com 1998 7월 창간, 하루 접속 13만), 오마이뉴스(www.ohmynews.com 2000년 2월 창간, 하루 25만 접속) 등 대안언론을 표방한 인터넷 신문이 등장하여 빠른 뉴스와 틈새 뉴스전달의 측면에서 많은 호응을 얻고 있으나 아직까지 신뢰도는 낮다는 지적을 받고 있다.[10] 인터넷이 일반 시민들의 정보접근 가능성을 쉽게 만든 것은 사실이나 기존 거대 언론의 힘에 도전하기는 아직까지 무리인 것으로 보인다. 초기 인터넷 시절, 사람들은 이타적인 이유에서 정보를 제공하였으며 누구도 비용이나 신뢰도의 문제를 고민하지 않았다. 그러나 현재 수많은 개인들이 정보를 제공할 수 있으나, 이러한 정보의 급격한 증가는 정보의 질과 선택의 문제를 초래하였다.

인터넷에 내재된 기본적인 사상(the idea of the Internet)은 인터넷이 정부에 대한 걸러지지 않은 정보의 제공처가 될 것이며 이러한 것이 권력을 위협할 수 있다는 것이었다. 그러나 기존 권력집단들은 그러한 권력에 대한 위협을 회피하기 위해 인터넷을 어떻게 이용하는지 이미 파악하

---

9) *Ibid.*
10) 『중앙일보』, 2001년 5월 11일.

고 있다. 이들은 자신들의 권력을 위협할 수 있는 시민들의 정보접근을 제한함으로써 언제든지 새로운 미디어를 자신들의 기득권 유지 및 확대를 위해 사용할 수 있다.[11] 따라서 인터넷이 전통적 미디어, 권력집단, 정치제도 등을 대체하는 새로운 권력구조를 탄생시키리라고 보는 것은 지나친 기대이다.

(2) 정치참여

전자민주주의 전문가인 릴리(Thomas Riley)는 "전자민주주의(e-democracy)는 대의민주주의와는 대조적인 성격을 갖는 참여민주주의 (participatory democracy)를 추구하며, 인터넷과 새로운 정보통신기술을 이용하여 시민들이 상호접촉하고 조직화함으로써 변화를 갈망하는 자신들의 목적을 성취하고자 하는 것"이라고 설명한다.[12] 과연 인터넷의 확산이 시민의 정치참여를 확대시킬 수 있을 것인가?

아터튼은 전자민주주의가 대의민주주의를 대체하기보다는 단지 국민과 정치지도자 사이의 정보와 의사교환의 흐름을 촉진시키는 역할을 할 것이라 주장한다. 즉 그는 정보통신기술의 발달이 시민의 정치참여 수준에 근본적인 변화를 가져올 것이라는 주장에 대해 비판적인 견해를 견지한다.[13]

인터넷과 정치참여의 수준에 대한 현재까지의 연구는 인터넷의 확산이 일반 대중의 정치에 대한 관심과 참여를 혁신적으로 향상시키지는 못할 것으로 보고 있다.[14] 인터넷상에서 얻을 수 있는 정치관련 정보가 현

---

11) Richard Davis, *The Web of Politics*, pp. 147-148.
12) Thomas B. Riley, "The Riley Report," http://www.rileyis.com/ report/index. html (검색일: 2001년 12월 3일).
13) Christopher Arterton, *Teledemocracy: Can Technology Protect Democracy?* (Newbury Park, CA: SAGE Publications, 1987).
14) Richard Davis, *The Web of Politics*; 윤영민, 『사이버 공간의 정치』.

저하게 증가한 것은 사실이나, 이것이 대중의 정치에 관한 흥미와 지식을 혁신적으로 높일 것으로 보이지는 않는다. 어떤 측면에서 인터넷의 확산이 오히려 일반인들의 정치에 대한 지식의 수준을 떨어뜨릴 수도 있다. 인터넷 사용자들은 TV 저녁뉴스를 통해 정치관련 정보를 얻을 때보다 오히려 더욱 적은 정치정보에 접할 가능성이 높다. 왜냐하면, 인터넷 사용자들은 자신의 선호에 따라 선택적으로 정보를 제공받을 수 있기 때문이다.

네티즌들은, 인터넷의 협송전달 기술을 비롯한 검색기능, 여과기능, '즐겨찾기'를 이용하여, 자신들이 원하는 정보를 제공하는 특정 사이트에 곧바로 접속할 수 있는 까닭에 그들의 관심 밖의 사이트를 쉽게 외면할 수 있게 된다. 이러한 선택적 정보제공기술은 점점 더 많은 네티즌들이 정치적 이슈를 외면하기 쉬운 환경을 만들고 있으며, 자신들이 속한 집단의 문제나 이익에 대해 고민하기보다는 개인적인 관심사에만 집중하도록 만들고 있다.

인터넷이 정치참여에 별다른 영향을 미치지 못할 것이라는 또 다른 이유는 전자민주주의가 이상적인 시민의 정치참여를 전제로 하고 있다는 점이다. 이상적인 시민의 정치참여는 정치전반에 관련된 정보를 검색하고 습득할 뿐만 아니라 자신들의 의견을 표현하는 수단으로 인터넷을 적극적으로 활용하여야 한다. 이상적 시민은 전자게시판 및 이메일 등의 인터넷 기능을 이용하여 자신들의 의견을 명확히 표현하고, 나아가 공공정책에 실질적인 영향력을 행사하기 위해 온라인 집단행동에 참여한다. 그러나 그러한 이상적 시민은 사실상 찾아보기 힘든 것이 현실이다. 2001년 10월에 진행된 네티즌 대상 설문조사 결과를 보면, 주요 정당과 국회의원 홈페이지를 접속한 경험이 있는 네티즌들이 70%를 넘는 반면 이들 홈페이지의 게시판이나 토론방에 의견을 개진한 경험이 있는 네티즌은 6.9%에 불과하였다.[15]

인터넷이 정치에 관심이 없는 일반 대중의 정치참여를 자극하지 못한다면, 인터넷이 정치에 미치는 긍정적 효과는 무엇인가? 이미 정치에 관심이 있는 개인들이 수혜자가 될 것이다. 인터넷이 정치참여의 양적 증대를 꾀하는 데는 한계가 있으나, 정치참여의 질을 높이는 데는 상당한 효과를 가져올 수 있다. 윤영민은 인터넷을 통한 정치참여의 결과로 참여자의 수는 약간 증가하는 정도에 지나지 않지만 정치체계의 투입(input)은 훨씬 많아질 수 있으며, 정치체계에 대한 시민들로부터의 투입 증가는 시민권력의 강화를 수반하게 된다고 주장한다.[16]

그러나 인터넷이 정치 무관심층의 참여를 동원하는 역할을 수행하지 못할 때, 인터넷에 의한 정치참여는 이미 정치에 관심이 있는 유권자들에게만 혜택을 주게 될 수도 있다는 것이다. 즉 인터넷 정치참여는 이미 정치적으로 적극적인 중상류 계층의 목소리를 더욱 크게 해주는 결과를 가져올 수 있다.

2. 시민운동의 새로운 양상

인터넷 기술은 시민운동단체들에게 새로운 차원의 운동자원을 제공하고 있다. 시민운동단체들은 그들의 조직기반의 확대, 조직응집성의 강화, 운동조직 간의 연합활동에 인터넷 기술을 활용하고 있다. 이와 더불어, 인터넷의 확산은 시민운동단체들 간의 국제적 연대운동을 촉발하고 있다. 이에 따라 '지구적 시민사회'(global civil society)의 시대가 등장할 것으로 기대되고 있다.

---

15) 네티즌 1,000명을 대상으로 한 설문조사 결과 각 정당 홈페이지 방문 경험은 민주당 77.3%, 한나라당 76.9%, 자민련 89.6%이며, 국회의원 개인 홈페이지에 대한 방문경험은 71.1%로 나타났다. 김용호·윤성이·박동진·황종성, 『사이버 정치과정에 대한 신인도 조사』(서울: 정보통신부, 2002).
16) 윤영민, 『사이버 공간의 정치』, pp. 46-47.

(1) 새로운 시민운동 환경

인터넷 혁명은 우리 사회전반에 걸쳐 패러다임의 전환이라 할 만한 혁신적인 변화를 가져오고 있다. 기업은 말할 것도 없고 행정부, 정당, 이익집단, 언론 등 모든 집단들이 정보사회의 새로운 패러다임에 적응하기 위해 인터넷을 적극적으로 활용하고 있다. 시민운동분야도 이러한 변화의 물결에 결코 예외가 아니며, 다른 어떤 분야보다도 인터넷 혁명의 혜택을 많이 누릴 수 있을 것으로 기대된다. 시민운동의 성공은 자원동원 (resource mobilization)에 달려있으며, 특히 일반 대중의 지지동원은 필수적이다. 일반 대중과 접촉할 수 있는 수단이 한정된 산업사회에서 시민운동단체들은 이러한 지지동원의 많은 부분을 언론에 의존할 수밖에 없었다. 인터넷이라는 커뮤니케이션 수단이 등장하기 이전에는 언론매체를 통함으로써 비로소 다수의 대중들에게 자신들의 운동목적과 활동내용 등을 홍보할 수 있었으나, 이제는 인터넷 홈페이지를 이용하여 훨씬 용이하게 대중동원이 가능하게 되었다.

정보통신기술의 발달이 시민운동의 환경에 커다란 변화를 가져올 것이라는 주장은 무엇보다도 컴퓨터매개커뮤니케이션(CMC: computer-mediated communication)의 특성인 정보유통의 속도(speed)와 상호작용성(interactivity), 그리고 협송전달(narrow-casting)에서 비롯된다. CMC의 가장 중요한 특성 중 하나는 시간과 공간의 제약을 극복할 수 있다는 점이다. CMC는 정보생산자와 수요자의 물리적 위치에 상관없이 방대한 양의 정보를 빠른 시간에 전달할 수 있다. 전화, 팩스, 편지 등을 이용하던 시대에는 정보에 접근하거나 전달하는 데 많은 시간과 비용이 필요하였으며, 따라서 제한된 사람들만이 정보를 공유할 수 있었다. 그러나 인터넷 네트워크를 통한 정보전달은 비용과 속도에 별다른 제약을 받지 않으며 정보공유의 범위도 무한하다.

이러한 정보전달의 속도와 함께 정보통신기술이 시민운동 활성화에 기여하는 중요한 특성은 정보흐름의 쌍방향성이다. 과거에는 정보가 주

로 정부에서 국민으로, 정당이나 언론 등의 매개집단에서 개인으로 전달
되었으며 반대방향으로의 정보흐름은 매우 적었다. 그러나 정보통신기
술의 발달은 정보의 흐름을 雙方向으로 전환시킨다. 즉, 과거 대부분의
정보가 주로 정부·정당·언론에서 일반 시민으로 흐르던 것이 정보화시
대에는 일반 시민에서 정부나 정당으로 투입되는 정보의 양이 급격히 증
가하게 된다. 시민운동단체들도 예외가 아니다. 그들은 더 이상 언론에
대한 의존 없이 시민들과 직접 의사소통 할 수 있는 수단을 갖추게 된다.

쌍방향성과 더불어 CMC의 협송전달 능력도 시민운동 분야에 새로운
기회를 제공하는 중요한 특성이다. 기존의 이질적이고 익명이며 특성화
되지 않은 대중을 대상으로 하였던 방송(broadcasting)이 소수의 동질적
이며 특성화된 계층을 대상으로 하는 협송으로 전환됨으로써 필요한 정
보를 필요한 수요자에게만 전달할 수 있게 되었으며, 정보수요자도 자신
이 필요한 정보를 선별적으로 습득할 수 있게 되었다. 이러한 협송기술
은 리스트서버, 유즈넷, 뉴스그룹 등의 운영에 활용되어 비슷한 관심을
가진 개인들이 필요한 정보를 서로 교환하고 관련 주제에 관해 활발하게
토론할 수 있게 하였다.

이처럼 인터넷은 시민운동의 중요한 운동자원을 제공하고 있으며, 이
는 시민운동의 활동양상에도 많은 변화를 초래하고 있다. 예컨대, 과거
에는 볼 수 없던 사이버 공간을 중심으로 활동하는 시민운동단체가 등장
하였고, 특정 이슈를 지향하지 않고 시민운동단체들의 정보화 지원만을
목적으로 하는 단체도 대두하고 있다.

(2) 인터넷과 시민운동의 변화

현재 시민운동분야에서 가장 많이 활용되고 있는 인터넷 기술은 홈페
이지 운영, 전자우편 그리고 메일링리스트 서비스 등이다. WWW의 등장
과 확산으로 인해 시민운동 조직과 활동가들은 수천 개의 홈페이지를 만
들어 시민운동에 관련된 정보를 제공하고 있다. 웹페이지는 잘 포맷된

텍스트와 그래픽을 쉽게 전달할 수 있다는 점에서 과거의 전자통신 방식
보다 훨씬 많은 이점을 가지고 있다. 특히 하이퍼텍스트 링크 방식을 이
용하면, 단순히 클릭만 하면 수많은 다른 홈페이지와 연결되어 컴퓨터에
특별한 지식이 없는 개인들도 쉽게 많은 정보에 접근할 수 있다. 그러나
웹은 상호작용(interactivity)의 측면에서 일정한 한계를 가지고 있다. 웹
페이지는 대부분 작성자만이 정보를 갱신할 수 있으며, 상호작용성을 유
지하기 위해서는 대부분의 활동가들이 가진 컴퓨터 지식을 능가하는 기
술적 지식과 상당한 시간의 투입을 필요로 한다.

시민운동 활동가들이 가장 쉽게 활용할 수 있는 인터넷 기술은 전자우
편일 것이다. 활동가들은 시민운동과 관련된 메시지를 친구나 동료들에
게 전자우편으로 전달함으로써 수신자들의 관심과 참여를 유도할 수 있
다. 메시지 수신자들은 자신의 주변사람들에게 그 내용을 다시 전달(for-
warding)할 수도 있다. 이러한 전달방법을 이용하면 활동가들은 메시지
를 매우 짧은 시간 안에 수천 명의 지지자들과 공유할 수 있게 된다. 또
다른 방법은 메일링 리스트(mailing list) 서비스를 활용하는 것이다. 한
단체나 개인이 메일링리스트를 구축하고 관심있는 개인들이 메일링리스
트 서비스에 '구독'(subscribe) 신청을 하게 되면, 개인들은 관련 정보를
자동적으로 전자우편을 통해 받아보게 된다. 이러한 방법은 매우 효율적
이어서 활동가들이 물리적으로 만날 수 없는 수천 명의 다른 활동가들과
정보를 쉽게 공유할 수 있게 된다. 일단 정보가 메일링리스트 서비스를
통해 여러 개인 활동가들에게 전달되면, 이들은 전자우편을 이용하여 자
신들의 주변 사람들에게 같은 정보를 전달할 수 있게 된다. 또한 시민운
동 활동가를 대상으로 한 메일링리스트를 구축함으로써 이들 간에 운동
의 목표, 아젠다 및 전략에 대한 사이버 토론이 가능하다. 이 같은 활동은
굳이 특정 국가나 분야의 활동가에 한정하지 않고 지구적 시민사회
(global civil society) 차원에서도 가능하다.[17]

이러한 인터넷 기술의 활용은 시민운동분야에 있어 조직기반의 확대,
조직응집성(density) 강화, 운동조직 간의 연합 및 조정(coalitions and

coordination) 강화 등의 효과를 가져올 것으로 기대된다.

1) 조직기반의 확대

과거 시민운동조직들은 매스미디어를 통하여 자신들의 운동 목표와 주장을 일반 국민들에게 전달하였다. 시민운동조직들은 언론 보도를 통해 자신들의 주장과 목표를 비교적 저렴한 비용으로 많은 사람들에게 전달할 수 있었다. 그러나 언론의 관심을 끌기 위해 이들은 때로는 과격한 행동을 해야할 필요가 있었고, 언론보도가 이들의 주장을 왜곡하여 전달하는 경우도 있었다. CMC의 발달은 시민운동단체들이 일반 대중과 직접 접촉할 수 있는 기회를 확대시켰다. 시민운동단체들은 인터넷을 이용하여 주요 이슈에 대한 정책적 배경을 알릴 뿐만 아니라, 일반인에게 집회 시기 및 참가 방법 등을 알려줌으로써 지지여론을 쉽게 동원할 수 있다.[18] 또한 CMC를 활용함으로써 시간과 비용을 절감하고 조직의 유연성(flexibility)과 확장성을 높일 수 있다. 예컨대, 인터넷 토론방 및 전자게시판을 활용함으로써 시간적·지리적 제약을 넘어 회원들 간 다양한 의견을 공유할 수 있다. 특히 단일이슈집단의 경우, 짧은 기간 동안 자신들의 주장을 널리 알리고 전국에 흩어져 있는 지지자들을 동원할 수 있다. 또한 메일링리스트의 활용은 지지자들에 대한 정보전달을 용이하게 하는 효과뿐만 아니라, 시민운동단체 입장에서는 지지자 리스트를 확보함으로써 긴급한 동원이 필요할 경우 이를 활용할 수 있는 이점이 있다.[19]

요컨대, CMC를 이용하여 자신들의 활동을 홍보함으로써 운동참여자들에게는 정통성과 효율성을 유지할 수 있게 하며, 시민운동단체들은 방

---

17) David Resnick, "Politics on the Internet: The Normalization of Cyberspace," in Chris Toulouse and Timothy W. Luke (eds.), *The Politics of Cyberspace* (New York and London: Routledge, 1998), p. 64.

18) Richard Davis, *The Web of Politics*, p. 76.

19) Wayne Rash, Jr., *Politics on the Nets: Wiring the Political Process* (New York, New York: Freeman, 1997), p. 11.

관자들의 동조를 유인할 수 있다. 운동의 성공을 위해서 운동의 목표나 활동에 대한 심정적 지지를 확보하는 것은 매우 중요하다. 암묵적 지지의 확보 없이는 운동이 거대한 저항에 직면하기 쉽고, 자신들의 아젠다를 전달하기가 어렵다. 이러한 측면에서 인터넷은 시민운동단체들의 조직기반을 강화하고 확대하는 중요한 운동자원으로 등장하고 있다.

2) 운동의 응집성 강화

쌍방향 대화가 가능한 컴퓨터 네트워크는 운동의 응집성 강화에 커다란 기여를 하고 있다. CMC를 이용하면 조직의 응집성을 인위적으로 강화할 수 있다. 일반적으로 자신과 관심을 같이하고 문제의식을 공유하는 다수의 사람들을 찾는 경우, 대부분 지리적으로 가까운 지역에 거주하고 있는 사람들이 그 대상이 된다. 왜냐하면 지리적 거리는 회원들간의 커뮤니케이션 부재를 낳으며, 이는 회원들 간의 응집성 결여로 나타나기 때문이다. CMC를 이용하면 굳이 지지자들이 지리적으로 가까운 곳에 밀집하지 않아도 된다. 왜냐하면, CMC는 커뮤니케이션을 원활하게 함으로써 회원들 간 운동의 목표와 이상을 공유할 수 있도록 촉진하기 때문이다.

컴퓨터 네트워크를 이용할 경우 물리적인 거리와 상관없이 비슷한 관심과 문제의식을 가진 사람들과 항시 의견을 교환할 수 있으며, 이를 통해 집단 정체성을 형성할 수 있게 된다. 정체성의 확립과 강화는 이들이 시민운동에 보다 적극적으로 참여하도록 만든다. 이러한 현상은 현재 각종 컴퓨터통신이나 홈페이지에서 형성되어 있는 다양한 동호회 활동에서 잘 나타나고 있다. 또한 유즈넷이나 채팅룸도 특정 관심사를 공유한 집단들을 동원하는 데 활용되고 있다.[20] 정체성 강화와 더불어 컴퓨터 네트워크는 보다 직접적인 운동가들의 충원과 자금 조성에 있어서도 커다란 역할을 한다. 시민운동조직의 홈페이지를 통해 다양한 정보를 얻고, 다른 활동가들과 대화의 기회를 가짐으로써, 회원들은 새로운 동기부여

---

20) Richard Davis, *The Web of Politics*, p. 78.

의 기회를 갖게 되며 운동에 대한 일체감을 형성하게 된다. 그리고 이러한 일체감의 확립은 시민운동에 대한 회원들의 헌신 및 충성을 한층 제고시킨다.

3) 연대와 조화

인터넷으로 대표되는 새로운 커뮤니케이션 수단의 확산은 립슈쯔(Ronnie Lipschutz)가 말하는 '지구적 시민사회'(global civil society)의 등장을 가져왔다.[21] 컴퓨터 네트워크의 출현으로 전 세계의 다양한 집단과 개인 간의 연결이 가능하게 되었고, 세계적 수준에서의 공동 아젠다와 운동목표 개발도 가능하게 되었다.[22] 일반 시민의 경우도 별다른 노력이나 비용을 들이지 않고도 홈페이지에 접속하거나 메일링리스트 서비스를 구독함으로써 여러 시민운동단체에 동시에 가입하여 활동할 수 있다. 이로 인해, 시민운동 조직 간의 국내외적 연대가 더욱 용이해지고 있다.

또한 컴퓨터 네트워크라는 운동자원의 공유를 목표로 시민운동단체들 간의 연대 현상이 등장하고 있다. 과거 운동조직 간의 연대를 이끌어내는 연합조직의 형성은 환경, 인권, 여성, 평화 등 각 분야별로 이루어져 왔다. 그러나 정보사회에서는 각 분야가 지향하는 목적이나 이념의 차이에 상관없이 컴퓨터 네트워크라는 운동자원의 공유를 목적으로 하는 포괄적인 연합조직이 형성되고 있다. 과거 연합조직이 하나의 목표와 이데올로기를 실현하기 위해 형성되었다면, 정보사회에서는 운동자원(커뮤니케이션 수단)의 공유를 위해 구성되고 있다. 단일 목표를 위해 형성된

---

21) Ronnie Lipschutz, "Restructuring World Politics: The Emergence of Global Civil Society," *Millennium: Journal of International Studies* 21 (1992).

22) Peter J. Spiro, "New Global Communities: Nongovernmental Organizations in International Decision-Making Institutions," *The Washington Quarterly* 18 (1994), p. 47.

연합조직은 목표달성 후 해체되는 경향이 있지만, 운동자원 공유를 위한 연합조직은 지속적으로 유지된다.

운동자원 공유를 위한 연합조직의 대표적인 사례로는 진보통신연대 (APC: Association for Progressive Communications)가 있다. APC는 1990년 봄 IGC(Institute for Global Communications)와 영국의 Green-Net을 중심으로 스웨덴의 NordNet, 캐나다의 Web, 브라질의 AlterNex, 니카라과의 Nicaro, 호주의 Pegasus 등 7개 조직이 참여하여 결성되었다. 그리고 1999년 현재 미국, 유럽, 남미, 아프리카, 아시아 등 전 세계에 걸쳐 25개 회원 네트워크를 보유하고 있으며, 환경 · 평화 · 인권 등에 관련된 비정부기구들에 대해 정보통신 인프라, 하드웨어, 소프트웨어 등을 지원할 뿐만 아니라 각 단체들의 활동가를 대상으로 효율적인 시민운동을 위한 정보통신기술 활용법에 대한 교육을 지원하고 있다. 또한 APC 홈페이지(www.apc.org)에서는 Third World InterPress Service, Greenpeace News, UN 정보서비스(UN information service) 등 80개 이상의 뉴스 및 정보서비스가 제공되고 있다.[23] 이와 더불어, '국경 없는 행동'(Action Without Borders)은 '이상주의자'(Idealist)라는 자신의 홈페이지 (www.idealist.org)를 통해 전세계 NGO들의 협력공간을 제공하고 있다. 실제로, 1997년 말 홈페이지 '이상주의자'에 등록된 NGO수가 약 500개였던 것이 1999년 초에는 약 1만 6천 개로 증가하였다.[24]

---

23) Ronald J. Deibert, "Altered Worlds: Social Forces and in the Hypermedia Environment," in Cynthia J. Alexander and Leslie A. Pal (eds.), *Digital Democracy: Policy and Politics in the Wired World* (Toronto, Oxford, New York: Oxford University Press, 1998), p. 34.
24) 윤영민, "정보공간의 정치: 시민권력의 가능성과 한계," 정보사회학회 창립기념 학술심포지엄 (1999년 4월 9일), p. 61.

3. 온라인 시민운동의 성장과 특성

1970년대까지 인터넷은 네트워크상의 모든 접점(node)이 중앙통제센터의 지시 없이 자유롭게 디지털화된 정보를 주고받는 분산적 체제로 구성되었다. 그러나 1990년대에 이르러 사이버 공간의 지배적 성격이 정보공유의 공공적 성격에서 사적인 상업공간으로 변모되었다. 공공기관 사이트(예: .orgs 및 .govs)가 다수를 차지하던 사이버 공간은 이제 상업적 사이트(예: .com)와 소수의 거대 언론사이트가 네트상에서 소통되는 정보를 장악하기에 이르렀다. 이러한 사이버공간의 사유화에 대한 저항은 온라인 시민운동의 커다란 줄기를 이루었다.

(1) 온라인 시민운동의 성장

사이버 공간의 사유화에 대한 저항은 상이한 두 가지 성격의 시민운동을 통해 진행되었다. 첫 번째 집단은 컴퓨터 기술자들이었다. 이들은 사회적 커뮤니케이션 도구로서 인터넷을 활용하기 위한 다양한 프로그램을 개발하고, 사이버 공간의 민주적 질서를 위한 정책수립에 노력하였다. 또한 사이버 공간의 사유화에 저항하기 위하여 해킹 네트워크를 개발하였다.[25] 이들은 오픈 소스 운동(open-source movement)을 전개하면서 정보의 무료 배포, 소프트웨어 및 하드웨어 공유, 지적 재산권의 완화 등을 위해 활동하였다. 이들의 기본적인 신념은 정보는 무료로 소통되어야 하며, 기술이 이러한 정보 해방을 위해 활용되어야 한다는 것이었다. 이에 따라 이들은 국가와 기업 도메인과 같은 게이트 키퍼(gate-keepers) 없이 정보를 자유롭게 유통시키는 것을 자신들의 임무로 여겼다.

---

25) Peter Ludlow (ed.), *Crypto Anarchy, Cyberstates, and Pirate Utopias* (Boston: MIT Press, 2001).

두 번째는 사이버 공간의 공동체화를 목표로 활동한 집단들이다. 1970
년대 많은 공동체주의자들은 새로운 정보기술을 사회정의와 사회발전을
위해 활용하기 위해 노력하였다. 이들은 게시판(BBS) 기술을 개발하여
대중들의 접근이 가능한 사이버 공동체 구축에 노력하였다.[26] 1980년대
후반부터는 Geonet, Worknet, Fidonet, Econet, Greennet, Labornet, 그
리고 Peacenet 등과 같이 각국의 NGO 조직을 연결하는 네트워크가 구축
되면서, 노동·환경·평화 등의 각종 시민운동집단들이 서로 정보를 공
유하게 되었다. 1990년에는 이러한 네트워크들의 네트워크(network of
networks)를 지원하기 위한 목적으로 진보통신연대(APC)가 만들어져 많
은 시민운동 단체들이 저비용으로 정보서비스를 받을 수 있게 되었다.
이러한 지구적 네트워크 구축으로 인해 많은 시민운동들이 더 이상 지역
과 국가의 수준에 머물지 않고 세계적 수준에서 활동할 수 있게 되었다.

1) 인디미디어(Indymedia) 사례

지구적 네트워크 구축의 대표적인 사례로 인디미디어 사이트가 있다.
인디미디어는 미국과 유럽을 중심으로 하는 60여 개의 민간 온라인 언론
들이 모여 만든 웹사이트이다. 이 웹사이트는 1999년 시애틀의 WTO 회
의 개최 당시, 대규모 언론들이 WTO 체제에 관련된 모든 정보와 분석을
전적으로 장악하고 있음으로 해서 나타난 문제점들을 극복하기 위하여
만들어졌다.

다시 말해, 당시 반WTO 활동가들에게는 전통 언론과 같은 게이트 키
퍼를 우회하여 대중들에게 자신들의 정보와 분석을 직접 전달할 수 있
는 자율적 미디어의 필요성이 아주 절실하였다. 이러한 배경하에서 등
장한 단체가 IMC(Independent Media Center)이다. IMC가 설립됨으로

써, 세계화 물결의 문제점을 꾸준히 지적해 온 저널리스트들과 미디어 운동가들은 비로소 자신들이 만들어 낸 정보를 공유할 공간을 갖게 된 것이다.

IMC가 운영하는 웹사이트(Indymedia.org)를 통해 반세계화의 내용을 담은 비디오, 오디오, 텍스트, 그리고 사진들이 유통되었으며, 이러한 자료들은 반세계화 지지자들뿐만 아니라 각국의 언론과 저널리스트 그리고 학자들에게 효율적으로 배포될 수 있었다. 이로써 IMC는 공공영역(public sphere)의 사유화를 막을 수 있는 새로운 모델의 하나로 자리잡게 되었다. IMC는 기업, 국가, 언론 등의 지시를 거부하는 상대적으로 자율적인 대중 레짐(commons regime)의 성격을 지녔으며, 여기에는 자발적 참여자들이 무보수로 기술과 노동을 제공하고 있다.

2) 마켓플레이스(Market Place) 사례

1990년 4월 10일, 미국 로터스(Lotus)사는 마켓플레이스라는 프로그램 생산을 발표하였다. 이는 매킨토시 컴퓨터에 사용될 수 있는 고객관리 데이터베이스로 1억 2천만 명의 이름과 주소 그리고 소비성향 등에 관한 정보를 담고 있었다. 마켓플레이스 생산 발표 후, 개인 프라이버시에 관한 논란이 제기된 것은 당연한 일이었다. 마켓플레이스 생산에 대한 반대운동은 세일러(Larry Seiler)라는 개인에 의해 촉발되었다.

세일러는 마켓플레이스가 갖는 프라이버시 침해의 문제를 지적하는 글을 이메일과 유즈넷 그룹을 이용하여 배포하였으며, 이는 많은 네티즌들의 호응을 얻었다. 로터스(Lotus)사를 비난하는 많은 글들이 사이버 공간에 올라오게 되자, 월스트리트저널(Wall Street Journal)이 이 문제를 상세하게 다루고 되었고, 마켓플레이스 문제는 전국적인 주목을 받게 되었다. 로터스의 데이터베이스에서 자신들에 관한 정보를 삭제할 것을 요구하는 운동이 온라인상에서 진행되었으며, 3만 명이 넘는 시민들이 데이터베이스에서 자신들의 정보를 빼도록 요구하였다. 결국 1991년 1월 23일 로터스(Lotus)사는 마켓플레이스 생산 포기를 발표하게 된다. 이 사례는 온라인 시위에서는 한 개인이 대기업을 상대로 맞서 싸우는 것이 가능하다는 것을 보여주고 있다.

(2) 온라인 시위의 특성

우리는 위의 사례들을 통해 온라인 시위의 특성을 살펴볼 수 있다.

첫째, 사이버 공간에서는 매우 빠른 시간 안에 문제에 대한 심각성이 제기되며, 이러한 문제제기는 며칠 혹은 몇 시간 내에 눈덩이처럼 확산되어 전 사회의 주목을 받게 된다. 즉 공적 의제의 형성과정이 매우 빠르다는 점이다.

둘째, 마켓플레이스 사례는 온라인 공동체의 가능성과 영향력을 분명히 보여주고 있다. 온라인 공간에서는 뉴스그룹을 통해 자신들과 공통된 관심과 생각을 가진 집단을 쉽게 찾을 수 있다. 프라이버시 문제의 중요성을 공감하는 네티즌들이 토론하고 정보를 주고받는 공간이 마련되면서, 많은 네티즌들의 지지를 이끌어 낼 수 있었다.

셋째, 사이버 공간의 비계서적 구조는 개인들로 하여금 기존의 "제도화된 절차"(standard procedure)를 우회하여 상호 소통할 수 있는 기회를 제공하고 있다. 마켓플레이스 시위가 진행되는 동안 몇몇 사이트에서만 게시되었던 "세일러의 편지"(the Seiler letter)는 네티즌들의 퍼 나르기에 의해 급속도로 확산되었다. 이러한 아래로부터의(bottom-up) 정보전달을 통해 공유된 내용이 네티즌들의 토론을 이끌고 참가자들의 응집력을 만드는데 커다란 역할을 하였다. 사이버 공간을 통해 마켓플레이스의 문제점에 대해 인식한 네티즌들은 전통적인 계서적 구조를 우회하여 로터스(Lotus)사 CEO에게 직접 이메일을 보내 항의의 뜻을 전달할 수 있었다. 요컨대, 아래로부터의 정보전달은 기존의 게이트 키핑(gate-keeping) 구조를 약화시키면서 네티즌들이 자체적으로 정보를 전달하고 여론을 형성할 수 있는 기회를 제공하였다.

넷째, 마켓플레이스사례는 인터넷에서 얻은 정보의 신뢰성에 대한 문제를 야기하기도 하였다. 네티즌들 간에 자유롭게 소통된 정보 가운데는 정확성이 결여된 내용도 많이 나타났다. 이는 아래로부터의 정보전달 방식이 갖는 문제점이기도 하다. 전문성을 갖춘 특정 집단이 시위를 주도하여 위로부터의 (top-down) 정보전달 방식을 취할 경우 정보의 정확성과 신뢰성은 확보할 수 있는 반면, 네티즌들이 개별적으로 생성하고 퍼나르는 정보전달 방식에서는 신뢰성의 문제가 나타날 수도 있음을 시사한다 하겠다.

4. 온라인 시민운동의 유형

온라인 시민운동은 운동의 주도적 성격에 따라 ① 인식/주장(aware-ness/advocacy), ② 조직/동원(organization/mobilization), 그리고 ③ 행동/저항(action/reaction) 등 세 가지 유형으로 구분할 수 있다.[27]

우선 인식과 주장 부분은 이슈에 대한 정확한 정보전달을 목표로 한다. 언론 등 전통적 정보 채널들이 사회 기득권 집단에 의해 지배됨으로 인해 시민운동가들의 시각과 주장을 전달해 줄 대안적 정보채널의 존재가 절실하였다. 이들은 웹사이트나 이메일을 통해 기존의 주류 언론에 의해 보도되지 않거나, 축소 보도되거나 혹은 왜곡 보도되는 내용들을 대중들에게 정확하게 전달하는 데 중점을 두고 있다.

인식/주장 유형의 대표적 사례는 권위주의 국가에서의 반정부 운동에서 찾아 볼 수 있다. 인도네시아 문제를 다루는 아파까바르(apakabar, 새 소식) 리스트서버, BurmaNet, 그리고 China News Digest 등은 각 국가

---

27) Sandor Vegh, "Classifying Forms of Online Activism: The Case of Cyberprotests against the World Bank," in Martha McCaughey and Michael D. Ayers (eds.), *CYBERACTIVISM: Online Activism in Theory and Practice* (NY: Routledge, 2003), pp. 72-84.

내에서 소통이 금지된 정보들을 제공하고 있다. '온라인 로비'(online lobby) 역시 이 유형에 속하는 온라인 시민운동의 하나이다. 최근에는 개인과 집단을 대신하여 온라인 로비활동을 대신 해주는 단체가 생겨났으며, Free Burma Coalition과 같이 독재정권을 압박하는 로비활동을 주로 펼치는 조직도 있다.

조직/동원을 위한 온라인 시민운동은 대체로 세 가지 양상으로 전개된다. 첫째는 오프라인에서의 행동을 촉구하는 온라인 운동으로 최근 우리 사회에서 나타난 촛불시위와 같이 온라인 공간을 통해 시위 장소와 시간 그리고 방법을 홍보하면서 대중들의 참여를 유도하는 방식이다.

둘째는 이제까지 오프라인에서 진행되었던 운동을 온라인을 통해 보다 효율적으로 실천하는 방식이다. 예컨대, 시민운동 단체들이 의원들에게 전달하고자 하는 자신들의 주장을 담은 편지를 홈페이지에 공개해 두면, 이에 동조하는 시민들은 자신들이 직접 편지를 작성하는 노력을 기울이지 않고도 시민운동 단체가 작성한 내용 가운데 동의하는 부분만을 발췌하여 이메일을 작성하여 의원들에게 발송하는 방식이다.

셋째는 순전히 온라인상에서만 진행되는 운동으로 집단적 해킹과 스팸 메일 등 사이버 공격을 조직하여 대상 집단에게 타격을 주는 방식도 이루어지고 있다. 이러한 세 번째 방식은 행동/반응 분야의 온라인 시민운동에서도 주로 사용되고 있다.

행동과 저항의 수단으로 인터넷을 이용하는 시민운동은 주로 해커들에 의해 이루어지고 있다. 해킹을 이용한 저항방식인 핵티비즘(hactivism)의 가장 대표적인 사례로 멕시코 정부의 탄압에 저항하는 치아파스(Chiapas) 원주민들을 지지하는 사빠티스타(Zapatistas) 운동을 들 수 있다. 1994년 사빠티스타 운동에서 나타난 저항 방식의 하나로 온라인 공격이 있다. "전자적 시민 불복종 운동"을 주도하고 있는 EDT(Electronic Disturbance Theatre)는 멕시코와 미국 정부 그리고 멕시코시의 금융기관 등 사빠티스타 운동을 탄압하는 기관들의 웹 서버를 공격하여 다운시키기도 하였다.

핵티비즘의 또 다른 저항운동 수단으로써, 유사 웹사이트(fake web site)를 운영하는 방식이 있다. 반세계화 운동단체들은 1999년 WTO 시애틀 회의 공식 웹사이트(www.wtoseattle.org) 주소와 유사한 사이트 (www.seattlewto.org)를 개설하여 WTO 사이트에 접속하고자 하는 많은 네티즌들을 자신들의 사이트로 유인하여, 세계화의 허구성과 위험성을 홍보하였다.

5. 온라인 시민운동의 한계

전화나 우편 그리고 팩스와 같은 기존의 의사소통수단과 비교할 때 인터넷은 분명 많은 장점을 지니고 있다. 시민운동에 있어 필수적으로 요구되는 의사소통과 협력 그리고 동원에 있어 인터넷은 커다란 공헌을 하고 있다. 정확하면서도 새롭고 또한 상세한 정보는 분명 권력에 저항하는 시민운동 집단들의 커다란 무기이다. 인터넷은 정확한 정보를 신속하게 그리고 적절한 형태로 제공함으로써 지지자들을 동원할 수 있다. 그렇다고 인터넷이 결코 만병통치약이 될 수는 없다.

첫째, 이메일이 갖는 효과에 대한 의문이 제기된다. 과연 정부관료나 정책결정자들에게 보내는 이메일 항의서한이 얼마나 영향을 끼칠 수 있을 것인가에 대한 의문이다. 많은 경우 이메일 제목만을 보고 삭제하든지, 혹은 다량의 유사한 내용의 이메일이 올 경우 바로 쓰레기통으로 버리는 것이 일반적인 행태이다. 또한 한 사람이 타인의 이름으로 다량의 메일을 전송할 수도 있는 까닭에 정부관료 입장에서는 발신자의 정체에 대해서도 의문의 눈길을 보낼 수 있다.

무엇보다도 종이편지나 팩스와 달리, 이메일은 손에 잡히는 실체가 없어 수신자 입장에서는 별로 중요하게 여기지 않을 수도 있다. 실제로 국제사면위원회(Amnesty International)의 경우, 평소 활동에서는 인터넷을 적극적으로 활용하나, 정부관료나 핵심 인물을 접촉하는 중요한 순간에는 종이편지, 면대면 면담, 혹은 시위와 같이 정서적 교감이 발생할 수 있는 전통적 접촉방식을 택하고 있다.

둘째, 정보제공 수단으로 중요한 기능을 하는 웹사이트 역시 몇 가지 문제점을 갖고 있다. 국제사면위원회의 경우, 국가와 지역 등 다양한 수준과 분야에서 조직이 형성되어 있으며 이들은 각자의 웹사이트를 운영하고 있다. 대부분의 경우 이들 웹사이트는 개별 조직에 의해 독립적으로 운영되며, 따라서 제공하는 정보의 내용과 형태는 다양한 차이를 보인다. 따라서 무엇보다도 각각의 웹사이트가 보유한 정보의 질을 관리한다는 것은 현실적으로 거의 불가능하다.

이러한 분산적 웹사이트 운영이 가져올 수 있는 문제점은 개별 사이트에서 제공하는 정보가 시의성을 잃거나 부정확한 내용을 담고 있을 경우, 국제사면위원회 전체의 신뢰성에 심각한 해를 끼칠 수 있다는 점이다. 또한 대중동원에 있어서도 웹사이트가 매우 유용한 수단임에는 분명하나 이에 따른 문제점 역시 갖고 있다. 대중들의 참여를 동원하기 위해서는 자신들이 가진 정보를 충실히 공개할 필요가 있으나, 이러한 정보가 오히려 반대세력에 의해 역이용되거나 해커들의 공격대상이 될 수도 있다. 다시 말하면, 웹상에서 공개되는 문서나 홍보자료가 반대세력들에 의해 쉽게 변형되어 유포될 가능성이 있다는 점이다. 가령 시민운동 단체들이 많이 활용하는 '편지 보내기 운동'의 경우, 대부분 편지에 담겨야 할 내용들을 웹상에서 함께 제공하고 있다. 이 경우 반대세력들이 이 편지의 내용을 자신들에게 유리하게 변형시켜 배포할 위험성이 있다.

셋째, 온라인 시민운동이 지역적, 사회경제적 차이를 악화시킬 수도 있다. ICT(Information and Communication Technology)는 사회정치적, 경제적 혹은 역사적 상황과 분리되어 작동될 수 없으며, 사이버 공간 역시 권력관계로부터 자유롭지 못하다. 따라서 ICT는 한편으로는 세계화와 민주화의 전도사가 될 수도 있으나, 소수의 엘리트 계층만이 접근성과 혜택을 누릴 수 있고 다수의 대중은 접근성도 발언권도 갖지 못하는 결과를 가져올 수 있다.

　세계적으로 볼 때 인터넷은 선진 산업국가에 집중적으로 보급되어 있으며, 국내적으로도 사회경제적으로 소수의 기득권 계층이 그 혜택을 누리고 있다. UN 조사에 따르면, 선진산업사회는 세계인구의 15%를 구성하고 있지만 인터넷 사용인구의 88%를 차지하고 있다. 한편 세계인구의 80%는 아직 전화도 사용하지 못하고 있는 것이 현실이다.

　이러한 현실에 비추어 볼 때, 인터넷에서 제공하는 방대한 양의 정보에도 불구하고 이에 접근할 수 있는 집단은 제한되어 있으며, 따라서 정치적 토론의 질 역시 개선되기 어려운 실정이다. 결국 온라인 시민운동은 소수의 인터넷 사용자만이 참여 할 수 있으며, 이들의 주장과 이익이 표출될 수 있는 기회가 확대됨으로써 지역적 그리고 사회경제적 불평등이 더욱 악화되는 결과를 가져올 수 있다.

제8장

사이버공동체

1. 인터넷의 확산과 공동체

정보화의 진행은 시민공동체에 어떠한 변화를 가져올 것인가?

1910년대부터 1950년대 사이에 행해진 공동체 연구를 분석한 힐러리 (G. Hillery)에 의하면, 공동체란 "일정한 영역 내에서 하나 혹은 그 이상의 부가적인 공동의 유대를 통해 사회적으로 상호작용하는 사람들로 이루어진다"고 정의를 내린다.[1] 즉 공동체는 ① 지리적 영역 ② 사회적 상호작용 ③ 공동의 유대 등의 요소로 구성되는데, 힐러리는 세 요소들 가운데 지리적 영역을 공동체 개념에서 가장 기본적인 요소로 지적하였다.

그러나 정보사회로 접어들면서, 공동체의 형성과 활동에 있어서 더 이상 지리적 공간의 공유에 얽매일 필요가 없게 되었다. 새로운 정보통신 기술의 출현은 시간과 공간의 제약을 뛰어넘는 사이버공동체(cyber community)의 형성을 가능하게 하고 있기 때문이다. 사이버공동체란 "사이버 공간 안에서 충분한 수의 사람들이 풍부한 인간적 정서를 가지

---

1) G. Hillery, "Definitions of Community: Areas of Agreement," *Rural Sociology* 20 (1955).

고 오랜 기간 동안 상호작용하는 사회적 집합체"를 의미한다.[2] 즉 사이버공동체는 공통의 신념과 활동을 같이 하는 사람들이 마치 현실공간에서 만나는 것처럼 가상공간에서 이루는 새로운 형태의 집합체이다.[3]

지리적 영역을 공유하지 않는 사이버공동체 내에서도 구성원들 간의 상호유대는 유지될 수 있을까? 인터넷이 우리 사회의 공동체성을 강화할 수 있을 것인가에 대해서는 대체로 세 가지 입장이 있다. 첫째, 사이버 공간이 공공문제에 대한 시민들 간의 상호교류가 이루어지는 '공론의 장'으로 기능할 수 있다는 긍정적 입장이다. 둘째, 사이버 공간은 결코 현실공간을 대체할 수 없으며, 인터넷의 사용이 오히려 공동체적 성격을 파괴할 것으로 보는 부정적 입장이다. 세 번째 시각은 사이버공동체 자체만으로는 그 효과가 제한적이나, 사이버공동체가 현실공동체와 결합될 때 더욱 건강한 공동체를 만들어 낼 수 있다는 입장이다.

(1) 긍정적 시각

사이버공동체 주창자들은 사이버 공간이 시민들이 공통의 사안(common affairs)에 대해 진지하게 토론할 수 있는 "공공영역"(public sphere)[4]의 기능을 수행할 수 있을 것으로 본다. 이들은 인터넷이 새로운

---

2) Howard Rheingold, *The Virtual Community: Homesteading on the Electronic Frontier* (Addison-Wesley Publishing Company, 1993), p. 5.
3) Margaret McLaughlin, Kerry Osbrne and Christin Smith, "Standards of conduct on usenet," Steven Jones (ed.), *Cybersociety* (Thousand Oaks: Sage, 1995).
4) 하버마스에 따르면 "공공영역"(public sphere)이란 여론(public opinion)이 형성되는 사회생활의 영역을 의미한다. 그리고 올덴버그는 공공영역을 "제3의 장소"(third places), 즉 가정과 직장으로부터 떨어져 시민들이 다른 공동체 구성원들과 집단적 정체성(collective identity)을 만들어가는 중립적 영역이라고 표현하였다. Ray Oldenberg, *The Great Good Place: Cafes, Coffee Shops, Community Centers, Beauty Parlors, General Stores, Bars, Hangouts, and How They Get You Through the Day* (New York: Paragon House, 1989).

형태의 온라인 상호작용을 만들어 낼 것이며, 이는 오프라인의 관계를 더욱 강화시키며, 개인 생활에 긍정적 변화를 가져올 것으로 기대한다. 즉 인터넷은 공동의 관심사를 가진 사람들에게 시공간적 제약을 극복한 일종의 '만남의 장소'를 제공함으로써 그들의 공동체생활을 복구 혹은 강화하는 데 기여할 수 있을 것으로 본다.[5] 또한 온라인 커뮤니티는 공개적이고 민주적인 토의를 증진시킬 것이며, 다양한 시각을 허용할 것이며,[6] 집단행동의 동원을 용이하게 할 것으로[7] 기대한다. 또한 이들은 사이버 공간에서 형성된 대부분의 관계들이 현실공간에서도 지속될 것이며, 이는 온라인과 오프라인의 상호교류가 혼합되는 새로운 형태의 공동체를 만들어 낼 것으로 본다.[8]

이러한 긍적적 견해는 컴퓨터매개커뮤니케이션(CMC: computer-mediated communication)의 특성에 근거한다. 우선 CMC는 '익명성'을 특성으로 한다. 익명성은 참여자들을 사회적 위계질서(성, 인종, 신분, 나이, 외모 등)로부터 벗어날 수 있게 한다. 이러한 특성은, 현실공간의 수직적이며 권위주의적 커뮤니케이션 양상과는 달리, 사이버 공간을 수평

5) N. K. Baym, "Interpreting Soap Operas and Creating Community: Inside and Electronic Fan Culture," in S. Kiesler (ed.), *Culture of the Internet* (Mahweh, NJ: Lawrence Erlbaum, 1997); L. S. Sproull and S. B. Kiesler, *Connections: New Ways of Working in the Networked Organization* (Cambridge, MA: MIT Press, 1991); B. Wellman, "Physical Place and Cyber Place: The Rise of Personalized Networking," *International Journal of Urban and Regional Research* 25 (2001).

6) M. Kapor, "Where is the Digital Highway really Heading?" *Wired* (July/August, 1993).

7) E. Schwartz, *Netactivism: How Citizens Use the Internet* (Sebastopol, CA: Songline Studies, 1996); S. Tarrow, "Fishnets, Internets and Catnet: Globalization and Transnational Collective Action," in M. Hanagan, L. Moch, and W. TeBrake (eds.), *The Past and Future of Collective Action* (Minneapolis: University of Minnesota Press, 1999).

8) Howard Rheingold, *The Virtual Community: Homesteading on the Electronic Frontier* (Reading, MA: Addison-Wesley, 1993).

적이며 자유로운 커뮤니케이션의 장으로 만든다. 한편 CMC가 갖는 '비동시성'(asynchronous)의 특성은 숙의(deliberation) 과정을 촉진시킬 것으로 본다. 왜냐하면 시간대의 차이와 개인적 일정의 문제를 극복하여 참여자들 간의 대화를 가능하게 하며, 또한 공통의 사안에 대해 생각하고 고민할 수 있는 충분한 시간을 허용하기 때문이다.

사이버 공간의 '익명성'과 '비동시성'으로 인해, 시민들은 사이버 공간을 통해 정치적 현안이나 공공문제에 관해 다양한 표현 · 시각 · 해석 등을 접하게 되고, 정치적 흥미를 느낄 수 있는 기회를 갖게 되며, 정치적 현안이나 공공문제에 대한 자신의 입장을 스스로 발전시킬 계기를 갖게 된다.[9] 요컨대, 인터넷 공간에서도 참여자들의 능동적인 자기표현과 숙고의 과정이 발생할 수 있으며, 그 결과 사이버공동체는 '공론의 장'으로 기능할 수 있다는 것이다.

(2) 부정적 시각

사이버공동체에 대한 비관론자들은 사이버공동체의 '사사화'(私事化) 혹은 '사인화'(私人化)를 우려한다.[10] 즉 사이버공동체가 현실공간의 공동체와 같은 수준의 조직에 대한 일체감이나 책임감을 만들어내지는 못할 것이며, 오히려 사이버 공간이 확장됨에 따라 개인은 더욱 고립되어 사회적 파편화(fragmentation) 현상은 가속될 것이라는 우려이다. 푸트남(Robert Putnam)은 그의 논문 "The Strange Disappearance of Civic America"에서 TV의 등장이 건강한 공동체의 핵심적 요소를 구성해 왔던 사회적 자본(social capital), 즉 사회적 네트워크(social net-

---

9) 윤영민, 『사이버 공간의 정치』(서울: 한양대학교 출판부, 2000), p. 45.
10) 이원태, "사이버공동체와 한국사회," 『계간 사상』(2003년 여름), p. 158; 황주성 (외),『사이버문화 및 사이버공동체 활성화 정책방안 연구』(서울: 정보통신정책연구원, 2002), p. 44.

works), 신뢰(trust), 상호호혜(norm of reciprocity)의 감소를 가져왔다고 지적하였다.[11] 나아가 푸트남은 정보통신기술의 발달이 사회적 자본의 감소 상황을 더욱 가속화시킬 것으로 예측했다. 그는 새로운 정보통신기술이 우리 생활을 더욱 개인화(privatizing)시킬 것으로 본다. 즉 인터넷의 확산이 다른 지역 혹은 다른 국가에 거주하는 사람들과는 더 가까운 관계를 유지할 수 있게 할지는 몰라도, 정작 길 건너 사는 이웃과의 유대는 더욱 약화시킬 수 있다는 점을 우려한다.[12]

온라인 상호접촉은 본질적으로 면대면 혹은 전화 접촉보다 열등한 수준이기 때문에, 인터넷이 사람들로 하여금 진정한 공동체로부터 멀어지도록 한다는 것이 이들의 주장이다. 이들은 온라인 연대는 오프라인 연대와 같은 다층적 친밀감을 조성할 수 없으며 감정적 지지와 같은 무형적 자원뿐만 아니라 물질적 지원과 같은 유형적 자원을 제공하는 데 한계가 있다고 본다. 또한 이들은 하루 24시간 가운데 온라인상에서 보내는 시간이 많아질수록 다른 활동들은 자연히 줄어들 수밖에 없다고 본다. 크라우트(R. Kraut) 등은 인터넷 사용자들을 대상으로 한 조사에서 인터넷 사용이 증가할수록 오프라인의 사회적 접촉은 감소하게 되며 우울함과 외로움의 감정이 증가한다는 사실을 밝혔다.[13] 또 다른 연구에서도 비록 인터넷이 약한 온라인 유대를 만들어내기는 하나, 온라인 접촉이 만들어내는 유대감보다 훨씬 강한 유대감을 창출하는 오프라인 상호접촉을 감소시킨다고 주장한다.[14]

인터넷의 확산은 학문공동체에도 변화를 가져온다. 앨스타인과 브린

11) Robert Putnam, "The Strange Disappearance of Civic America," *The America Prospect*, No. 24 (Winter 1996).
12) Russ Edgerton, "Bowling Alone: An Interview with Robert Putnam About America's Collapsing Civic Life," *AAHE Bulletin* (September 1995).
13) R. Kraut, Lundmark V. Patterson, S. Kiesler, T. Mukopadhyaym, and W. Scherlis, "Internet Paradox: A Social Technology that Reduces Social Involvement and Psychological Well-being?" *American Psychologist* 53:9 (1998).

올프슨(Alstyne & Brynjolfsson)은 정보통신기술의 발달이 학문 공동체 내에서도 발칸화 현상을 초래한다고 주장한다.[15] 정보통신기술의 발달로 지리적 한계를 극복함에 따라 학문공동체도 내부적 다양성과 이질성을 지닌 공동체는 점차 약화되고, 전문분야·관심·이념 등을 공유하는 동질적인 이슈공동체가 더욱 강화될 것이라는 전망이다. 사이버 공간을 통한 정보유통이 확장됨에 따라 학자들은 연구자료의 범람과 제한된 시간과 관심이라는 딜레마에 직면하게 된다. 따라서 연구자들은 그들의 지리적 위치와는 상관없이 인터넷을 통해 자신들이 흥미를 느끼는 논문과 연구자들에게만 집중적인 관심을 보이게 되며, 이는 자연스럽게 배타적인 학문적 공동체를 구성하는 결과를 가져오게 된다. 지리적 발칸화가 학자들을 자신들이 위치하고 있는 물리적 공간에서 단절시켰다면, 전자적 발칸화는 연구주제 공간(topic space)에서 학자들 간의 단절을 가져오고 있다. 정보의 범람 속에서 옥석을 구분하기 위한 자료 검색과 자료 여과(filtering) 기술이 발달하고 정보통신기술을 이용한 원거리 공동연구가 증가함에 따라 학문의 발칸화는 더욱 가속될 것이다.

비관론자들은 사이버 공간이 '공론의 장'으로 기능하기에는 많은 한계가 있다고 주장한다. 인터넷은 시민들이 현실공간에서 만나 결론에 이를 때까지 토론하고 문제를 해결하는 것과 같은 "사려 깊은 상호작용"(thoughtful interaction)을 만들어 내지 못하고 있다는 것이다.[16] 즉 시민들이 정치적 이슈를 토론하는 데 인터넷을 이용할 수도 있으나, 다음과 같은 문제점 때문에 전자적 환경이 숙의 과정을 활성화시키지 못한다는

14) R. Kraut, T. Mukopadhyay, J. Szezypula, S. Kiesler, and W. Scherlis, "Communication and Information: Alternative Uses of the Internet in Households," *Proceedings of the CHI 98* (New York: ACM, 1998).
15) Maeshall Van Alstyne and Erik Brynjolfsson, "Widening Access and Narrowing Focus: Could Internet Balkanize Science?" *Science* 274 (November, 1997), p. .29.
16) Richard Davis, *The Web of Politics: The Internet's Impact on the American Political System* (New York: Oxford University Press, 1999), p. 177.

〈그림 8-1〉 학문공동체의 발칸화

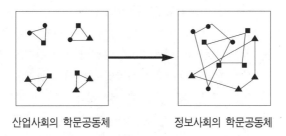

산업사회의 학문공동체   정보사회의 학문공동체

출처: Maeshall Van Alstyne and Erik Brynjolfsson, "Widening Access and Narrowing Focus: Could Internet Balkanize Science?" *Science* 274 (November 1997), p. 1.

것이다.

우선 인터넷의 빠른 속도는 거짓된 정보의 확산을 용이하게 만들며, 이는 전자적 공론장의 형성을 어렵게 한다.[17] 더불어, 빠른 속도로 인해 사이버 공간에서의 토의는 사안에 대한 신중한 생각 및 고려의 과정을 생략한 채 즉각적으로 진행되기 쉬우며, 이는 종종 대화의 흐름을 공격적으로 변질시킨다. 또한 참여자들은 다른 사람들의 의견을 듣기보다는 자신의 주장을 표출하는 데 더 몰두하게 되는 것이 사이버 토론장의 일반적인 분위기이다. 수 많은 목소리가 사이버 상에 표출되고 있으나, 그 모든 주장을 들어줄 수 있는 사람은 거의 없다. 사이버 공간이 공적 영역으로 기능하기 위해서는 시민들은 서로의 생각을 들어주고 이성적으로 대화하는 것이 필요하다. 이러한 측면에서, 현재의 사이버 공간은 결코 가상공동체가 아닌 고립된 개인들의 집합일 뿐이다. 시민들이 고립되면 될수록 이들은 자신만의 판단에 의존하기가 쉽다.

온라인 공공토론에 관한 또 다른 우려는 허쉬만(Albert O. Hirschman)

17) Beth Simone Noveck, "Paradoxical Partners: Electronic Communication and Electronic Democracy," in Peter Ferdinand (ed.), *The Internet, Democracy and Democratization* (London · Portland, OR: Frank Cass., 2000.), p. 32.

이 제기한 '발언' (voice)과 '탈퇴' (exit)의 갈등에서 찾을 수 있다. 군대
나 권위주의국가와 같은 고도로 강압적인 조직을 제외하고는 개인들은
자신들이 속한 집단에 만족하지 못할 때, 대체로 두 가지 전략 즉, '발언'
과 '탈퇴' 가운데 하나를 선택하게 된다. 자신이 속한 집단에 대한 불만
을 제기하고 그것을 개선하기보다는 차라리 집단과의 관계를 끊는 편이
쉽다고 생각할 경우, 개인들은 '탈퇴'를 선택하게 된다. 이와는 달리, 자
신이 속한 집단에 대한 영향력 행사가 가능하다고 믿고 비록 집단이 일
시적으로 잘못된 방향으로 나아가더라도 다시 옳은 방향으로 되돌아 올
수 있다는 믿음이 있을 경우, 개인들은 '발언'을 선택하게 된다. 개인들
은 이 두 가지 전략 가운데 대체로 가장 저항이 적은 편을 선택하게 된다.
예를 들어, 민주적인 국가를 탈퇴하는 방법은 이민을 가는 것이다. 그러
나 헌법에 의해 표현의 자유가 철저히 보장되어 있다면 시민들은 탈퇴보
다는 발언의 방법을 선택할 것이다. 인터넷상에서는 '탈퇴'가 '발언'을
압도하는 경향이 강한데, 이는 인터넷상에서 새로운 집단을 만드는 것은
매우 쉬우나, 기존 집단을 지배하고 있는 규범(norms)을 바꾸는 것은 매
우 어렵기 때문이다.[18] 이처럼 사이버 공간에서 나타나는 잦은 '탈퇴'는
공동체의 파편화 현상을 초래할 것이며, 결과적으로 사이버공동체가 사
회적 자본 즉, 사회적 네트워크와 신뢰 그리고 상호호혜를 창출할 수 있
는 가능성은 더욱 줄어들 것이다.

(3) 상호보완적 시각

앞서 두 견해가 인터넷이 사람들의 상호접촉 형태에 급격한 영향력을
미칠 것이라고 보는 것과는 달리, 세 번째 견해는 인터넷이 공동체에 미

---

18) Albert O. Hirschman, *Exit, Voice, and Loyalty: Responses to Decline in Firms,
Organizations, and States (Cambridge, MA: Harvard University Press. 1970), pp.
77-78.

치는 효과를 제한적으로 보고 있다. 이 견해에 따르면, 인터넷은 새로운 유대(ties)를 만들어 내기보다는 기존의 유대를 유지하는 데 보다 효과적일 것으로 본다.[19] 즉 사회적, 정치적 문제에 관심이 없는 상태에서 온라인 활동 자체만으로 새로운 정치적 관심이나 참여를 이끌어 낼 수 없을 것으로 본다. 따라서 인터넷 사용수준은 오프라인 활동과 상관관계가 있으며, 인터넷의 사회적 자본에 대한 긍정적 효과는 온라인 활동이 오프라인에서의 상호교류를 촉진시키는 간접적인 효과 때문인 것으로 본다. 실제로, 'National Geographic Society' 웹사이트 방문자 3만 9,211명을 대상으로 한 실증적 연구에 의하면, 인터넷은 현존하는 면대면 그리고 전화접촉의 수준을 확장하는 차원에서 사회적 자본을 증가시키는 효과를 가진 것으로 나타났다.[20]

상호보완적 시각을 견지하는 학자들은 가상공동체에서 나타나기 쉬운 '빈약한 책임의식' 및 '공동체의 파편화' 문제는 오프라인에서의 공동체 활동을 통해 해결될 수 있을 것으로 본다. 즉 정보통신망이 면대면 네트워크에 의해 보완될 경우, 공동체 구성원 간의 대화와 숙의가 촉진되며, 사회적 자본을 구성하는 신뢰 · 상호호혜 · 연결성(connectedness)이 증대될 수 있다는 것이다.[21] 이와 비슷한 맥락에서, 라인골드(Howard Rheingold)는 전자적 네트워크가 현실과 분리된 세계가 아닌 "현실세계를 지원하는 신경체계"(nervous systems for the physical world)로 이해되어야 한다고 주장한다. 면대면 만남은 관계의 공고화와 세계관의 공유

19) E. Koku, N. Nazer, and B. Wellman, "Netting Scholars: Online and Offline," *American Behavioral Scientist* 44:10 (2001).

20) Barry Wellman, Anabel Quan Haase, James Witte, and Keith Hampton, "Does the Internet Increase Decrease, or Supplement Social Capital?" *American Behavioral Scientist* 45:3 (2001).

21) Scott London, "Civic Networks: Building Community on the Net." Paper prepared for the Kettering Foundation, March 1997. http://www.scottlondon.com/reports/networks.html.

를 위해 필수불가결한 요소이며 인터넷은 이러한 만남을 보완하는 데서 그 가치를 찾아야 한다는 것이다. 즉, 그는 가장 이상적인 사이버공동체는 현실공동체(real community)의 연장이라고 보고 있다.[22] 후쿠야마 (Francis Fukuyama) 역시 정보통신기술의 강점은 새로운 공동체를 만드는 데 있는 것이 아니라, 이미 존재하는 사회적 네트워크를 강화하는 데서 찾을 수 있다고 주장한다.[23] RAND 연구소의 보고서도 역시 이러한 점을 재확인하고 있다. 미국의 지역공동체 네트워크(local community networks) 현황을 분석한 이 보고서는 지역공동체 네트워크는 "개인간의 상호관계, 지역공동체의 구축, 그리고 사회적 통합을 지원하는 기능을 한다"라고 밝히고 있다.[24] 즉 이미 존재하고 있는 사회적 네트워크와 접합되었을 경우, 정보통신망은 사회적 자본을 증진시키는 기능을 할 수 있다는 것이다.

한국의 사이버공동체를 연구한 이원태는 한국사회의 사이버공동체는 공동체주의와 개인주의가 혼재된 양상을 보여주고 있으며, 따라서 구성원들의 선택과 행위에 따라 사이버공동체가 개인주의를 강화시킬 수도 있고 반대로 공동체성을 강화시킬 수도 있다고 결론짓는다. 또한 그는 사이버공동체를 게마인샤프트적(Gemeinshaft, 공동사회) 요소와 게젤샤프트적(Gesellshaft, 이익사회) 요소가 동시에 작용하는 공간으로 이해할 때 비로소 공동체성과 개인성의 조화와 균형이 실현되는 사이버공동체의 가능성을 모색할 수 있다고 보았다.[25]

전자민주주의 구현에 순기능적 역할을 할 수 있는 사이버공동체의 모

22) Howard Rheingold, Ibid., pp. 7-8.
23) Francis Fukuyama, "Now Listen, Net Freaks, It's not Who You Know, But Who You Trust," Forbes 156:3 (December 1995).
24) R. H. Anderson, Tora K. Bikson, Sally Ann Law, and Bridger M. Mitchell, Universal Access to E-Mail: Feasibility and Societal Implications (Santa Monica, CA: RAND Corporation, 1995).
25) 이원태, "사이버공동체와 한국사회," p. 178.

형은 상호보완적 시각에서 출발할 수 있을 것이다. 사이버 공간이 새로운 공론의 장으로 형성될 수 있는 가능성은 분명하나, 비관론자들이 주장하는 파편화 현상, 그리고 '탈퇴'가 '발언'을 압도할 것이라는 우려 역시 충분히 관찰되고 있다. 따라서 사이버공동체가 지닐 수 있는 한계를 최소화하면서도 시민들의 정치적 참여를 확대할 수 있는 형태는 지역(혹은 현실공동체)을 기반으로 하는 사이버공동체일 것이다.

2. 한국의 사이버공동체: 강남구청의 사례

현실 세계에 바탕을 둔 사이버공동체의 대표적인 형태로는 정부차원의 지역공동체와 주거차원의 생활공동체이다.[26] 지역공동체는 정부차원에서 운영하는 지역정보망을 기반으로 하는 것이다. 지역정보망은 도시 전역을 대상으로 지방정부가 운영하거나 지원하는 형태의 정보망이다. 지역공동체의 형성목적은 지역간 정보격차를 해소하여 지역균형발전을 지향하고 지역의 경쟁력을 강화하기 위한 것이다. 그리고 수준 높은 정보문화 환경을 조성하여 지역주민의 삶의 질을 향상시키기 위한 것이다. 또한 행정능률을 높이고 대민 서비스를 획기적으로 개선하기 위한 목적을 지니고 있다. 이러한 목적을 달성하기 위해 실행하고 있는 지역공동체의 기능으로는 고도의 정보기술을 이용하여 행정정보를 공개하고 민원행정서비스를 제공하는 것이다. 그리고 지역적으로 산재한 행정, 관광, 의료, 교육 등과 관련된 기관들과 연계하여 주민들이 원하는 지역정보를 제공하고 있으며, 주민들이 제시한 의견이나 문의에 대해 답변을 제시하는 것도 중요한 기능 가운데 하나이다.[27]

---

26) 손연기 · 한세억, "지역공동체의 변화 전망," 『정보화정책』제4권 2호 (1997), p. 2.
27) 강대기, "정보화와 공동체의 변화: 지역공동체와 가상공동체," 『정보사회의 이해』

(1) 사이버공동체 구성

강남구청은 1995년 관내 LAN망 설치를 기점으로 정보화를 추진하기 시작하여 1997년도에 구청 홈페이지를 개설하였다. 홈페이지 개설과 함께 전산정보과를 신설하여 홈페이지 및 정보화를 전담하는 부서를 마련하였다. 이후 동별, 구의회, 보건소에까지 LAN망을 구축하여 홈페이지에 링크해 놓고 있다. 2001년도에는 강남종합정보화 사업을 구축하여 행정 포탈사이트를 구축하였다. 이러한 정보화 추진 결과, 강남구청은 2000년 전국자치단체 정보화수준 총괄부분에서 1위를 하였고, 한국능률협회 자치경영혁신 전국대회에서 최우수상을 획득하였다.

강남구청 홈페이지는 크게 '우리 구 정보', '사이버 민원실', '생활편의 서비스', '사이버 주민자치', 'My강남', '강남 커뮤니티' 등으로 구

〈표 8-1〉 강남구청 홈페이지 특성

비교 기준		강남구청
형성 시기		1997년.
사이트 형태		포털화ー "강남 포털사이트"라 칭함(다양한 내용구성).
주민 참여방법 (실제 글게시를 위한 참여)		회원 등록(비회원은 조건적 참여가능).
		게시된 글을 열람하기 위한 참여의 제한이 전혀 없음.
기능		정보제공/민원업무/주민의견 수렴.
관심주제		지역 내 공공문제ー주로 불편사항을 해결하기 위한 공공문제.
상호 작용성	주민 간 상호작용성	주민 간 상호작용이 거의 이루어지지 않고 있음. '정책제안&토론'에서는 메인글에 대한 일방적인 의견게시.
	주민과 담당자 간 상호작용성	'구청장에게 바란다' 코너에서는 주민의 의견에 대한 성실한 답변게시.

(서울: 나남, 1999), p. 167.

성되어져 있다. 홈페이지는 강남구 내 생활 전반의 정보를 제공하고 있고, 구청장에게 주민의 의견을 직접 게시할 수 있는 코너를 '우리 구 정보'에서 제공하고 있다. '사이버 주민자치'는 '정책제안 & 토론'과 '설문/투표'란을 두어 구 행정업무에 대한 주민들의 의견을 듣고자 하는 공간이다. 그리고 주민들의 의견에 대한 구청측의 입장을 제시하는 '부서의견보기,' 현실공간에의 반영여부를 공개하는 '정책평가' 및 '정책시행,' 그리고 지난 행정업무에 대해 살펴 볼 수 있는 '정책자료' 실을 마련해 두고 있다.

(2) 공공토론과 주민참여

다양한 메뉴를 지니고 있는 강남구청 홈페이지에서 주민들이 공공문제를 주제로 직접 참여할 수 있는 공간은 '우리 구 정보' 내의 '구청장에게 바란다' 코너와, '사이버 주민자치'의 '정책제안 & 토론'과 '투표/설문,' 그리고 '강남커뮤니티'의 '주민자유토론방'이다. 사이버 주민자치의 '정책제안 & 토론'은 주민들이 토론의견을 제시하나, 관리자에 의해 실제 토론 가능한 제안이 선정되어, 최종적으로 주민들의 의견을 듣는 공간으로 관리자의 개입이 있다. 반면 '구청장에게 바란다'와 '주민자유토론방'은 관리자의 중간개입 없이 주민들이 자유롭게 자신들의 의견을 개진하고 있다.

강남구청 홈페이지 하루평균 참여인원은 7,500명 정도인데, 메뉴별로 구성원의 참여도 차이가 크다. '주민자유토론방'과 '구청장에게 바란다'와 같이 주제를 정하지 않은 공간은 하루평균 6~10개의 글이 게시되어 많은 참여를 보이고 있다. 2002년 8월과 9월 동안 '주민자유토론방'에는 347개의 게시글과 35개의 댓글이 있어 총 382개의 게시글이 있다. '구청장에게 바란다' 코너에는 9월 한 달 동안만 315개의 게시글과 262개의 댓글이 있어 모두 577개의 글이 게시되어 있다. 반면 사이버 주민자치의 '정책제안 & 토론' 공간과 같이 특정한 주제와 시기를 정해 놓은 공간은 참여도가 저조하다. 8월~9월 동안 진행된 '정책제안 & 토론' 26개 중에서 "강남역 교통체증 유발 요인 중 하나는"과[28] "보도블럭 공사건"에[29]대한 정책제안을 제외하고는 참여수가 100회가 채 되지 않는다.[30]

강남구청에서 상호작용 할 수 있는 공간은 '주민자유토론방', '구청장에게 바란다', '정책제안 & 토론'이 있다. 먼저 '주민자유토론방'은 강남구청 포탈사이트 이용자들의 건전한 대화를 자유롭게 나눌 수 있는 공간으로, 주민 참여의 폭을 넓히기 위하여 개설한 공간이다. 8월과 9월 동안 이 공간에는 382개의 글이 게시되어 있고, 이 중에서 347개의 게시 글과 35개의 댓글이 있다. 댓글의 수만 보더라도 '주민자유토론방' 공간에서는 주민들간 상호작용이 발생하지 않음을 알 수 있다. 이 공간에 게시된 글 중에 단지 12개의 게시 글만이 공공의 문제를 주제로 다루고 있다.

구체적으로 살펴보면, 쓰레기 종량제에 대한 문제 2건, 불법주차점검, 쓰레기통 설치요구, 구청의 구조조정실시요구, 강남지역 재산세 관련 허위보도에 관한 불만사항 2건, 강남성모병원 연행과정의 불합리성에 대한 고발, 강남포드자동차 서비스횡포에 대한 불만, 불법개조아파트 및 학교

---

28) 8월 16일부터 9월 16일간 정책제안에 참여한 인구는 찬성 332명, 반대 73명으로 총 405명이 참여하였으며, 총 조회수는 1,291회이다.

29) 9월 5일부터 10월 3일까지 한 달 가량 찬반 투표에 참여한 인원은 찬성에 186명, 반대에 17명으로 총 203명이 실제 투표에 참여한 반면, 조회수는 600회를 넘고 있다.

30) 8월과 9월 동안 진행되었던 정책제안&토론은 "도시환경개선(36/6)," "최근 강남아파트값 상승관련..(27/30)," "재활용쓰레기 분리 수거(38/3)," "구청장/부구청장 판공비 내역 공개(63/7)," "양재천샛길 배재임(46/4)," "강남역 교통체증 유발요인 중 하나는..(332/73)," "양재천 경남 아파트앞 발지압 코스..(34/9)," "맨홀 뚜껑에 대한 관리(45/47)," "도로안내 표지판 개선..(8/30)," "양재대로 공원화(20/4)," "2단계 횡단보도 문제없는지?(43/17)," "한티 근린공원의 조명을 더욱 밝게(41/5)," "강남구에는 전통한옥 마당이 없다(42/15)," "보도블럭 공사건에 대하여(186/17)," "관세청사거리 신호관리(1/0)," "삼성동/청담동 부근에서 강남역까지 대중교통로개선(1/0)" 등 16개가 제시되었다. 이 중에서 "강남역 교통체증 유발 요인 중 하나는.."과 "보도블럭 공사건에 대하여"라는 토론안에 대해서만 100회 이상의 토론참여가 이루어졌을 뿐이다. *(찬성/반대) 투표와 의견제시 수.

〈표 8-2〉 강남구청 자유토론방 분석내용

비교 기준	강남구청 '자유토론방'
조사기간	2002년 8월~9월.
총 게시 글(메인글/댓글)	382(347/35), 하루평균(11/1).
관심 주제	일방적인 의견게시, 불만사항 토로, 퍼온 글 게시 등.
주민 참여방법	회원원칙(비회원: e-mail등록 후 이용가능).
관리/담당자의 참여방법 및 참여정도	"관리자"라는 공식명 사용. 8월에는 5번, 9월에는 8번 참여.

앞 아파트 건설에 대한 반대, 학교주변 환경개선 촉구 등이다. 12개의 공공문제에 대해 16개의 댓글이 실려 있지만, 대부분 하나 이상의 댓글을 지니고 있지 못하고, 내용이 없는 댓글도 존재한다. 이 외의 댓글을 보유한 게시 글은 홈페이지를 이용해 얻은 마일리지를 통한 핸드폰 요금 감면 문의와 답변 글 14개가 있다. 30건의 글을 제외한 나머지 글은 광고/홍보성 글, 일방적인 불만 글이 대부분이다. 특히 이 공간에서 가장 많이 차지하고 있는 글은 특정인의 일방적인 게시 글로서, 모두 97개이며 총 게시 글의 1/4을 차지하고 있다. 전체적으로, '주민자유토론방'은 주민들의 참여는 상당히 높지만, 이에 반해 공공문제에 대한 관심은 상당히 낮음을 알 수 있다.

'구청장에게 바란다'는 민원을 제기하고, 불편사항 등을 신고할 수 있도록 만든 코너이다. 따라서 주민들 간 상호작용보다는 주민과 구청측 간의 상호작용이 활발하게 이루어지고 있는 공간이다. '구청장에게 바란다' 코너에는 9월 한 달 동안 게시된 글이 315개, 댓글이 262개로 총 577개, 하루 평균 10개의 글이 게시되어 있다. 이 공간에 게시된 글은 13개의 글을 제외한 모든 글이 공공문제에 관련된 내용이다. 가장 많은 게시 글은 주택/아파트 등 신축공사로 인한 소음, 분진, 지대약화 등과 관련된 문제에 대한 불만사항과 시급한 조치를 요청하는 글로 총77개가 여기에 해당한다. 두 번째로 많이 게시된 내용은 구청직원의 불친절과 구청 홈페

〈표 8-3〉 강남구청 '구청장에게 바란다' 의 분석내용

비교 기준	강남구청 '구청장에게 바란다'
조사기간	2002년 9월.
총 게시 글(메인글/댓글)	577(315/262). 하루평균(10/9).
관심 주제	공사로 인한 피해에 대한 불만과 해결요청. 불성실한 구청직원 업무에 대한 시정요청.
주민 참여방법	회원원칙(비회원-실명과 주민번호 등록 후 이용가능).
관리/담당자의 참여방법 및 참여정도	해당 부서명 사용. 매일, 하루에도 몇 번씩 참여. (262개의 댓글이 해당 부서에서 제시한 답변 글임.)

이지의 불편함에 대한 불만사항으로 총 38개가 있다. 그 외에 도로변 공사로 인한 불편, 불법주차단속 요청, 체육시설의 용도변경에 대한 반대, 주변 생활 환경개선, 쓰레기문제 등 다양한 문제들이 제기되고 있다.

'정책제안 & 토론' 은 주민들의 참신하고 건실한 정책적 의견을 받아들이기 위한 공간이다. 주민이 제안한 정책의견을 강남 포털사이트 관리자가 간단한 확인절차를 실시한 후 주민의 찬반투표 형식으로 토론이 진행되는 공간이다. 8월과 9월 동안 26개의 제안 & 토론이 있었고, 이 중에서 8개는 반려되었다.[31] 이 기간 중에 시행되었던 '정책제안 & 토론' 의 주제는 "최근 강남 아파트값 상승관련..", "재활용쓰레기 분리수거", "구청장/부구청장 판공비 내역 공개", "강남역 교통체증 유발 요인 중 하나는..", "양재천 경남 아파트앞 발 지압 코스..", "맨홀 뚜껑에 대한 관리," "도로안내 표지판 개선", "양재대로 공원화" 등으로 모두 지역 내의 현안에 초점을 맞추고 있으며, 개선해야 할 사항에 관한 것으로 공공의 문제를 주요 내용으로 담고 있다.

---

31) 제안된 글이 민원사항이거나 '정책제안&토론' 의 성격과 어울리지 않을 경우 해당 부서의 권한으로 반려시키고 있다.

〈표 8-4〉 강남구청 '정책제안 & 토론' 분석내용

비교 기준	강남구청 '정책제안&토론'
조사기간	2002년 8월~9월.
총 게시 글(메인글/댓글)	26(16개의 토론만 진행됨).
하루평균 게시 글/댓글	토론주제: 4일에 한번씩 개설. 의견 글: 평균적으로 하루에 하나의 글 게시.
주민 참여방법	회원만 가능.
하나의 주제에 대한 주민의 의견 글 정도	제시된 토론주제에 대해 평균 30~40개의 의견 게시. 지난 토론에 게시된 주민의 의견은 선별해 게시.
비방성 글 게시 여부	없음.
관리/담당자의 참여방법 및 참여정도	해당 부서명 사용. 직접적인 참여는 한 번도 없음. 제안된 주제의 토론여부를 결정하는 역할. 토론 종료 후 찬성이 많은 사안에 대해 부서의견 제시.

강남구청의 '주민자유토론방'은 홈페이지 이용자들 간의 건전한 대화를 자유롭게 나눌 수 있는 장으로 마련되었지만, 구성원들 간의 상호작용은 1건을 제외하고는 발생하지 않고 있다. 하지만 제시된 한 건도 토론과 상관없는 개인 신상에 관한 문의이며, 나머지 게시된 글의 대부분은 광고가 차지하고 있다. '정책제안 & 토론' 공간에는 제시된 정책안에 대해 찬반투표와 함께 간단한 자신의 의견 게시를 의무화하고 있다. 하지만 대부분 제안 글에 대한 자신의 일방적인 주장만이 올라와 있을 뿐이고 상호작용은 전혀 이루어지지 않고 있다.

강남구청 홈페이지 분석을 통해 볼 때, 사이버 공간이 주민들과 구청관계자들 사이의 대화의 공간으로는 어느 정도 자리 잡아 가고 있으나 주민 상호간의 토론의 장으로는 전혀 기능을 하지 못하고 있음을 알 수 있다.

3. 미국의 사이버공동체: 미네소타주의 사례

미네소타 e-데모크라시(Minnesota e-Democracy) 프로젝트는 1994년 7월 미네소타 대학 학생이었던 클리프트(Steve Clift)의 주도로 시작되었으며, 비영리 인터넷서비스 기관인 미네소타 지역 네트워크(Minnesota Regional Network)가 이 포럼을 위한 사이버 공간을 제공하였다. 본래 이 프로젝트는 1994년 11월에 예정된 주지사와 주 상원의원 선거를 앞두고 후보자들에 대한 정보를 제공하기 위한 목적으로 계획되었다. MN-Politics는 리스트서버 기술을 이용한 이메일 방식의 공공토론을 실시하였다. 포럼은 기본적으로 모든 시민들에게 개방되어 있어 의견을 제시하기를 원하는 사람은 'MN-POLITICS@MR.Net'으로 메일을 보냄으로써 MN-Politcs를 구독하는 모든 시민에게 자신의 메시지를 전달할 수 있었다. 또한 하이퍼메일(hypermail)기술을 이용하여 이메일을 통해 교환되는 모든 메시지가 웹사이트에 저장되도록 함으로써 비회원들도 포럼의 내용을 읽을 수 있도록 하였다.

현재 미네소타 e-데모크라시에는 Twin Cities Metropolitan Issues

〈표 8-5〉 미네소타 e-데모크라시의 특징

비교 기준		e-Democracy
형성 시기		1994년.
형성주최		시민(non-partion citizen based organization 으로 "about" 란에 명시).
사이트 형태		순수 forum을 위한 형태(사이트가 단순함).
주민 참여방법		e-mail 등록.
관심주제		주민간 forum을 위한 공간/선거관련 정보 제공.
상호 작용성	주민간 상호작용	주로 세금, 교육, 환경 등과 관련해 부당한 정책시행에 대한 주민간 의견교환이 이루어짐.
	주민과 담당자간 상호작용	주민간 메시지 교환이 이루어지고 있음.

Forum, St. Paul Issues Forum, 그리고 Winona Online Democracy 등 세 도시를 기반으로 하는 사이버공동체가 운영되고 있다. 미네소타 e-데모 크라시 사이트는 크게 Highlights, Discussion, 그리고 Information 등의 세 가지 메뉴로 구성되어 있다. Highlights 메뉴에서는 최근 이슈가 되는 정보를 제공하고 있으며, Discussion 메뉴는 Minneapolis Issue Forum, The St. Paul Issues Forum, Twin Cities Metropolitan Issues Forum, Winona Online Democracy 등으로 구성되어 있다. 그리고 Information 메뉴에서는 미네소타 정치전반에 관한 정보와 선거에 관한 정보를 제공하고 있다. 여기에서는 Discussion 메뉴를 중심으로 사이버공동체로서의 미네소타 e-데모크라시의 가능성에 대해 살펴본다.

(1) 세인트 폴 이슈 포럼

세인트 폴 이슈 포럼(The St. Paul Issues Forum)은 다른 포럼과 마찬 가지로 회원등록 이후 이메일을 이용해 자신의 글을 게시할 수 있다. 이 메일로 작성된 메시지는 메일리스트 서버를 통해 모든 회원에게 발송되 며, 웹사이트에도 자동으로 게재되어 비회원들도 토론의 내용을 읽을 수 있도록 되어 있다. 1999년 8월 30일에서 2002년 12월 21일 사이에 총 5,678개의 글이 게시되어 한달 평균 8개 정도로, 강남구청의 자유토론방 (하루 평균 12개 글 게재)과 비교할 때 참여빈도는 매우 낮은 실정이다. 그러나 토론의 형식을 갖춘 상호작용성의 측면에서 볼 때, 3,230개의 메 인 글과 2,448개의 댓글이 올라와 메인 글 10개 당 한 개의 댓글이 붙는 강남구청 자유토론방에 비해 공공토론의 역할이 제대로 되고 있음을 알 수 있다.

2002년 11월 한 달 동안의 토론진행 내용을 살펴보면 이 기간 동안에 109개의 메인 글과 129개의 댓글이 게시되어 총 238개(하루 평균 8개)의 글이 게시되었다. 대부분의 글이 지역의 공공문제에 관한 내용이었다. 이 기간 동안 올라온 글들의 내용을 정리하면 다음과 같다.

<표 8-6> 미네소타 세인트 폴 이슈 포럼 내용분석

비교 기준	Minnesota St. Paul Issues Forum
조사기간	2002년 11월.
총게시글(메인글/댓글)	238(109/129), 하루 평균(3/4).
관심 주제	교육, 세금, 교통, 그리고 행정부의 행정업무의 투명성 등 정부기관과 관련된 문제에 깊은 관심을 둠.
주민 참여방법	e-mail 등록회원: e-mail로 글을 게시. yahoo mail 등록자는 직접 글 게시 가능.
하나의 주제에 대한 주민의 의견글 정도	주제가 게시되었을 경우 평균 6-7개의 댓글이 게시. 어느 정도의 기간이 지난 후에도 관련 글이 게시됨. 예) 재산세 급등의 타당성 여부에 대한 30개의 게시글 중 19개가 타주민의 의견 글.
관리/담당자의 참여방법 및 정도	조사기간 동안 평균 3일에 한 번씩 참여. 포럼이용 방법을 공지, St.Paul forum관련/선거관련 정보제공.

◆ 과목별 교사 차별 대우 방지를 위한 교원 노조(teachers union) 설립에 대한 찬반의견: 14개(12개의 댓글)

◆ 토양 수자원 보존(Soil & Water Conservation) 활동사항을 위한 자금출처와 이용에 대한 의구심 표출과 이에 대한 찬반의견: 12개(11개의 댓글)

◆ 학교 기부금 징수의 타당성 여부에 대한 주민들의 의견: 44개(29의 댓글)

◆ 재산세 급등에 대한 타당성 여부에 대한 의견: 30개(19의 댓글)

◆ 기차 철로 건설과 관련된 찬반 의견: 40개(30개의 댓글)

◆ 기존 의원과 신임의원 간의 역량비교, 구역 설정과 의석수 확보에 대한 주민의 요구에 대한 글: 15개

◆ on-off모임/포럼 공지, 모임/공지 후기 글: 49개

◆ St. Paul과 관련된 뉴스레터, St. Paul 주최로 실시한 설문결과 보고,

금연구역 안내사이트 소개 글, St. Paul과 관련된 분야별 사이트 소
개 글: 15개

◆ 특정지역의 빠른 차량속도에 대한 불만 글과 이에 대한 반대 글: 5개
◆ 특정기업으로부터 받은 피해사례, 이전 게시 글 찾는 글, 테러와 보
   험회사 주식 간 경제학적 관계, 특정정당에 대한 불만 글: 4개
◆ 투표장의 모습과 선거위원단의 불친절함에 대한 불만 글: 4개
◆ 보험세(자동차)의 부적절한 부과에 대한 불만 글: 3개
◆ 반복 글 1개, 사원모집의 홍보 글 1개, 특정법률의 부적절함을 호소
   하는 글 1개

이상에서 보는 바와 같이, 게시된 의견의 대부분 공공문제에 관한 내용
이었으며 주민들 간 상호토론도 상당히 진지하게 진행되고 있었다. 사이
버포럼이 공공토론의 장소로 훌륭히 기능하기 위해서는 토론관리자의
역할도 중요하다. 토론관리자는 토론에 필요한 공지사항 등의 정보를 제
공하여야 하며 건전한 토론분위기 조성에 노력을 기울여야 한다. St.
Paul 포럼의 경우 2002년 11월 한 달 동안 토론관리자는 리스트 매니저
(list manager)라는 공식명으로 10번의 글을 게재하였다. 토론관리자의
역할 가운데 가장 중요한 것은 진지한 토론분위기를 조성하는 것이다.
실명을 통해 포럼참여가 가능하기 때문에 근거없는 비방이나 욕설은 찾
아보기 힘드나 간혹 특정인의 실명을 거명하는 비판적인 내용의 글들이
올라오기도 한다. 이 경우 토론관리자는 토론의 기본원칙을 환기시키고
게시자에게 경고 메세지를 보내기도 한다.

(2) 트윈 시티 메트로폴리탄 이슈 포럼

St. Paul의 포럼이 yahoo group에 링크되어 운영되는 반면, 트윈 시티
메트로폴리탄 이슈 포럼(Twin Cities Metropolitan Issues Forum)은 자체
홈페이지에 토론공간을 마련하고 있다. 다른 포럼과 마찬가지로 회원등

록을 한 모든 시민들에게 참여가 허용되어 있으며, 의견게재는 반드시 실명으로 하여야 한다. 그리고 하루에 두 번까지 자신의 의견을 올릴 수 있도록 하여 특정인이 토론을 주도하는 것을 방지하고 있다. 2002년 1월 3일부터 2002년 12월 21일까지 모두 56개의 글이 게시되어, 한 달에 평균 4개의 비교적 저조한 참여모습을 보이고 있다. 비록 참여빈도는 낮으나 31개의 메인글과 25개의 댓글이 실려 있어 강남구청의 자유토론방에 비해 주민간 상호작용성은 비교적 높은 것으로 나타났다. 트윈 시티 (Twin Cities) 포럼은 토론방에 게시된 의견을 날짜 순서뿐 아니라 내용의 연결성(thread)에 따른 분류가 가능하도록 하여 특정주제에 대한 토론의 내용을 쉽게 파악하고 주민들간 상호작용성을 높일 수 있도록 하였다.

트윈 시티 포럼의 경우에도 St. Paul과 마찬가지로 토론관리자가 포럼 운영을 관리하고 있으나 참여정도는 비교적 낮은 편이다. "E-Strategy"라는 공식 명칭으로는 포럼 개설 첫 날 공지사항을 알리는 글을 게시한 것

〈표 8-7〉 미네소타 트윈 시티 이슈 포럼 내용분석

비교 기준	Minnesota Twincities Issues Forum
조사기간	2002년 10~11월.
총게시글(메인글/댓글)	13(9/4).
관심 주제	교통과 과다한 세금징수의 부당성 등 세금과 관련된 문제에 관심을 둠.
주민 참여방법	e-mail 등록회원: e-mail로 모든 메시지의 상호작용이 이루어짐. 홈페이지에서는 읽기 기능만 가능.
하나의 주제에 대한 주민의 의견 글 정도	특정인이 많은 글을 게시. 3개의 메인글과 이에 대한 4개의 주민의견 게시.
관리/담당자의 참여방법 및 정도	"E-strategy"라는 명칭으로 포럼이 개시된 첫날에만 참여. 포럼 주제선정을 위한 올바른 이용방법 공지. 조사기간 동안 개인이름으로 3번 참여.

이 전부이며, 조사기간 동안에는 주민의 의견에 대한 담당자의 답변이 한 차례 게시되어 있을 뿐이다.

(3) 위노나 온라인 데모크라시

위노나 온라인 데모크라시(Winona Online Democracy) 역시 회원등록 후 이메일 리스트를 이용한 토론을 진행하고 있으며, 모든 토론의 내용을 웹사이트에 공개하여 모든 시민들이 열람할 수 있도록 하고 있다. 2002년 2월 12일에서 12월 21일까지 938개의 글이 게시되어 있는데 362개의 메인 글과 576개의 댓글로 메인 글보다 댓글이 훨씬 많아 다른 어느 포럼보다도 토론이 활발히 진행되고 있음을 알 수 있다. 그러나 조사기간 동안 게재된 글 140개 가운데 8명이 총 게시글의 50% 이상의 글을 올려 특정인에 의한 포럼 주도현상이 나타나고 있으며, 과열된 토론에 따른 비방성의 글도 간혹 올라오고 있다. 토론이 과열될 경우 건전한 토론분

〈표 8-8〉 미네소타 위노나 온라인 데모크라시 내용분석

비교 기준	Minnesota Winona Online Democracy
조사기간	2002년 10월~11월.
총게시글(메인글/댓글)	141(51/90). 하루평균(0.8/1.5).
관심 주제	지역 내 도시경관정책과 효율적인 범죄소탕정책 등 정책과 관련된 문제에 관심을 둠.
주민 참여방법	e-mail 등록회원: e-mail로 모든 메시지의 상호작용이 이루어짐. 홈페이지에서는 읽기 기능만 가능.
하나의 주제에 대한 주민의 의견 글 정도	특정 몇 명이 많은 글을 게시. 하나의 주제글에 평균 11개의 댓글이 게시됨.
관리/담당자의 참여방법 및 정도	조사기간 동안 평균 일주일에 한 번씩 참여. 올바른 포럼이용방법 공지/ 지역 내 주요행사, 뉴스 전달/토론 내용요약 및 정리.

위기 유지를 위한 토론관리자의 역할은 매우 중요하다. 위노나 포럼의 경우 관리자가 개인 이름을 사용해 토론에도 적극적으로 참여할 뿐만 아니라, 공식 명의로 비방성의 글에 대한 경고 메시지도 보내고 있다. 비방성의 글이 올라왔을 경우 관리자는 글을 삭제하지는 않으나 실명으로 글을 올릴 것과 적대적이고 냉소적인 태도를 피하면서 자신의 입장을 주장하고 무엇보다 건설적인 대안을 제시해 줄 것을 요구하는 글을 게시한다.

위노나 포럼이 활발한 토론을 유지할 수 있는 이유 가운데 하나는 토론관리자의 적극적 역할에 있다. 대부분의 토론방들이 토론공간만을 제공할 뿐 관리자들이 토론에 참여하거나 토론내용을 정리하는 적극적인 역할을 수행하지 않는다. 이에 비해, 위노나 포럼의 경우에는 관리자가 공지사항 전달과 차분한 토론 분위기를 유지하는 역할뿐만 아니라, 직접 토론에 참여하기도 하고 지난 토론에 대한 내용을 정리하는 글을 올려놓아 일반시민들이 토론의 진행방향을 이해하는 데 많은 도움을 주고 있다.

4. 정치 사이버공동체: 노사모의 사례

2002년 제16대 대통령 선거에서 노무현 후보 승리의 일등공신이 '노무현을 사랑하는 사람들의 모임'(노사모)이라는 것은 누구도 부인하지 않는다. 선거전 내내 자금과 조직에서 열세였던 노무현 후보를 당선시킨 원동력은 7만여 명의 노사모 회원이었다. 한 정치인을 좋아하는 개인들이 자발적으로 팬클럽을 만들어 활동한 것은 우리 정치 역사상 유래가 없는 특이한 현상이다. 이 같은 '노사모 현상'은 노무현 팬클럽이라는 특수한 입지를 넘어서서 우리 사회의 정치참여의 새로운 모습으로 등장하였다.

노사모는 지역구도 타파를 외치며 2000년 4·13총선에서 자신의 지역구인 종로구를 포기하고 부산에서 출마하여 낙선한 노무현을 동정하고 격려하기 위해, 네티즌들이 노무현의 홈페이지 노하우(www.knowhow.

or.kr)를 방문해 글을 올리기 시작한 것이 시발점이 되었다. 노무현이 낙선하던 밤, 그의 홈페이지에는 3천 명 이상이 방문하여 홈페이지 서버가 수 차례 다운되기에 이르렀다. '늙은여우' (이정기)라는 네티즌이 노무현 홈페이지 자유게시판에 4월 15일 새벽 '노무현 팬클럽'을 제안하고 회원모집을 시작하였으며 많은 네티즌들의 호응을 얻었다. 결국 효율적인 회원모집을 위해 팬클럽 전용게시판이 있어야 한다는 판단에 따라, 4월 17일 "노무현 팬클럽 임시 게시판"이 개설되었고, 이로써 한국 최초의 정치인 팬클럽 "노사모"가 출발하였다. '노무현 팬클럽'이 온라인에서 성공적으로 추진되자, 오프라인에도 모임을 갖자는 제안이 나왔다. 이에 서울(4월 29일), 광주(4월 28일), 부산(4월 29일)에서 지역별 소모임을 결성하게 되었고, 수도권지부, 호남지부, 영남지부가 임시로 결성되어 전국 규모의 팬클럽의 면모를 갖추게 되었다. 2000년 5월 7일 대전에서 33명이 참석한 가운데 팬클럽 창립을 위한 첫 모임을 가졌다. 2000년 5월 17일에는 노사모 공식 홈페이지(www.nomuhyun.org)가 개설되었고, 전국을 6개 구역(수도권, 충청, 호남, 영남, 강원, 제주)으로 나누어 지역별 모임을 결성하였다.

(1) 노사모의 성장과정

2000년 4월 7명의 발기인으로 시작한 노사모는 민주당 대통령 후보경선이 마무리되는 무렵인 2002년 5월 20일에는 회원 수가 45,486명으로 늘었고, 대선 직후인 2003년 1월 16일에는 73,446명으로 증가하였으며, 2005년 1월 2일 현재 108,921명의 회원을 갖는 대규모 조직으로 성장하였다.

노사모의 성장과정은 크게 4단계로 나누어 살펴볼 수 있다.[32] 첫 번째 단계는 2000년 5월 창립 이후 2001년 12월 민주당 국민참여경선이 시작

---

32) 김용호, "한국 정치집단의 유권자 연계전략: 파벌, 정당, 그리고 노사모," 김성국 (외), 『우리에게 연고는 무엇인가』(서울: 전통과 현대 2003), pp. 217-219.

되는 시기까지이다. 2000년 5월 28일 제1차 전자투표를 통해 노사모 창립총회를 6월 6일에 대전에서 개최하기로 결정하였다. 노사모 창립총회 장소는 대전의 한 pc방이었는데, 이는 인터넷 모임이라는 성격을 반영해 결정된 것이었다. 또한 창립총회 상황은 인터넷신문 오마이뉴스를 통해 실시간으로 보도되었다. 한편 총회 기간 동안 전자투표를 통해 아래 내용의 "노사모의 약속"이 노사모 최초의 회칙으로 채택되었다.

〈노사모의 약속〉
① 나는 노무현과 함께 우리나라의 왜곡된 지역감정의 극복에 동참한다.
② 참된 민주주의의 발전을 위하여 우리 노사모 회원들과 함께 결정한 활동에 자발적으로 동참한다.
③ 노사모의 약속과 노사모의 활동이 기록된 관례가 회칙을 대신하며, 이 약속과 관례는 노사모의 전자투표만으로 바꿀 수 있다.

2000년 7월 20일에는 노사모 전국대표일꾼을 뽑는 제3차 전자투표가 실시되었다. 2000년 7월 20일 오후 8시10분에 개시되어 2000년 7월 22일 오후 8시 00분에 마감된 전자투표에서 노사모 온라인프로그램에 등록된 총회원 745명 중 186명이 참가하여 24%의 참가율을 보였다. 투표 결과, 찬성 167명(89%)과 반대 19명(10%)으로 영화배우 명계남이 노사모 공식 첫 대표로 선출되었다. 이 시기, 노사모는 온라인모임을 기반으로 하면서도 다양한 오프라인 모임을 통해 노무현 지지와 지역구도 타파라는 자신들의 정체성과 연대감을 확인해 나갔다. 2001년 1월 1일 광주 노사모 회원들이 "동서화합 그날까지 이 한 걸음 바느질 되어...."라는 깃발을 앞세우고 열흘에 걸쳐 부산까지 도보로 행진하였으며, 2001년 9월에는 "명계남과 함께하는 동서화합 자전거 달리기" 행사를, 그리고 10월에는 "백두대간따라 단풍따라 동서화합 남북통일" 행사를 전개하였다.

노사모 성장의 두 번째 단계는 2002년 초 민주당 국민참여경선에 적극 참여하여 노무현을 민주당 대선후보로 만드는 데 성공한 시기이다. 노사

모가 정치인 팬클럽으로 가장 두드러진 활약상을 보인 것은 민주당의 대
통령 후보선출을 위한 국민경선이었다. 민주당의 새로운 대통령 후보선
출 방식으로 국민경선제 도입을 앞둔 2001년 12월 22일, 대표일꾼 명의
의 긴급 집행위원회 오프라인 회의에서 '노사모 예비경선 특별대책위원
회'를 설치하고 노무현 후보 선출을 위한 본격적인 활동을 시작하였다.
노사모는 노무현을 지지하는 국민경선 선거인단 확보, 선정된 선거인단
을 대상으로 편지쓰기, 그리고 국민경선을 축제의 장으로 만들어가는 경
선장 활동 등 세 가지에 주안점을 두었다. 경선기간 동안 노사모가 동원
한 경선 참여자는 약 40만 명으로, 전체 경선 참여자 190여만 명의 약
21%를 차지하는 위력을 과시하였다. 그 결과, 노무현은 16개 경선지역
중 10개의 지역에서 승리하였고, 2002년 4월 서울경선에서 민주당 대통
령 후보로 선출되었다.[33]

노사모 성장의 세 번째 단계는 민주당 경선 직후 2002년 노사모 발전
방안을 확정하고 노무현 후보를 대통령으로 당선시키는 데 적극적으로
기여한 시기이다. 노사모 발전방안은 조직 확대와 중앙의 운영체계 강화
등 유권자 동원 전략에 초점을 맞추고 있었다. 이 발전방안은 회원수를 4
만 8천 명에서 50만 명으로 대폭 확대하고, 취미 및 연령별로 운영되던
16개 동우회를 세분화하여 500여 개의 커뮤니티로 확대 발전시킨다는 내
용을 담고 있다.[34] 또한 본격적인 선거운동 조직으로 대선투표참여연구
특별위원회(대특위)가 9월 7일 출범하여 노무현에 대한 잠재적 지지자를
실질적 지지자로 조직화하는 작업을 추진하였다. 이러한 노력은 사이버
공간에서부터 서서히 나타나기 시작하였다. 대선을 약 9개월 앞둔 2002
년 3월까지만 하더라도 노무현의 지지도는 이회창에 비해 상당히 뒤져있
었다. 조선일보 3월 5일자에 보도된 설문조사에 따르면, 노무현 후보의
지지도는 25.2%로 이회창 후보의 39.7%에 비해 약 15% 가까이 차이가

33) 노혜경 (외), 『유쾌한 정치반란, 노사모』(서울: 개마고원, 2002), pp. 33-40.
34) 김용호, 앞의 글, p. 218.

났다. 그러나 네티즌들 사이의 노무현 후보의 지지도는 이 당시에도 이회창 후보를 앞지르고 있는 것으로 나타났다. 사이버 공간에서는 이미 2월 중순경부터 이회창 후보에서 노무현 후보로의 지지이동이 나타나고 있었다. 인터넷신문 가운데 하나인 '디지털타임즈'는 2월 19일자 보도에서 노무현 후보의 인기도가 상승국면에 있으며 이회창후보의 이미지는 점차 실추되고 있다고 지적하였다. '디지털타임즈'의 보도는 주요 대선후보자의 인기도를 네티즌들이 평가하여 주가의 형태로 보여주는 포스닥사이트(www.posdaq.co.kr)에 나타난 주요 후보자의 주가에 근거하였다. 2월 18일자 포스닥 주가를 보면 노무현 22,000원, 김근태 13,000원, 정동영 9,500원, 그리고 이회창 8,200원으로 노무현후보가 예상 출마자 가운데 1위를 기록하고 있었다.

네티즌 사이의 노무현 후보의 인기는 선거운동 기간 중에도 그대로 나타났다. 온라인 선거운동에 있어 두 후보 모두 기존의 텍스트 정보제공이나 게시판을 이용한 유권자와의 상호접촉 방식뿐만 아니라, 인터넷 TV와 인터넷 라디오를 운영하는 등 인터넷의 멀티미디어 특성을 최대한 활용하였다. 그러나 온라인 선거전략에 있어 노무현 후보는 이회창 후보를 압도하였다. 노무현 캠프는 젊은 층의 인기를 얻고 있는 영화배우나 가수 등을 인터넷 TV와 라디오 운영자로 활용함으로써 볼거리 측면에서 네티즌들을 홈페이지로 유인하는 데 상당한 성공을 보였다. 선거운동 홈페이지에서 아무리 많고 유익한 정보를 제공한다 할지라도 온라인 선거운동 성공을 결정짓는 일차적인 관건은 우선 얼마나 많은 네티즌들을 흡입할 수 있는가에 달려 있다. 노무현 선거운동 홈페이지는 일단 다양한 볼거리를 통해 네티즌들을 홈페이지로 유인함으로써 이들을 대상으로 후보홍보, 유세일정, 선거자금 모금 등의 지지동원 활동을 할 수 있었다. 〈표 8-9〉가 보여주듯이, 공식선거운동기간 동안 매일 30만명 이상의 네티즌들이 노무현 선거운동 홈페이지에 접속하였으며, 특히 정몽준의 노무현 지지철회 발언의 여파로 19일 선거당일에는 86만 명이 넘는 기록적인 접속수를 기록하였다.

〈표 8-9〉 노무현 선거운동 홈페이지 접속 건수(www.knowhow.or.kr)

날짜	접속 수	날짜	접속 수	날짜	접속 수
11월 21일	133,862	12월 4일	239,882	12월 17일	488,619
11월 22일	145,787	12월 5일	263,881	12월 18일	668,612
11월 23일	149,269	12월 6일	322,607	12월 19일	860,855
11월 24일	160,800	12월 7일	334,128	12월 20일	578,980
11월 25일	260,494	12월 8일	344,336	12월 21일	532,892
11월 26일	159,514	12월 9일	403,259	12월 22일	313,377
11월 27일	179,442	12월 10일	348,550	12월 23일	314,728
11월 28일	212,222	12월 11일	372,608	12월 24일	276,725
11월 29일	175,502	12월 12일	371,354	12월 25일	239,307
11월 30일	213,192	12월 13일	377,881	12월 26일	251,815
12월 1일	195,268	12월 14일	331,424	12월 27일	228,133
12월 2일	186,015	12월 15일	370,203	12월 28일	198,224
12월 3일	201,459	12월 16일	831,909		

출처: 새천년민주당, 『16대 대통령선거 백서』(서울: 새천년민주당, 2003), p. 217.

　노사모 성장의 네 번째 단계는 대선 승리 이후 노사모의 존속 여부를 토론한 끝에 창립 당시의 목표였던 지역주의 타파를 비롯한 정치개혁을 계속 추진해 나가기로 결정한 시기이다. 노사모는 노무현 후보의 대통령 당선이라는 목표가 달성된 이후, 조직의 해체와 존속을 둘러싸고 치열한 논쟁을 벌였다. 이들은 노사모 존속 여부를 결정하기 위해 2003년 1월 16일 노무현 대통령 당선 이전에 가입한 73,446명 회원들을 대상으로 전자투표를 실시하였다. 투표참여회원 21,446명 중 62.52%인 13,408명이 '존속해야한다'는 입장에 찬성하였다. 또한 노사모 명칭 변경에 관한 투표에서도 투표참여회원 14,510명 중 50.5%인 7,327명이 명칭 변경에 반대하여 노사모 명칭을 그대로 유지하기로 결정하였다.

(2) 노사모 현상의 배경과 특성

2000년 4·13 총선 직후, 불과 7명의 발기인으로 시작된 노무현 팬클럽은 민주당 국민참여경선이 마무리될 무렵인 2001년 5월에는 4만여 명으로 성장하였으며, 2001년 12월 대선을 앞둔 시점에는 7만여 명의 대규모 조직으로 성장하였다. 한국 최초의 정치인 팬클럽이었던 노사모가 불과 1년여 만에 자신들이 지지하는 후보를 대통령으로 당선시키고, 막강한 영향력을 갖는 정치세력으로 성장할 수 있었던 배경에는 ① 인터넷의 확산, ② 현실 정치에 대한 불만, ③ 네티즌 문화 형성 등의 사회적 배경, 그리고 ④ 노사모 자체의 특성에서 찾을 수 있다.

첫째, 노사모의 성공 배경에는 인터넷 이용의 확산이 자리하고 있다. 애초 사이버 공간에서 소수 네티즌의 의기투합으로 시작된 노사모는 오프라인 활동을 병행하고 있으나 기본적인 조직의 운영과 활동의 기반은 사이버 공간에 두고 있다. 따라서 1990년대 후반부터 시작된 네티즌 인구의 폭발적 증가는 노사모 성장에 비옥한 토양을 제공하였다. 한국의 인터넷 이용률은 세계적으로 선두주자에 속한다. 2003년 12월 현재 만 6세 이상 국민 중 '월 평균 1회 이상' 인터넷 이용자를 대상으로 한 인터넷 이용률은 64.5%이며, 이를 주민등록인구 기준으로 환산하면 2,922만 명이 인터넷을 이용하고 있다. 1999년 10월 대비 인터넷 이용률은 3배 가까이 증가하였으며, 이용자 수 역시 943만 명에서 3배 이상 증가하였다.[35] 인구 1,000명당 인터넷 이용자 수를 비교하면, 한국은 2002년 6월 현재 522명으로 세계 2위를 기록하고 있다.[36]

둘째, 노사모 현상의 또 다른 배경은 기성 정치에 대한 국민들의 혐오와 불만에서 찾을 수 있다. 해방 이후 한국정치는 지역주의, 냉전반공이데올로기, 그리고 권위주의에 의해 왜곡된 모습을 보여 왔다. 정치현실

---

35) 한국전산원, 『한국인터넷백서 2004』(서울: 한국전산원, 2004), p. 72.
36) 위의 책, pp. 64-65

〈표 8-10〉 연령별 인터넷 이용률 (%)

시기 \ 연령	20세 미만	20대	30대	40대	50대	60대 이상
2001. 12	93.3	84.6	61.6	35.6	14.9	3.3
2002. 12	91.4	89.9	69.4	39.3	17.9	2.3
2003. 12	94.8	94.5	80.7	51.6	22.8	5.2

출처: 한국전산원,『한국인터넷백서』(서울: 한국전산원, 2004), p. 73.

에 대한 불만과 정치개혁에 대한 욕구가 사회 전반에 자리잡고 있었으나, 이를 정치적으로 대변하고 실현할 수 있는 제도화된 통로나 매개체가 거의 존재하지 않은 상황이었다. 이때 지역주의 타파를 내세운 노사모의 출현은 많은 사람들에게 정치개혁에 대한 희망과 가능성을 갖게 하였다. 한국정치의 왜곡을 가져온 가장 심각한 문제점 가운데 하나가 지역주의이다. 특히 민주화 이후 지역주의는 한국의 정치전반, 특히 선거를 지배하는 가장 중요한 변인이었다. 지역주의 투표성향은 1987년 이래, 각종 공직선거(대통령 선거, 국회의원 선거, 지방의회 선거)에서 유사한 형태로 계속 확인될 만큼 안정성과 지속성을 가져왔다.[37] 노사모는 이러한 지역주의의 희생양이었던 노무현을 지지하면서 만들어진 조직이다. 노사모는 그 정체성을 '인터넷이라는 공간에서 정치인 노무현의 지역통합 정치를 지지하고 나아가 그를 통해 새로운 정치의 가능성을 모색하려는 사람들의 자발적인 조직체' 라고 정의한다.[38]

노사모 구성원의 연령별 비율이 네티즌 세대인 20대보다도 오히려 30대가 다수를 차지하고 있다는 점에서도 정치개혁에 대한 욕구가 노사모 현상으로 분출되었다는 사실을 알 수 있다. 노사모 구성원의 연령을 보

---

37) 강원택,『한국의 선거 정치: 이념, 지역, 세대와 미디어』(서울: 푸른길, 2003), p. 229.

38) 노혜경(외),『유쾌한 정치반란, 노사모』, p. 182.

〈표 8-11〉 노사모의 연령별 구성(2002년 5월20일 현재)

연령 구분	인원 수	구성비(%)
20세 미만	1,196	2.7
20대	12,991	28.4
30대	22,069	48.4
40대	8,157	17.6
50대 이상	1,319	2.9
계	45,486	100.0

출처: 강원택, 『한국의 선거정치: 이념, 지역. 세대와 미디어』(서울: 푸른길, 2003), p. 276에서 재구성.

면, 20대가 28.4%인 반면 소위 '386세대'는 절반에 가까운 48.4%를 차지하고 있다. '386세대'는 반독재 민주화운동이 하나의 주류문화로 자리 잡았던 군사독재 정권 시기에 대학생활을 경험하였기 때문에 다른 세대에 비하여 강한 사회 비판의식과 현실참여 의지를 갖고 있다.

셋째, 노사모 현상은 네티즌 세대가 가지는 정치문화적 특성을 반영하고 있다. 조대엽은 네티즌 세대가 가지는 특징으로 사회 일반에의 적극적 참여(participation), 열정(passion), 잠재적 힘(potential power), 사회 패러다임의 변화(paradigm shift) 추구 등을 들면서, 이들을 이른바 "P 세대"라 명명하고 있다.[39] 2002년 서울 월드컵 기간 동안 수백만 명이 참여한 길거리 응원과 촛불시위 집회 등은 모두 인터넷을 통해 시발되고 조직화된 사실에서 볼 수 있듯이, 지난 몇 년간 한국사회에서 인터넷은 정치적 혹은 비정치적 집회를 조직화하는 주요한 동원기제의 하나로 등장하였다. 2002 월드컵에서의 붉은 물결은 바로 인터넷 세대들이 중심이 된 거대한 '문화적 분출'이었으며, 그것은 정치지향화된 한국의 시민사

39) 조대엽, 고려대 웹진 시사포커스 기고문, http://www.korea.ac.kr (검색일:2003년 12월 11일).

회를 문화적 영역으로 확장시키는 계기가 되었다. 이어서 전개된 촛불시위와 2002년 대선에서의 노사모 활동은 인터넷 세대의 문화적 특성과 386세대의 정치적 지향이 결합되어 만들어진 현상으로 볼 수 있다.

이상과 같은 사회적 배경 이외에도 노사모의 성공 요인은 조직 자체의 특성과 운영방식에서도 찾을 수 있다.

첫째, 노사모 조직의 특징은 무정형성과 자발성에 있다. 노사모는 '자유로운 개인들의 느슨한 연대' 를 슬로건으로 내세우면서 자율성과 자발성을 조직의 동력원으로 하고 있다.[40] 온라인에서 출발한 모임답게 일사분란한 활동지침도 없다. 그러나 이러한 자유로움은 역설적으로 노사모가 폭발력을 갖게 하는 요인이 되었다. 노사모의 회칙인 '노사모의 약속' 은 오프라인의 조직에서 흔히 갖는 복잡하고 세분화된 회칙이 아니라 매우 간단하다. 이는 인터넷 모임 문화의 단면을 여실히 보여주고 있는데, 노사모가 모든 사람들에게 영향력을 행사하는 미리 규정된 운영세칙에 의해 움직이기보다 스스로의 규범과 규칙을 토론을 통해 만들어가는 새로운 형태의 조직임을 보여주고 있다. 특별한 규정이 없는 노사모에서는 무언가를 하려는 사람은 스스로 나서서 열심히 회원들에게 제안하고 설득해야 하며, 그 일에 관심이 생긴 회원들은 참여할 준비를 갖추고 경청하고 비판한다.[41]

둘째, 노사모는 회원의 자발적이고 적극적인 참여를 유도하고 있다. 정치참여 형태로서 노사모 모델의 생명력은 개방성과 쌍방향 의사소통에 있다. 〈표 8-12〉에서 보는 바와 같이, 노사모의 조직운영은 철저하게 회원들의 전자투표에 의해 결정된다. 회칙제정이나 대표자 선출과 같은 조직운영의 중요 사안뿐만 아니라 총회 날짜 결정과 같은 사소한 사안까지도 회원들이 직접 결정하도록 되어 있다. 전체적 조직 운영도 철저하게 자율성을 원칙으로 하고 있다. 노사모는 28개 광역조직, 군 · 구 단위

---

40) 노혜경(외), 『유쾌한 정치반란, 노사모』, p. 50.
41) 위의 책, p. 56.

〈표 8-12〉 노사모 전자투표 현황

전자 투표	안건	시기	참가자 수
1차	노사모 창립 총회 날짜 결정	2000.5.29.~30.	120(63%)
2차	노사모 회칙 제정	2000.6.5.~6.	136(35%)
3차	대표회장 추대, 전자투표 관리규정	2000.7.20.~22.	186(24%)
4차	노사모 메인페이지에 안티조선 게시 여부 등	2001.2.14.~16.	284
5차	게시판 관리규정 확정	2001.4.2.~6.	64
6차	노사모 1주년 기념총회 날짜 결정	2001.5.2.~4.	229
7차	노사모 대표일꾼 선출	2001.7.19.~21.	693(23.7%)
8차	김윤수 고발, 창립기념일 변경	2002.4.3.~5.	2679
9차	노사모 약속과 규약 개정 안	2002.5.14.~16.	1364
10차	노사모 규약 개정	2002.5.31.~6.2.	1315
11차	대표 일꾼 선출	2002.7.26.~28.	3512
12차	노사모 향후 진로	2003.1.16.~18.	21446(29.2%)
13차	노사모 이름 변경	2003.1.22.~24.	14510(19.8%)
14차	총회/운영위원회/상임운영위원회 규약개정	2003.3.5.~7.	3323
15차	노사모 재정 보완을 위한 수익사업	2003.3.21.~24.	2964
16차	반전평화 성명서 채택 안	2003.3.22.~24.	2588
17차	노사모 5기 대표일꾼 선거	2003.7.18.~24.	3213(3.9%)
18차	노사모 6기 대표일꾼 선거	2003.10.7.~10.	1161(1.4%)

출처: http://www.nosamo.org/vote/result/index.asp (검색일: 2005년 1월 1일).

의 약 200여 개의 세부조직, 그리고 36개 국가의 해외조직으로 구성된 방대한 조직이다. 중앙의 집행위원회는 각 광역지역 대표와 중앙일꾼 약간 명으로 구성되며, 광역대표는 각 지역에서 자율적으로 선출하고 있다. 중앙은 모든 소모임에 전체를 위한 사업을 제안하고 도움을 요청할 수 있으나, 강제력은 없다. 소모임의 자율성에 대한 어떠한 간섭도 서로 하지 않는다.

셋째, 노사모는 지지자 동원을 위해 연대적 유인을 효과적으로 활용하였다. 노사모는 동호회 활동과 지역별 모임 등을 통해 참여자들에게 '놀이와 재미'라는 효용을 함께 제공하였다. 따라서 정치적 쟁점이 없는 경우에도 이러한 연대적 요인으로 인해 노사모 활동이 지속적으로 유지될 수 있었다.

또한 이러한 '놀이와 재미'라는 연대적 유인은 거꾸로 회원들 간의 정치적 정체성을 확인하고 강화하는 효과를 가져왔다.[42] 즉 노사모는 정치행사를 가족과 함께 즐기는 형태를 취하였다. 근엄하고 권위주의적이었던 정치행사에 놀이문화를 접목시켰던 것이다. 이는 "경선장 가봤더니 무지하게 재미있더라," "안 가보면 후회할 거다" 등의 글들이 노사모 게시판에 자주 올라오는 중요한 이유이다.

넷째, 노사모가 성공할 수 있었던 또 다른 요인은 온라인 활동과 오프라인 활동의 연계에 있다. 비록 가상공간에 근거를 두는 사이버공동체라 할지라도 어느 수준이 되면 온라인과 오프라인 모임이 상호작용하지 않으면 발전에 한계가 있으며, 오프라인과의 연계성이 강화될수록 사이버공동체는 발전하게 된다.[43]

노사모가 사이버 공간에서 출발하였으나, 처음부터 온라인과 오프라인의 활동을 결합시켜 조직의 확대와 회원들의 연대성 강화에 성공할 수 있었다. 노사모가 지역주의 타파와 민주정치 실현을 지향하는 정치적 성향의 단체임에도 불구하고, 스포츠, 문화예술, 오락, 과학 등 취미와 종교 그리고 개인적 관심사 별로 다양한 동호회를 운영하였으며, 이들은 수시로 오프라인 활동을 공유하였다.

---

42) 강원택, "인터넷 정치 집단의 형성과 참여: 노사모를 중심으로," 『한국과 국제정치』 20권 3호(2004 가을).

43) 송경재, "한국의 사이버 공동체와 정치참여에 관한 연구" (경희대학교 정치외교학과 박사학위논문, 2004), p. 199.

5. 사이버공동체 건설방안

정보통신기술 발달이 미래 공동체의 모습에 어떠한 영향을 미칠 것인
가에 대한 전망은 매우 극단적으로 나타난다. 일부는 정보기술의 발달이
전통적 공동체의 붕괴를 더욱 재촉할 것이라고 우려한다. 다른 한편에서
는 정보통신망이 비록 새로운 공동체를 만들어내지는 못하나, 공동체 안
에 이미 존재하는 네트워크를 강화시킬 수는 있다고 주장한다.

즉, 정보통신망이 시민들 간의 비공식적 상호교류를 위한 공공 영역으
로 기능 할 수 있고, 이들 간의 이성적 대화와 숙의를 이끌어 낼 수도 있
으며, 또한 사회적 자본을 구성하는 사회적 연대성, 신뢰, 그리고 협력을
증진시킬 수 있을 것이라고 본다.

한국과 미국의 사이버공동체를 분석한 결과, 양 국가 모두 공론의 장
으로서의 사이버공동체의 기능에는 분명한 한계가 있는 것으로 나타났
다. 강남구청의 경우, 미네소타 사례와 비교할 때 참여자의 수는 월등히
많으나 실질적 토론의 진행에 있어서는 한계를 보였다. 많은 연구자들이
우려하였듯이 자유토론방이 참여자들의 일방적인 발언의 장으로만 기능
할 뿐이지 주민들 간의 상호토론 공간으로서의 역할을 수행하지 못하고
있었다.

한편 미네소타주의 경우, 세 가지 포럼 모두에서 공공문제에 대해 비
교적 진지한 토론이 진행되고 있음을 발견할 수 있었으나, 적은 숫자의
시민들만이 참여하고 있어 여론이 형성되는 공론의 장으로 보기에는 무
리가 있었다. 그럼에도 불구하고 미네소타 e-데모크라시 사례에서 사이
버공동체 건설을 위한 몇 가지 방안을 찾을 수 있었다.

우선 포럼 운영방식의 문제이다. 토론참여를 위해 강남구청의 경우 회
원등록 후 게시판에 글을 올리는 방식을 택하고 있으나, e-데모크라시는
이메일 리스트서버와 하이퍼메일 방식을 혼용하고 있다. 즉 개인은 이메
일 리스트로 글을 올려 모든 회원에게 직접 자신의 메시지를 전달하게
되며 이 메시지는 자동적으로 웹사이트의 목록에도 저장되게 된다. 이

경우 등록된 회원들은 웹사이트에 접속할 필요가 없이 곧바로 이메일로 다른 사람들의 메시지를 받아 볼 수 있으며, 비회원들도 웹사이트를 방문하여 토론을 관찰할 수 있다. 대부분의 네티즌들에게 이메일 확인은 일상화되어 있는 반면, 일상생활에 바쁜 개인들로서는 포럼의 존재 자체를 잊고 생활하는 경우가 많다는 점을 고려할 때, 이 방식은 포럼에 대한 접근성을 매우 높이고 있다.

두 번째는 게시판의 구성이다. 강남구청의 경우, 게시판의 모든 의견이 게재 순으로 배열되어 있다. '자유토론방'이나 '구청장에게 바란다' 코너의 경우, 다양한 주제의 글들이 하루에도 10개 이상 올라오고 있는 까닭에 동일 주제에 대한 메시지들이 게시판 여기저기에 산재하게 된다. 그 결과, 비록 주민들 간 토론이 있다하더라도, 관련된 메시지를 찾기가 매우 번거롭게 되어있다. 반면 e-데모크라시의 경우, 모든 포럼이 메시지를 날짜 별(date index) 혹은 주제 별(thread index)로 자동 정렬할 수 있도록 하였다. 이는 특정 주제에 관련된 메시지들을 연결하여 읽을 수 있어, 오프라인의 토론과 다름없이 서로의 주장들을 경청하고 반박하는 상호작용이 비교적 쉽게 일어날 수 있는 환경을 제공한다.

세 번째는 토론주제의 문제이다. 강남구청의 자유토론방의 경우, 특정한 주제가 없이 모든 사안에 대해 글을 게시할 수 있다. 그 결과 구청내 공공문제와 관련된 내용의 글들도 있으나, 대부분이 광고나 퍼온 글 그리고 사적인 내용의 글들이 차지하고 있다. '정책제안 & 토론' 코너의 경우, 특정주제에 대한 토론방식으로 진행되나 토론주제는 강남구청이 선정하도록 되어 있어 일반시민들의 관심을 제대로 반영하지 못하는 경우가 있다. 한편 e-데모크라시의 경우, 개인이 자유롭게 토론주제를 제시할 수 있어 주민들의 관심이 높은 사안들이 토론주제로 다루어질 가능성이 높다. 강남구청의 자유토론방과 달리, e-데모크라시 포럼에서는 공론의 장으로서의 기능을 유지하기 위해 개인이 올리는 메시지의 내용을 자기 지역의 공공문제로 제한하고 있다. 한국의 많은 게시판에서 볼 수 있듯이 이념적 혹은 정치적 이슈를 둘러싼 거대담론 수준의 토론은 대체로 이성적 토론보다는 감정적 갈등을 조장하기가 쉽다. 따라서 토론주제를 주민들의 실생활과 직접적으로 관련된 지역의 문제로 제한함으로써 많은 시민들의 관심과 참여를 유도할 뿐만 아니라 실질적 토론도 기대할 수 있다.

네 번째는 관리자의 역할이다. 오프라인에서도 토론이 원활하게 진행되기 위해서는 사회자가 적절한 역할을 해 주어야 한다. 마찬가지로 사이버 포럼에 있어서도 관리자의 역할은 절대적이다. 사실 여러 가지 측면에서 온라인 토론이 오프라인 토론보다 더 진지하고 생산적인 결과를 만들어 낼 수 있는 가능성이 높다. 즉각적으로 의견을 주고받는 실시간 토론과 달리, 비동시성이 가능한 사이버포럼에서 참여자들은 충분한 시간을 갖고 상대의 주장을 이해하고 자신의 주장을 정리한 후 토론에 참여할 수 있다. 이 같은 사이버 포럼의 장점을 제대로 살리기 위해서는 관리자의 역할이 매우 중요하다. 토론에 필요한 자료를 충분히 제공하여야 하며, 일정 주기마다 진행되는 토론의 내용을 요약 정리하여 참가자들이 토론의 방향을 쉽게 이해할 수 있도록 도와야 한다. 사례분석 대상 가운데 주민간 상호작용성이 가장 높게 나타난 위노나 온라인 데모크라시의 토론관리자(list manager)가 이러한 역할을 비교적 잘 수행하고 있었다.

마지막으로 지방언론의 역할이다. 미네소타 e-데모크라시 창시자인 클리프트(Steve Clift)는 e-데모크라시 프로젝트 성공요인 가운데 하나로 지역신문의 역할을 꼽았다. 인터넷의 확산에도 불구하고, 네티즌은 여전히 특정 계층과 연령에 집중되어 있다. 인터넷 공간은 정보의 전달성, 신뢰도, 그리고 영향력에 있어서 아직까지는 전통적인 언론매체에 비해 많은 한계를 보이고 있다. 사이버 공간에서만 머물 때 사이버포럼은 제한된 시민들의 관심과 참여 밖에 가져올 수 없을 것이며, 토론의 내용이 사회적 여론으로 확산될 수도 없을 것이다. 미네소타 e-데모크라시의 경우, 사이버 포럼의 이러한 한계를 극복하기 위해 지역신문을 적극 활용하였다. 지역언론 종사자들을 포럼 운영 자원봉사자로 적극 영입하였으며, 토론의 내용을 지역신문에 정기적으로 전달하여 기사화될 수 있도록

하였다.

비록 아직까지 지역공동체와 생활공동체 모두에 있어 사이버 공간이 새로운 공동체 형성의 대안으로 자리 잡고 있지는 못하나, 사이버공동체 형성의 가능성은 여전히 이곳에서부터 출발하는 것이 올바른 방향이라고 여겨진다. 앞서 살펴본 바와 같이, 순수 사이버공동체는 분명 많은 한계를 지니고 있으며 이러한 한계는 현실공동체와 연계될 때 극복될 수 있는 부분들이다. 현실공간에서의 친밀도가 높을수록 그리고 참여집단의 규모가 작을수록 온라인 숙의의 가능성은 더 높아질 것이며, 따라서 자신들이 현실적으로 속한 지역공동체와 생활공동체를 기반으로 하는 사이버공동체에서 우리는 '사려 깊은 상호작용'이 이루어지는 공론의 장을 기대할 수 있을 것이다.

제9장

전자민주주의의 한계

1. 정치참여와 정보불평등

정보사회에서 정보불평등은 중요한 정치적 의미를 지닌다. 정보불평등은 사회적 불평등 현상을 증폭시킬 수 있으며, 나아가 참여민주주의 구현의 장애물로 작용할 수 있다. 한국사회의 경우, 성별 · 연령별 정보격차는 시간이 흐름에 따라 완화되는 추세를 보이나, 학력과 소득수준에 따른 정보격차, 그리고 지역간 정보격차는 상당한 것으로 평가되고 있다.

(1) 정보불평등의 개념과 원인

산업사회에서는 노동과 자본이 양대 생산요소였다면, 정보사회에서는 정보와 지식이 주된 생산요소이다. 즉 정보사회에서는 정보가 중요한 권력의 원천이 되며, 부가가치 창출의 원천이 된다. 이처럼 정보사회에 있어 정보는 단순한 소비재적 성격뿐만 아니라 생산재적 성격을 동시에 갖고 있다. 따라서 정보사회에 있어 정보의 불균등한 배분은 단순히 소비생활의 차이뿐만 아니라 생산활동에 있어서 불평등을 초래하게 되며, 결과적으로 사회 불평등의 주요 원인이 된다. 정보재화의 불균등한 배분은

과거 산업사회에서 존재하던 사회경제적 불평등을 확대재생산하는 결과
를 초래하여 계층간 · 계급간 격차를 더욱 심화시킬 수 있다. 인터넷 사
용이 소수에 한정되었던 초창기에는 소규모 사이버공동체가 구성되면서
주로 이타적 활동이 주를 이루었다. 그러나 정보화가 사회전반으로 확산
되면서 더욱 더 시장원리에 지배되고, 그에 따라 정보재화의 불균등한
배분은 더욱 심화되고 있다. 즉 사이버 공간이 확산되고 상업성의 논리
가 사이버 공간을 지배하면서 여기에도 현실공간과 마찬가지의 권력구
조가 존재하게 된 것이다.

정보불평등을 정의하는 가장 기본적인 기준은 정보통신기술에 대한
접근여부이다. 미국 상무부(Department of Commerce)는 정보불평등을
컴퓨터와 전화 그리고 인터넷서비스에 접근할 수 있는 집단과 그렇지 못
한 집단 사이에 발생하는 격차로 정의하고 있다.[1] 한국의 「정보격차해소
에 관한 법률」에 따르면 정보격차란 "경제 · 지역 · 신체적 또는 사회적
여건으로 인하여 정보통신망을 통한 정보통신서비스에 접근하거나 이용
할 수 있는 기회에 있어서의 차이"를 의미한다. 이러한 정보불평등의 개
념을 종합하면 "경제적, 지역적, 신체적, 또는 사회적 여건으로 인하여
정보통신기술과 정보통신서비스에의 접근 및 이용 기회를 누리는 집단
과 그렇지 못한 집단간의 차이"로 정의할 수 있다.[2]

이상의 정보불평등 개념 정의를 살펴보면 '정보통신기술'이라는 포괄
적 용어가 사용되고 있으나, 이를 보다 구체화하면 도구(devices)와 네트
워크(networks) 그리고 콘텐츠(contents)로 구분할 수 있다. 즉 정보통신
기술이라 함은 ① 개인용 컴퓨터를 비롯한 프린터, 스캐너, 모뎀 등의 주
변 기기를 포함하는 도구, ② 정보통신망, 인트라넷, 인터넷 등의 컴퓨터

---

1) U.S. Department of Commerce, http://www.digitaldivide.gov/about.htm (검색
일: 2001년 11월 20일).
2) 고순주 · 강근복, "정보격차 해소 정책의 대안탐색에 관한 연구: 미국의 정보격차
해소 정책사례를 중심으로," 『정보화정책』 8권 3호 (2001 가을).

네트워크를 지칭하는 네트워크, 그리고 ③ 컴퓨터 소프트웨어와 WWW
에 담긴 정보를 포괄하는 콘텐츠 등을 통칭하고 있다. 따라서 정보통신
기술에 대한 접근의 차이는 이상의 다양한 수준의 기술에 대한 접근의 차
이로 구분되어 분석되어야 한다.[3]

　정보통신기술에 대한 '접근' 역시 단순히 접근 가능자와 불가능자로
이분화될 수 있는 문제는 아니다. 정보통신기술에 접근할 수 있다 하더
라도 자신의 집에서 자유롭게 이용할 수 있는 개인과 공공장소의 컴퓨터
를 이용하여 접근할 수 있는 개인 사이에는 접근에 필요한 시간과 비용에
있어 많은 차이를 보인다. 또한 충분한 지식과 기술을 갖고 효과적으로
정보통신기술을 이용하는 개인과 불충분한 지식과 기술을 가지고 정보
통신기술을 이용하는 개인 간에는 정보통신기술로부터 얻을 수 있는 혜
택의 수준은 분명히 차이가 날 것이다.

　이러한 맥락에서, 머독(G. Murdock)은 정보통신기술에 대한 접근 정
도를 다음과 같이 세 집단으로 구분한다: 핵심적 사용자(core users)는 정
보통신기술에 대한 충분한 지식을 바탕으로 정보습득과 커뮤니케이션
그리고 재화 생산을 지속적으로 수행할 수 있는 집단이며, 주변적 사용자
(peripheral users)는 정보통신기술을 일시적으로 그리고 제한적으로만
사용할 수 있는 집단이며, 배제적 사용자(excluded users)는 정보통신기
술을 전혀 사용하지 못하는 집단이다.[4] 즉 정보통신기술에 대한 지식의
차이에 따라, 개인이 정보통신기술로부터 받을 수 있는 혜택의 질과 양은
애초부터 차이를 보일 수밖에 없다고 한다.

　정보불평등을 발생시키는 근본적 원인은 무엇인가? 그것은 대체로 사
회경제적 요인과 정보의 사유재적 특성으로 설명된다. 첫째, 사회경제적

---

3) Neil Selwyn, "Defining the 'Digital Divide' : Developing A Theoretical Under-
standing of Inequalities in the Information Age," (2002). http://www.cardiff.
ac.uk/socsi/selwyn(검색일: 2004년 6월 27일).

4) G. Murdock, "Tackling the Digital Divide: Evidence and Intervention," *The
Digital Divide Day Seminar* 발표논문(2002년 2월 19일).

요인이 정보불평등을 발생시킨다. 즉 정보빈자와 정보부자 사이의 격차
는 소득수준, 교육수준, 사회적 계층, 지리적 위치의 차이 등과 같은 사회
경제적 요인에 기인한다. 예컨대, 한국정보문화센터의 조사에 의하면,
소득수준 및 학력수준에 따라 집단간의 인터넷 이용에 분명한 차이가 있
으며 그 격차는 점차 확대되는 것을 알 수 있다. 2002년 12월 현재, 대졸
이상인 경우 80%가 인터넷을 이용하는 반면 중졸이하는 5.1%만이 인터
넷을 이용하였다. 소득수준의 측면에서 볼 때, 급여 200만 원 이상의 경
우 71.2%가 인터넷에 접속하고 있었으나, 150만 원 이하는 38.5%만이 인
터넷을 이용하였다.[5]

둘째, 정보재가 가지는 사유재적 특성이 정보불평등 현상을 야기시킨
다. 정보화가 진행됨에 따라, 정보재는 사회의 제반가치를 창출하는 생
산요소적 성격을 띠게 되며, 정보재에 대한 접근은 시장기제에 구속받게
된다. 따라서 정보 접근에 필요한 비용을 지불할 수 있는 계층과 그렇지
못한 계층 사이의 불평등 현상이 나타나게 된다. 현재의 사이버 공간을
관찰해 보더라도 과거에 비해 유료화된 정보의 양이 부쩍 증가하였으며,
지적재산권에 대한 권리 주장도 더욱 강해지면서 정보의 상품화 현상이
대두하고 있다. 결과적으로, 경제적 능력을 갖춘 특정 계층들에게 정보
가 편중되어 활용될 가능성이 높으며, 이는 궁극적으로 정보불평등을 초
래하는 요인으로 작용한다.

정보불평등 현상이 향후 완화될 것인가 아니면 더욱 심화될 것인가?
이에 대해서는 낙관론과 비관론, 상반된 두 가지 견해가 존재한다.

첫째, 낙관론적 견해로 정보격차수렴론이 있다. 이 견해에 의하면, 새
로운 기술이 개발·보급되는 초기단계에서는 초기 투자비용으로 인해
소비자들은 고가의 비용으로 신기술을 구입해야 하기 때문에 소수의 집
단만이 신기술의 혜택을 받게 될 수밖에 없다고 한다. 하지만 성숙단계

---

5) 한국전산원, 『한국인터넷백서』(서울: 한국전산원, 2003), p. 116.

〈그림 9-1〉 주요 매체가 미국 가구 50%에 보급되는 데 걸린 시간(년)

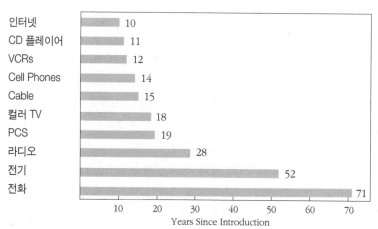

매체	
인터넷	10
CD 플레이어	11
VCRs	12
Cell Phones	14
Cable	15
컬러 TV	18
PCS	19
라디오	28
전기	52
전화	71

Years Since Introduction

출처 : Adam D. Thierer. "How Free Computers Are Filling the Digital Divide" (April 20, 2000), http://www.heritage.org/Research/InternetandTechnology/BG1361.cfm (검색일: 2002년 2월 17일).

에 이르면 신기술에 대한 비용 하락으로, 기술확산이 급속하게 이루어지고 결국에는 거의 모든 계층이 신기술을 이용할 수 있게 된다는 주장이다.

과거 라디오 및 TV 그리고 VTR 기술도 초기에는 소수의 계층만이 사용하다가 일정 시점이 지나면서 사용층이 급격히 증가하는 S-커브 모형의 확산양상을 보였듯이, 정보통신기술 역시 초기에는 정보격차의 문제가 불가피하나 시간이 지나면서 S자 모형에 따라 정보통신기술의 이용은 점차 확산될 것으로 본다. 그리고 결국 어느 시점에서는 정보격차의 문제는 자연스럽게 해소될 것으로 전망한다.

〈그림 9-1〉에서 보듯이 전화의 경우 전체 미국 가구의 50%에 보급되는 데 71년이란 시간이 걸렸으나, 인터넷은 불과 10년 만에 같은 수준의 보급률에 도달하였다. 따라서 인터넷은 다른 어느 매체보다 빠르게 확산되고 있어 조만간 누구나 이용하는 보편적 매체가 될 수 있을 것이라고 본다. 이러한 견해에 따르면, 시장경쟁체제와 기술개발지원을 통해 정보

통신기술은 사회의 모든 구성원에게 더욱 빠른 속도로 확산될 수 있기 때문에 정보격차 해소를 위한 정부의 적극적 개입은 바람직하지 않다고 본다.[6]

둘째, 정보격차확산론으로 정보화가 진행됨에 따라 정보격차는 더욱 심화될 것이라고 본다. 로저스(Everett M. Rogers)에 의하면, 새로운 정보통신기술이 등장하는 초기 국면에서는 정보격차를 확대시키는 방향으로 작용하지만, 그 기술이 일단 광범위하게 채택되고 나면 정보격차를 감소시키는 방향으로 작용한다고 주장한다.

그러나 그는 1980년대처럼 여러 가지 새로운 커뮤니케이션 기술이 급속도로 실용화되면, 미처 기존의 정보격차가 해소되기도 전에 보다 새로운 커뮤니케이션 기술이 개발되어 새로운 정보격차를 발생시키게 된다고 지적한다.[7]

즉, 새로운 기술이 등장하는 간격이 점점 좁아지면, 한 사회 내에 정보격차도 더욱 증가하게 된다는 주장이다. 요컨대, 인터넷의 기술적 발전이 지속적으로 급격하게 이루어짐에 따라, 구형 컴퓨터와 신형 컴퓨터, 저속 인터넷과 고속 인터넷 방식, 유선인터넷과 무선인터넷 이용자 간의 격차 등 새로운 정보격차가 계속해서 발생하게 된다.[8]

따라서 정보격차를 해소하기 위하여 저소득층에 대해 정보통신기기의 무상 보급, 무료 정보화교육기회의 제공, 그리고 정보통신 서비스이용 비용의 지원 등의 지원 프로그램을 실시할 필요가 있다는 것이 확산론자들의 주장이다.[9]

---

6) 조정문, "정보격차 현황 및 정책의 발전방향," 『정보화정책』 제8권 제2호 (2001).
7) Everett M. Rogers, *The New Media in Society: Communication Technology* (New York: The Free Press, 1986); 윤영민, 『사이버 공간의 정치』(서울: 한양대학교 출판부, 2000), pp. 179-180에서 재인용.
8) 김주찬·민병익, "수도권과 비수도권의 정보격차 현황과 정책방향 연구," 『지방정부연구』 제7권 제1호(2003), pp. 78-79.
9) 조정문, "정보격차 현황 및 정책의 발전방향."

(2) 정보불평등의 정치적 의미

전자민주주의는 소수 엘리트에게 집중되었던 정치권력을 다수의 국민에게로 분산시키는 실질적 참여민주의를 지향하고 있다. 현재 대의민주주의에서 나타나는 정치적 무관심의 문제를 해결하고 다수 국민의 참여를 만들어내기 위해서는 새로운 참여기제인 정보통신기술에 대한 접근이 골고루 보장되어야 한다. 정보통신기술에 대한 혜택이 특정 집단에만 한정될 경우, 이는 전자민주주의가 기대하는 참여의 확대를 통한 권력분산을 만들어내지 못할 뿐 아니라, 나아가 기존의 권력집중 현상을 더욱 심화시킬 우려마저 배제할 수 없다. 즉 전자민주주의 구현 단계에서 선거나 정책결정과 같은 정치과정에 인터넷 등 정보통신기술의 도입이 확대되면, 정보부자들의 참여기회는 더욱 확대될 것이나 정보빈자들의 참여기회는 상대적으로 위축되는 결과를 가져오게 된다. 여기에 정보불평등의 정치적 중요성이 있다.

토플러(Alvin Toffler)와 네그로폰테(Nicholas Negroponte) 등 많은 미래학자들은 인터넷에의 접속이 평등과 권능, 그리고 안락의 새로운 세계를 만들 것이라고 주장하였다.[10] 과연 많은 경제적, 정치적, 사회적 활동의 가상화가 부와 기회의 분배를 촉진시키고, 개인의 능력과 기술을 개선하며, 시민권력의 강화를 가져올 것인가? 그러나 이러한 기대는 정보불평등이라는 장벽에 막혀 아직까지 실현되지 않고 있다.

정보불평등은 정보통신기기에 대한 접근(access to)과 정보데이터에 대한 접속(access in)이라는 두 가지 측면에서 살펴볼 필요가 있다. 컴퓨터와 인터넷 등 정보통신기기의 사용 수준은 여전히 사회계층, 소득수준, 개인직업, 지리적 위치 등에 따라 많은 차이를 보이고 있다. 일단 정보통

---

10) Timothy W. Luke, "The Politics of Digital Inequality: Access, Capability and Distribution in Cyberspace," in Chris Toulouse and Timothy W. Luke (ed.), *The Politics of Cyberspace* (New York and London: Routledge, 1998), p. 124.

신기기의 사용이 가능하다 하더라도 정보데이터에 대한 접속의 문제는
여전히 남는다. 낙관론자들은 네티즌들이 사이버 공간에서 지구상의 어
떤 컴퓨터나 개인과 접속하여 즉각적으로 정보를 검색하고 대화를 할 수
있다고 하지만, 이는 여전히 지나친 환상에 불과하다.[11] 사이버 공간에서
정보를 얻기 위해서는 비용과 허가 그리고 패스워드(password)가 필요
하다. 많은 도메인들은 원치 않는 침입자를 방지하기 위해 방화벽을 구
축하고 있다. 대부분의 공개된 정보들은 별다른 가치를 지니지 못하는
것들이며, 접속에 많은 시간과 노력을 기울일 가치가 있는 정보들은 대
부분 엄격히 폐쇄적으로 운용되고 있다. 이러한 맥락에서, 루크(Timothy
Luke)는 사이버 세계는 모든 사람들이 언제 어디서나 보편적으로 접근할
수 있는 공간이 결코 아니라고 주장한다. 오히려 산업혁명 기간동안 일
부 선진국가들 만이 발전의 혜택을 누렸던 것처럼, 정보혁명도 정보와
부를 일부 사이트에 집중시킬 것이며 디지털화된 불평등, 무능력, 비접근
성을 만들어 낼 것이라고 주장한다.[12]

(3) 한국의 정보불평등

2003년 IMD 세계경쟁력 연감(*The IMD Competitiveness Yearbook
2003*)에 의하면, 한국의 국가경쟁력은 인구 2천만 이상 조사대상 국가
30개국 가운데 15위를 차지하였다. 이는 2002년의 10위에서 5단계나 떨
어진 순위이다. 평가결과에 따르면, 한국은 외국인 투자환경, 노사관계,
기업경영의 투명성 등의 분야에서 부정적 평가를 받았으나, IT 인프라 분
야에서는 최상위로 평가되었다. 인구 1,000명당 인터넷 이용자 수는
557.3명으로 2위, 인터넷 접근용이성 정도 3위, 그리고 커뮤니케이션 인

---

11) *Ibid.*, p. 128.
12) *Ibid.*, pp. 134-135.

프라의 적절성에서는 7위를 기록하였다.[13] 또한 한국전산원이 매년 주요 50개국을 대상으로 산출하는 국가정보화지수 순위에 따르면, 지난 1998년 22위였던 한국의 순위는 2001년에 14위로 가파르게 상승하였고, 2002년에는 두 계단 올라간 12위를 기록하였다. 이러한 순위 상승은 초고속 인터넷 가입자 세계 1위, 인터넷이용자 비율 2위, 그리고 PC 보급률 7위 등 양적 성장에 힘입은 것으로 나타났다.

　한국의 정보화 수준은 외국에서도 높은 평가를 받고 있다. 지난 2002년 대통령선거 이후 영국의 가디언지(The Guardian)는 "인터넷의 강점을 완전히 이해하는 새로운 지도자가 대통령으로 취임함으로 인해 한국은 이제 지구상에서 가장 발달된 온라인 민주주의를 실현할 수 있을 것이다"라고 보도하였다. 또한 이 신문은 인터넷기술의 발달로 인해 한국은 세계 다른 어떤 나라에서도 경험하지 못한 정치적 변화를 경험하였으며, 웹 민주주의(webocracy)의 등장은 역동적이고 예측할 수 없는 변화를 가져왔다고 보도하였다. 그리고 한국에서의 사이버 민주주의 성장 요인을 '초고속정보통신망'과 온라인 활동의 확산에서 찾았다.

　　영국은 겨우 5%의 가정만이 광대역(broadband) 정보통신망에 연결되어 있는데 반해 한국은 약 70%의 가정이 초고속 정보통신망에 연결되어 있다. 영국에 비해 훨씬 많은 초고속망 사용으로 인해 한국에서는 온라인 쇼핑, 전자상거래, 온라인 채팅 등 다양한 온라인 활동이 확산되어 있다. 한국인들은 한 달에 1,340분을 온라인 활동에 사용하고, 경제활동의 10%가 IT와 관련되어 있으며, 이는 세계에서 가장 높은 수준이다.[14]

　이처럼 정보화 인프라 측면에서 한국은 세계 정상수준임에는 분명하다. 2002년 6월 현재 한국의 PC 보급률은 78.6%에 달하였으며, 인터넷

---

13) 한국전산원, 『정보화이슈분석』 03-12 (2003/05/22).
14) The Guardian, 2003년 2월 24일.

이용률도 2002년 12월 현재 2천6백만명을 넘어 6세 이상 인구 가운데
59.4%가 인터넷을 사용하고 있는 것으로 조사되었다(그림 9-2 참조). 초
고속 인터넷 이용 가구는 2002년 10월 현재 1천만 가구를 넘어섬으로써
69%의 보급률을 보였다. 이는 인구 100명당 17.6명이 초고속 인터넷에
접속하고 있는 것으로, 캐나다의 8.4명, 미국의 4.47명, 그리고 일본의
2.23명에 비해 확연히 높은 수준이며, OECD 국가 평균 2.9명에 비교하
면 5배 이상 높은 이용률이다.[15] 그러나 이처럼 높은 정보화 인프라 수준
에도 불구하고, 정보불평등 현상은 한국도 예외가 아니다. 인터넷 접속
과 이용률에 있어, 학력별·소득별 집단 간의 격차는 분명히 드러나고
있다. 특히 성별·연령별 정보격차는 시간이 흐름에 따라 완화되는 추세
를 보이나, 학력과 소득수준에 따른 정보격차, 그리고 지역 간 정보격차
는 전혀 개선되지 않고 있다는데 문제의 심각성이 있다.

〈그림 9-2〉 인터넷 이용률 및 이용자 수(%, 천명, 6세이상 전인구)

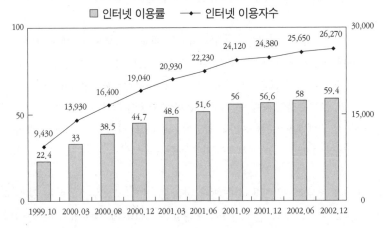

출처: 한국인터넷 정보센터, 『인터넷 이용자수 및 이용행태 조사』, 2003년 1월, p. 15.

---

15) 김주찬·민병익, 앞의 글, p. 80.

인구사회학적 변수와 정보화 수준을 보면, 남성과 여성의 컴퓨터 이용률 차이가 1999년에 17.2%이었던 것이, 2000년에는 16.8%, 2001년에는 13.4%, 그리고 2002년에는 10.2%(남성 72.7%, 여성 62%)로 점차 줄어들고 있다. 인터넷 이용률의 격차 역시 2000년의 16.3%에서 2001년에는 13.9%, 그리고 2002년에는 11.6%(남성 65.2%, 여성 53.6%)로, 그 차이가 점차 줄어들고 있다.[16] 그러나 지역별로는 대도시와 중소도시 그리고 읍·면 지역 간의 정보격차는 뚜렷이 존재하고 있으며, 그 격차도 지난 7년간 일정하게 유지되고 있다.[17]

가구소득별 인터넷 이용률을 살펴볼 때(그림 9-3 참조), 2002년 6월 현재 400만 원 이상의 가계소득을 기록한 가구들 가운데 71.9%가 인터넷을 이용하고 있는 반면, 200만 원 이하 가구의 경우 46.8%만이 인터넷에 접속하고 있어, 두 집단 간 인터넷 이용률의 차이는 약 25%에 이르고 있다. 한편 개인 PC의 경우, 2002년 12월 현재 가계소득이 400만 원 이상인 가구들 가운데 95.4%가 PC를 보유하고 있었으며, 100만 원 이상 200만 원 이하 가구의 경우 81.8 %가 PC를 보유하고 있어, 인터넷 이용률에 비교

〈그림 9-3〉 가구소득별 인터넷 이용률 (%)

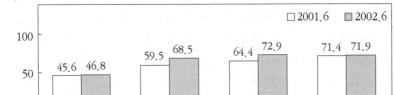

출처: 한국인터넷 정보센터, 『인터넷 이용자수 및 이용행태 조사』, 2003년 1월, p. 22.

---

16) 김주찬·민병익, 위의 글, p. 92; 한국인터넷정보센터, 『인터넷 이용자수 및 이용행태조사』 2003, p. 26.
17) 김주찬·민병익, 위의 글, p. 80.

〈그림 9-4〉 소득 및 교육 차이에 따른 인터넷 이용률 격차

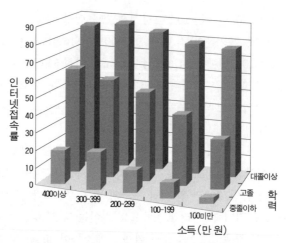

출처: 김주찬 · 민병익, "수도권과 비수도권의 정보격차 현황과 정책방향 연구,"『지방정부연구』제7권 제1호(2003 봄), p. 81.

해서는 그 차이가 매우 적었다.

학력수준에 따른 정보격차는 소득차이에서 나타나는 격차보다 더욱 심각하다. 즉 같은 소득계층 안에서도 학력수준에 따른 인터넷 이용률 차이는 매우 큰 것으로 나타났다. 〈그림 9-4〉가 보여주듯이, 월 가구소득이 400만 원 이상인 집단만 놓고 볼 때, 대졸이상의 인터넷 이용률은 중졸이하의 저학력 집단보다 4배 이상 높은 것으로 조사되었다. 또한 같은 학력 집단 안에서는 대졸이상의 집단의 경우 소득차이에 따른 인터넷 이용률 차이가 크지 않았다. 그러나 고졸 집단에 있어서는 월 400만 원 이상 소득계층의 경우 62.9%가 인터넷을 이용하였으나, 월 100만 원 이하 소득계층의 경우 28.9%만이 인터넷에 접속하여 두 배 이상의 차이를 보였다.[18]

2. 전자감시와 전제정치

정보통신기술의 발달이 정치과정에 미치는 영향은 양면적이다. 사이버공간은 정책결정과정에 시민들의 참여를 유도하거나 정치적 의사표현과 공공이슈에 관한 토론의 장을 제공함으로써 민주주의 발전에 기여할수 있을 것이다. 반면, 권력기관이 신기술을 감시와 규제의 도구로 활용할 경우 민주적 정치과정의 훼손은 불가피할 것이다. 즉 정보통신기술을 통제의 기술(technology of control)로 활용하느냐, 아니면 자유의 기술(technology of freedom)로 이용하느냐에 따라 가상공간은 정치권력의 집중화를 가져올 수 있으며 반대로 정치권력의 분산화를 유도할 수도 있다.

(1) 인터넷과 제3세계 민주화

민주주의와 관련하여 인터넷의 영향력은 양날의 칼에 비유된다. 일부 낙관론자들은 인터넷의 확산이 기존 대의민주주의의 문제점들을 보완하는 새로운 형태의 민주주의를 가져올 것으로 기대하였다. 이들은 모든 정보가 전자적으로 유통되는 인터넷 시대에는 정보전달 비용의 급속한 감소, 정보전달 속도 및 양의 증가, 정보내용의 다양화가 촉진됨으로써, 시민들 간의 상호연계성은 더욱 높아지게 될 것으로 전망하였다. 또한 이들은 새로운 다원주의의 등장을 예견하면서 새로운 기술이 정치권력을 시민들에게로 돌려 줄 것이라고 믿었다.[19] 이와는 대조적으로, 일부 비관론자들은 인터넷이 권력자에 의해 피권력자들을 감시하고 통제하는 수단으로 활용되어 기존 권력을 강화하고 권력을 집중시키는 비민주적

---

18) 김주찬 · 민병익, 앞의 글, pp. 80-81.
19) Christopher Arterton, *Teledemocracy: Can Technology Protect Democracy?* (Newbury Park, CA: SAGE Publications, 1987).

인 결과를 가져올 수 있다고 경고한다.

제3세계 국가들의 민주주의 발전을 설명하는 근대화이론은 정치커뮤니케이션의 활성화를 서구민주주의의 발전을 가져왔던 핵심적인 요소로 보고 있다. 대표적인 근대화 이론가인 러너(Daniel Lerner)는 1958년에 출판된 그의 저서 『전통사회의 소멸』(The Passing of Traditional Society)에서 산업화와 도시화가 문자해득률을 증가시키고, 이는 사회동원의 증폭 기제인 매스미디어의 성장을 가져오게 되며, 문자해득률과 매스미디어에 대한 접촉은 일반대중으로 하여금 지역 엘리트로부터 독립적이고 자율적인 정치적 판단을 가능하게 하며, 이는 아래로부터의 정치 참여 활성화를 가져오게 된다고 보았다. 즉 매스미디어의 확산과 교육수준의 향상으로 인해 국민들은 과거보다 훨씬 많은 양의 정치적 정보를 접할 수 있게 되며, 또한 그 정보를 이해하고 판단할 수 있는 능력이 향상되면서 정치에 대한 기대와 요구수준이 높아지고, 이것이 권위주의 정권에 대한 압력으로 작용하게 된다는 것이 근대화이론의 핵심 주장이다.

커뮤니케이션의 혁명이라 할 수 있는 인터넷의 등장은 과거 라디오나 TV와는 비교할 수 없는 수준의 커뮤니케이션의 활성화를 가져올 것이다. 근대화 시절의 라디오나 TV가 일방적 정보전달에 그쳤다면, 인터넷은 쌍방향 커뮤니케이션의 도구이며 정보전달의 양과 속도 그리고 비용에 있어 비교할 수 없을 정도의 변화를 가져왔다.

이러한 이론적 근거 아래 많은 학자들이 정보통신기술의 발달이 민주주의의 확산을 가져올 것이라고 전망하였다. 그로스만(Lawrence K. Grossman)에 의하면, 커뮤니케이션의 수단으로써의 인터넷은 시민과 정치인 사이의 직접적인 쌍방향 접촉을 가능하게 하며, 이는 그리스의 고전적 민주주의, 대의민주주의 시대에 이어 전자민주주의(electronic democracy)라는 제3의 민주주의 시대를 가져올 것이라 예견한다.[20]

---

20) Lawrence K. Grossman, The Electronic Republic: Reshaping Democracy in America (New York: Viking, 1995).

페르디난드(Peter Ferdinand)는 인터넷의 등장이 기존 민주주의체제를 변화시킬 뿐만 아니라 권위주의체제의 존립을 위협하게 됨으로써 1970년대와 1980년대의 '제3의 물결'에 버금가는 새로운 민주화의 물결이 전 세계적으로 확산될 것으로 전망하였다.[21] 인터넷의 확산은 한 국가 내부에서 정치체제와 시민사회의 변화를 가져올 뿐만 아니라, 외부로부터의 변화 또한 촉진하기 때문이다. 즉 인터넷이 권위주의 정권하의 시민과 외부의 민주화 지지세력들을 연결하는 수단으로 활용되어 국제적 시민사회를 형성하고, 이것이 권위주의 정권의 변화를 촉진하는 동력이 될 것이라는 주장이다.[22] 같은 맥락에서, 미국 국방성 고위관리자는 인터넷이 제3세계 민주화에 미치는 영향을 다음과 같이 전망하였다.

인터넷은 감시자에게 최대의 도전이며 독재자에게는 최악의 악몽이다....정부가 전혀 모르게 중국, 이라크, 이란 등지의 국민들은 전 세계 시민들과 자유롭게 의견을 나누고 있다.... 인터넷은 독재정권에 있어 지속적이고도 심각한 위협이 되고 있으며, 이에 효과적으로 대응할 방안은 마땅치 않다. 인터넷을 통해 외부세계로부터 각종 뉴스들이 권위주의 국가로 유입되게 되며, 이는 정보 왜곡과 통제에 의존해 오던 권위주의 정권의 신뢰성을 무너뜨리고 정치적 불안정을 가져오게 될 것이다. 권위주의 국가와 자유국가에 거주하는 개인들 간의 이메일을 이용한 접촉은 양측 시민들이 서로에 대한 정확한 정보를 얻는 데 크게 기여할 것이며, 이는 결국 권위주의 정권의 약화를 가져올 것이다. 인권침해를 비롯한 권위주의 정권에 의해 자행되는 각종 탄압의 내용이 인터넷을 통해 외부세계로 전달됨으로써, 독재하에 시달리는 시민들을 지원하기 위한 외부 정치세력을 동원하는 데 도움을 줄 것이다.[23]

21) Peter Ferdinand, "The Internet, Democracy and Democratization," in Peter Ferdinand (ed.), *The Internet, Democracy and Democratization* (Portland Oregon: Frank Cass Publishers, 2000), pp. 1-2.
22) *Ibid.*, pp. 15-16.

  그러나 이와 같은 긍정적 전망과는 달리, 많은 연구들은 인터넷의 민주적 잠재성이 아직까지 구현되지 못하고 있음을 보여준다. 일부 초기 인터넷 주창자들은 인터넷이 미디어의 상업적 지배를 해결할 수 있는 대안이 될 것이며, 네트워크의 분권적 · 개방적 특성으로 인해 특정 집단에 의한 정치적 통제가 불가능할 것이라고 보았다. 이들은 중앙 통제세력이 없어짐으로써 인터넷은 상호연계성을 강화하고 여론의 상업적 지배를 허물게 될 것이며, 따라서 정치적 권한을 부여받은 시민들 사이의 보다 직접적인 의사소통이 가능하게 될 것으로 믿었다. 이들은 인터넷 네트워크가 시민들 사이의 연결고리로 작용함으로써 보다 실질적인 민주주의가 창출될 것이며, 커뮤니케이션을 통제할 수 있는 권한이 일반시민들의 손에 주어질 것으로 믿었다.

  그러나 통신사업자들이 상업적 목적으로 인터넷에 대한 관심을 높이면서 네트의 구조는 변형되기 시작하였다. 분권화와 개방화는 상업성을 높이기 위한 중앙집중화와 통제로 변화하였다. 인터넷 등장 초기와는 달리, 정보통신산업 육성의 불가피성을 인식한 권위주의 정권들 역시 정치권력의 유지 및 강화를 위해 새로운 정보통신기술을 이용하는 방법을 적극 모색하고 있다. 실제로 제3세계 국가에서의 인터넷 확산에 관한 많은 연구들이 권위주의 국가에서 인터넷이 사이버 민주주의나 자유로운 시민사회 등장의 촉매자가 되기보다는 소수 정치엘리트들의 정치적 주장을 확대재생산하고 기존 정치권력을 강화하는 수단으로 활용되고 있음을 보여주고 있다.[24] 이들 연구는 새로운 정보통신기술이 디지털시대에 정의롭고 인간적인 사회를 실현하는 데 심각한 걸림돌로 작용할 것이

---

23) Charles Swett, *Strategic Assessment: The Internet* (Washington DC: Office of the Assistant Secretary of Defense for Special Operations and Low-Intensity Conflict, the Pentagon, 1995), http://www.fas.org/cp/swett.html (검색일: 2001년 3월 12일).

24) Marcus Franda, *Launching into Cyberspace* (Boulder, Colorado: Lynne Rienner Publishers, Inc., 2002), p. 235.

며,[25] 나아가 인터넷이 민주주의에 대한 위협으로 작용할 것이라 주장한
다.[26]

(2) 민주화 운동과 인터넷

권위주의 질서하에서 인터넷이 권력기관의 검열을 우회하여 정확한
정치정보를 일반시민들에게 제공한다면, 권위주의 정권은 크게 위협받
을 것이다. 그러나 기존 권위주의 집단들은 그러한 권력에 대한 위협을
회피하기 위해 인터넷을 어떻게 관리해야 하는지 충분히 숙지하고 있다.
이들은 자신들의 권력을 위협할 수 있는 정보에 대한 접근을 제한함으로
써 새로운 미디어를 자신들의 권력강화를 위해 사용하고 있다.[27] 이러한
점에서 볼 때, 인터넷이 전통적 미디어와 권력집단, 정치제도 등을 대체
하는 새로운 권력구조를 만들어 낼 것이라는 순진한 기대 앞에는 너무나
많은 장애물이 가로 막혀 있음을 분명히 인식하여야 할 것이다.

제3세계 국가들의 민주화운동에 미치는 인터넷의 영향력은 아직 명확
히 드러나지 않고 있다. 중국, 인도네시아, 말레이시아, 미얀마 등 일부
제3세계 국가에서 인터넷이 반정부활동의 중요한 수단으로 이용되는 사
례들이 종종 관찰되고 있다. 그러나 낮은 인터넷 보급률과 정치권력의
인터넷에 대한 통제 등으로 인해 아직은 본격적인 정치변동으로 연결되
지 않고 있다. 인터넷이라는 기술 자체에는 민주적 잠재성이 분명히 내
재되어 있으나, 그러한 잠재적 가능성이 구현되기 위해서는 많은 현실적

---

25) Anthony Wilhelm, *Democracy in the Digital Age: Challenges to Political Life in Cyberspace* (New York: Routledge, 2000), p. 6.

26) Donald Gutstein, *E.con: How the Internet Undermines Democracy* (Toronto: Stoddart, 1999).

27) Richard Davis, *The Web of Politics: The Internet's Impact on the American Political System* (New York: Oxford University Press, 1999), pp. 147-148.

장애요인들이 극복되어야 한다. 따라서 제3세계 국가들의 민주화에 미
치는 인터넷의 영향력 역시 민주화의 촉진과 권위주의 권력의 안정화라
는 전혀 상반되는 결과로 나타날 가능성이 높다.

1990년대에 들어 인터넷은 급속하게 확산되기 시작하였다. 전혀 예상
하지 못하였던 인터넷의 급속한, 때로는 무질서한 확산 앞에 각국의 지
도자들은 이러한 현상이 과연 국가이익에 부합할 것인지에 대해 확신하
지 못하였다. 따라서 이들은 인터넷의 본격적 도입에 대해 상당히 조심
스러운 태도를 취할 수밖에 없었다. 많은 제3세계 국가지도자들은 인터
넷의 확산에 대해 고립주의 전략을 취하면서, 소수의 엘리트와 제한된
영역들—군, 과학기술, 행정 및 정보 분야—에 대해서만 인터넷 사용을
허용하였으며, 일반 국민들은 매우 통제된 상황에서 인터넷에 접속할 수
있었다. 특히 중앙아시아와 중동의 국가들은 인터넷의 접속을 제한하고
웹 사이트를 검열하는 등 네티즌의 활동을 적극 통제하였다. 이들 국가
는 인터넷 관련 기술에 대한 투자를 외면하고 정보통신기술 분야의 해외
투자를 유치하기 위한 법제도적 환경조성에 대해 매우 소극적인 자세를
보였다. 중동 국가들의 경우, 인터넷의 확산이 종교적, 문화적 공동체를
와해시킬 수 있는 잠재 요인으로 인식되었다. 그러나 많은 국가들이 인
터넷에 대한 접근을 극소수의 국민들에게만 허용하는 고립주의적 정책
은 결코 국가이익에 도움이 되지 않음을 깨달으면서 각 정권들은 철저히
통제된 상황 하에서의 인터넷 도입을 모색하게 되었다.[28]

인터넷이 한 국가의 정치적 변화를 가져온 사례는 1994년 멕시코의 치
아파스(Chiapas) 사태에서 찾을 수 있다. 마르코스(Marcos)가 이끄는 게
릴라 집단은 원주민에 대한 권리를 보장하지 않는 정부에 저항하여 치아
파스 지역의 주요도시를 장악하였다. 이 같은 시위가 처음은 아니었으
나, 과거와는 달리 이번에는 현지 소식이 인터넷을 통해 외부세계로 급

---

28) Marcus Franda, *Launching into Cyberspace*, p. 230.

속히 퍼져 나갔으며, 그 결과 저항운동을 지원하기 위한 세력들이 결집되기 시작하였다. 이 시위를 주도하고 있는 사빠티스타(Zapatistas)들은 인터넷을 이용하여 자신들의 주장을 외부세계로 전달하여 지지집단들로 하여금 저항운동에 우호적인 여론을 조성하도록 하였으며, 결국 멕시코 정부는 국제사회의 여론에 굴복하여 이들에 대한 탄압정책을 포기할 수밖에 없었다.[29] 인터넷을 통한 외부세계와의 연결이 없었다면, 1994년 치아파스 저항도 과거와 같이 권위주의 정권에 의해 탄압되었을 것이다. 인터넷을 통한 정보확산으로 멕시코 정부의 대응은 외부세계에 의해 면밀하게 관찰되었으며, 이로 인해 시위대에 대한 멕시코 정부의 물리적 탄압은 매우 어렵게 되었다. 랜드 연구소는 이 같은 치아파스 저항운동이 '사회네트전'(social netwar)이라는 21세기 정보사회 사회운동의 새로운 유형을 보여주었다고 분석하였다.[30]

인터넷이 반정부운동에 활용된 또 다른 사례는 세르비아(Serbia)에서도 찾아 볼 수 있다. 밀로세비치(Milosevic) 대통령에 반대하는 세르비아의 라디오 방송국들은 정부의 심각한 탄압에 직면하였으며, 결국 라디오 방송 송출이 금지되었다. 그러나 이들 라디오 방송국들은 인터넷을 통해 세르비아 상황을 외부세계로 알릴 수 있었으며, 이들의 입장에 동조하는 몬테네그로의 방송국들이 이 소식을 받아 방송을 내보내고 급기야 CNN과 BBC 방송까지 이들 소식을 전파하게 되었다.[31]

보다 최근에 인터넷이 반정부운동집단에 의해 활용된 사례는 인도네시아와 말레이시아에서 찾아 볼 수 있다. 수하르토 정권 말기, 반 수하르토 세력들은 뉴스그룹이나 채팅룸 등을 통해 정보를 교환하였으며, 외국

---

29) Manuel Castell, *The Power of Identity. The Information Age: Economy, Society and Culture*, vol. 2 (Oxford and Malden, MA: Blackwell, 1997), p. 80.

30) David Ronfeldt, John Arquilla, Graham Fuller and Melissa Fuller, *The Zapatistas 'Social Netwar' in Mexico* (Santa Monica, CA: Rand, 1998), p. 1.

31) Peter Ferdinand, "The Internet, Democracy and Democratization," p. 14.

에 기반을 둔 이메일 토론리스트는 인도네시아 내부와 외부에서 활동하는 반 수하르토 세력 사이의 주요한 커뮤니케이션 수단이 되었다. 특히 미국의 메릴랜드에 기반을 둔 '아파까바르'(apakabar, 새소식)는 비정부 조직들이 정부에 의해 전혀 검열 받지 않은 정치뉴스와 정치적 견해들을 서로 공유할 수 있는 공간으로 활용되었다. 1995년 말 경에는 약 10,000명의 인도네시아인들이 이 이메일 뉴스를 받아보게 되었다. 또한 PIJAR라는 반 수하르토 학생그룹 역시 이메일을 통해 외국에 있는 동조자들에게 인도네시아 상황을 전달하였다. 말레이시아에서도 1998년 마하티르 수상에 의해 부수상 안와르가 체포되었을 때 사이버 시위가 전개되었다. 안와르 지지자들은 자신들의 웹 사이트를 개설하여, 안와르 체포를 비판하는 주변 동남아국가 지도자들의 성명을 국내에 전달함으로써 반 마하티르 세력의 확산을 유도하였다.[32]

제3세계 민주화에 있어 인터넷은 권위주의 정권하의 반정부집단뿐만 아니라, 국외에 산재하고 있는 민주화 지지세력을 동원하는 데 매우 중요한 수단이 되고 있다. 국제단체들은 권위주의 정권에 의해 자행되는 인권침해와 권력남용 사례를 인터넷을 통해 공개함으로써 본국 정책결정자들의 관심을 주목시키며, 외교적 채널과 국제적 미디어를 통해서도 영향력을 행사하고 있다. 군사정권이 인터넷을 철저히 통제하고 있는 미얀마의 경우, '자유버마연합'(Free Burma Coalition)과 같은 국제단체를 통해 세계적 여론을 전달하고 군사정권에 압박을 가하고 있다. 일본에서 제공되는 '온라인 미얀마 뉴스'는 매일 수천 개의 이메일 주소로 미얀마에 관련된 정치뉴스를 제공하고 있다.

이상의 사례를 통해 살펴본 바와 같이, 인터넷은 권위주의체제에 대항

---

32) Shanthi Kalathil and Taylor C. Boas, "The Internet and State Control in Authoritarian Regimes: China, Cuba, and the Counterrevolution," (Carnegie Endowment Working Papers, 2000), No. 21 (July), http://www.ceip.org (검색일: 2001년 3월 12일).

하는 반체제집단과 지원세력에 적극 활용되어 왔다. 이러한 활동은 권위
주의 정권에 상당한 위협으로 작용한 것은 사실이나, 이들 사례들만 가지
고 인터넷과 민주화 사이의 직접적인 인과관계를 밝히기에는 아직 한계
가 있다.

(3) 사이버공간의 통제

인터넷이 제3세계 민주화에 직접적인 영향을 미치기 힘든 요인들 가운
데 하나는 민주화 세력만이 인터넷의 정치적 중요성을 인식하고 있는 것
이 아니라는 사실이다. 권위주의 정권들도 인터넷을 이용한 정보확산 및
여론조성의 중요성을 깊이 인식하고, 이를 통제하기 위한 모든 수단을 동
원함과 동시에 정치선전의 수단으로 인터넷을 적극 활용하고 있다.

커뮤니케이션 통로를 보유하고 통제하는 것은 곧 커뮤니케이션 내용
을 통제할 수 있음을 의미한다. 마치 송유 파이프를 보유함으로써 그것
을 통해 흐르는 석유의 양을 통제할 수 있는 것처럼, 커뮤니케이션 채널
을 통제하는 집단은 사용자들에게 전달되는 정보의 내용을 통제할 수 있
는 것이다. 송유관의 흐름을 차단하는 것과 같이 정보를 조작하거나 검
열하는 행위는 민주적이고 합리적인 의사결정을 방해하고 권위주의 정
권의 강화라는 결과를 가져오게 된다.[33] 인터넷의 쌍방향 커뮤니케이션
기술 역시 통제와 감시를 더욱 강화시키는 결과를 가져올 수 있다.

인터넷상에서 유통되는 정보를 검열할 수 있는 필터링 기능은 전혀 다
른 두 가지 목적으로 활용된다. 다운스트림 필터링(downstream filter-
ing) 기능은 미성년자들이 유해한 사이트에 접속하는 것을 방지하는 등
긍정적 측면에서 활용이 가능하다. 그러나 업스트림 필터링(upstream
filtering)의 경우, 독재정권이 정보가 네트워크에 들어오는 순간부터 검

---

33) Jan Samoriski, *Issues in Cyberspace: Communication, Technology, Law, and
Society on the Internet Frontier* (Boston, MA: Allyn & Bacon, 2002), pp. 7-8.

열함으로써 정권의 이익에 반하는 정보가 대중들에게 전달되는 것을 차단하는 기능을 수행할 수 있다. 외국으로부터 전송되는 방송 시그널의 경우 방해전파를 쏘는 것 이외에는 정보의 전달을 차단할 수 있는 별 다른 방법이 없는 반면, 정부가 통제하는 광역 인프라(broadband infra-structure)의 경우 이를 통해 전달되는 텍스트, 데이터, 음향, 이미지 등 모든 정보가 정부에 의해 통제될 수 있다.[34]

자유주의적 가치를 추구하는 컴퓨터 전문가 개개인들의 의도와는 달리, 컴퓨터 코드(computer code)는 이미 대기업이나 정부의 영향력하에 있으며 많은 네트워크 아키텍처(network architecture) 역시 기득권자들의 권리를 강화하는 방향으로 발달하고 있다.[35] 즉 주권국가들은 이미 자신들의 권력을 강화하는 방향으로 네트워크를 구축하는 방법을 터득하고 있으며, 독재자들은 비정상적인 규제와 법을 동원하여 인터넷의 힘을 무력화시키려는 노력을 기울이고 있다. 예컨대, 미국의 국가정보위원회(U.S. National Intelligence Council)의 요청에 의해 부즈-알렌 해밀턴(Booze-Allen Hamilton) 연구소가 작성한 보고서에 따르면, 제3세계 국가들은 반정부적 인터넷 사용을 억제하기 위해 다음과 같은 방법들을 사용하고 있는 것으로 분석하고 있다.

① 발신자 및 수신자 추적, 메시지 분량과 관련된 데이터 추적 등을 통한 통신내용의 분석.
② 반정부 활동단체 등 특정 사이트에 해킹기술을 이용하여 바이러스 유포.
③ 반정부 단체, 정당들과 지지자들 사이의 관계를 와해시키기 위해 이들 이름으로 잘못된 정보를 유포.

---

34) *Ibid.*, p. 8.
35) Lawrence Lessig, *Code and Other Laws of Cyberspace* (New york: Basic, 1999), p. 207.

이 보고서에서 부즈-알렌은 저개발국가에서 인터넷 접속의 증가가 일반적으로 "정치적 긍정 요인"이 될 것이나, 인터넷 접속 자체가 개인의 자유나 민주적 정부를 가져오지는 않을 것이라는 결론을 내리고 있다. 사실상 대부분의 권위주의 정권들이 다양한 방법을 동원하여 반정부집단뿐만 아니라 일반시민들의 인터넷 사용을 철저히 감시 · 통제하고 있다. 라오스는 인터넷을 통한 반체제활동을 엄격히 금지하고 인터넷 사용을 규제하기 위한 정부기관을 설립하였으며, 미얀마의 군사정권도 정기적으로 통신망과 이메일을 감시하고 있다. 또한 미얀마 정부는 모든 팩스 머신과 컴퓨터 그리고 위성 수신기를 정부에 등록하도록 규정하였다. 미얀마 정부는 1996년 정부당국의 사전 허가 없이 인터넷을 사용하는 자는 7년 이상 15년 이하의 징역에 처할 수 있는 법을 제정하였으며, 2001년 1월에는 웹사이트가 정치적 목적으로 활용되는 것을 금지하는 새로운 인터넷 규제 법안을 통과시켰다.[36]

중국정부 역시 정보화계획, 국가표준, 등급통제 등 인터넷에 관련된 모든 부분에 대해 절대적 권한을 행사하고 있다. 중국에서 인터넷에 대한 직접적 접속은 우편 · 정보통신부(Ministry of Post and Telecommunication)가 유지 · 관리하는 국제 포트(international ports)를 통해서만 가능하다. 어떤 집단이나 개인도 인터넷 접속의 다른 수단을 만들거나 유지할 수 없다. 모든 조직과 개인은 관련 법과 행정규제를 반드시 준수하여야 하며, 어떠한 경우에도 인터넷이 국가안보를 위협하거나 국가기밀을 누설하는 데 사용될 수 없다고 규정하고 있다.[37] 중국의 지도자들은 새로운 커뮤니케이션 수단으로써 인터넷이 갖는 보편적 규범인 "정보의 자유로운 흐름"을 인정하지 않고 있으며, 인터넷상에서 반국가적 정보가 유

36) Shanthi Kalathil, "The Internet and Asia: Broadband or Broad Bans?" *Foreign Service Journal* 78:2 (2000/2001, Feb).
37) Geremie R Barme and Sang Ye, "The Great Firewall of China." *Wired Magazine* 5:6 (1997, June), p. 154.

통되는 것을 차단하기 위해 다양한 규제장치를 마련하였다. ISP 사업자들은 등록이 의무화되어 있으며 개인인적사항과 경찰파일보고양식(Police File Report Form)을 제출하여야 한다. 또한 ISP 등록자들은 국가안보를 위협하거나 국가기밀을 누설하는 목적으로 인터넷을 사용하지 않을 것이며, 국가에 해가 되고 공공의 안전을 방해하거나 음란한 내용의 자료를 읽지도, 재생하지도, 유포하지도 않을 것이라는 서약을 하여야만 한다.[38]

중국의 지도자들은 정보통신기술이 자신들에게 근대화뿐만 아니라 중앙집중적 통제와 정치적 안정을 동시에 가능하게 해 줄 것으로 믿었다. 중국정부는 경제개혁의 성공과 정치적 안정을 위하여 정보통신산업의 성장을 적극적으로 지원하는 한편 인터넷이 반정부활동에 활용되는 것은 철저히 통제하는 전략을 구사하였다.[39]

중국에서의 인터넷은 독점적 인터넷 관리기관인 '차이나 텔레콤'(China Telecom)에 의해 관리되는 고도로 중앙집중화된 네트워크와 단일화된 인프라 구조하에 운영되고 있다.[40] 중국 내의 다른 인터넷 네트워크들이 외부의 인터넷망과 연결되어 있기는 하나, '차이나 텔레콤'의 "China Net"이 사실상 시장을 지배하고 있다. 2001년 이전까지는 겨우 6개의 네트워크만이 정부로부터 국제선 사용을 허가 받았으나, 이들 6개 망들도 '차이나 텔레콤'의 네트워크를 빌려서 사용하고 있는 까닭에 사실상 자체적인 국제연결망을 가지고 있는 네트워크가 없는 상태이다.

2000년 초, '차이나 텔레콤'의 주도하에 시행된 NAP(Network Access Point) 프로젝트가 완성되어, 중국 내 모든 컴퓨터는 해외의 서버를 거치

---

38) *Ibid.*, pp. 155-156.
39) Milton Mueller and Zixiang Tan, *China in the Information Age* (Washington, DC: Center for International and Strategic Studies, 1996), p. 12.
40) Peter Lovelock, *E-China: Putting Business on the Internet* (New York: Maverick Research and Virtual China, 1999), pp. 16-17.

지 않고 국내 다른 컴퓨터들과의 커뮤니케이션이 가능하게 되었다. 이 프로젝트는 자료의 다운로드와 업로드에 걸리는 시간을 단축시킬 뿐 아니라, 인터넷 사용 비용도 절감하여 네티즌들의 많은 호응을 얻었다. 동시에, 중국내 인터넷과 해외 인터넷망의 연결접점을 단일화함으로써 정부의 인터넷 커뮤니케이션 모니터링 능력도 강화하였다.[41]

이와 같은 중국 정부의 통제 노력에도 불구하고, 인터넷이 갖는 기술상의 특성으로 인해 인터넷상에서 유통되는 정보를 완전히 차단하거나 필터링하는 것은 사실상 불가능하다. 중국 정부는 정부 슈퍼컴퓨터의 모니터링을 차단할 수 있는 암호(encryption) 소프트웨어의 수입을 금지해 왔으나, 사실상 밀수나 외국 컴퓨터로부터의 다운로드를 통해 그러한 소프트웨어가 국내로 반입되고 있다. 또한 지난 수 년 동안 '휴먼 라이트 워치'(Human Rights Watch)와 같은 인권단체들은, 미국 국무성의 금지에도 불구하고, 중국의 NGO 단체들에게 PGP(Pretty Good Privacy)와 같은 암호 프로그램 사용을 교육시키는 등 '정보의 자유로운 흐름'을 위한 다양한 노력을 기울이고 있다.[42]

자유로운 정치커뮤니케이션은 시민의 정치적 의사결정에 필요한 정보를 제공하는 중요한 역할을 수행한다. 따라서 커뮤니케이션 과정을 왜곡시키는 모든 요소가 민주주의 발전에 심각한 위협으로 작용한다. 역사적으로 권위주의정부는 반정부 활동을 통제하고 탄압하는 방법의 일환으로 정치정보의 흐름을 왜곡 혹은 차단시켰다. 예컨대, 반정부인사의 감금, 그리고 비판적 언론에 대한 검열과 폐쇄 등이 대표적인 사례이다. 그러나 시간과 공간의 장벽을 뛰어넘는 인터넷 커뮤니케이션의 확산으로 인해 '정보의 자유로운 흐름'을 방해하려는 독재정권의 노력은 이제 한

41) Franda, *op. cit.*, p. 189.
42) Pete Engardio, Richard S. Dunham, Heidi Dawlwy, Irene Kunii & Elisabeth Malkin, "Activists Without Borders," *Business Week* (1999. October 4), pp. 145-150.

ਕ

계에 봉착할 수밖에 없을 것으로 보여진다.

 그러나 인터넷의 제3세계 민주화에 대한 영향력은 쉽게 결론지어질 수 없는 부분이다. 표현의 자유가 곧바로 완전한 민주주의를 보장하지는 않는다. 인터넷이 권위주의 정권의 불안정을 가져올 수는 있으나, 반드시 자유민주주의의 길로 인도하지는 않는다. 분명한 사실은 인터넷의 확산으로 인한 정권안보에의 위협에도 불구하고, 권위주의체제들은 경제발전의 핵심기제인 인터넷을 외면할 수 없는 딜레마에 직면해 있다는 점이다.

3. 숙의민주주의의 훼손

 아터튼(Christopher Arterton)과 엘시타인(J. B. Elshitain) 등 초기 연구자들은 전자민주주의의 바람직한 모델을 숙의민주주의(deliberative democracy)에서 찾았다. 아터튼은 정보통신기술의 발달이 시민참여의 증가를 가져온다는 주장에 대해 동의하지 않는다. 그는 시민참여가 활성화된다 하여도 대의제가 직접민주주의로 대체되는 것이 아니라 사이버공간을 이용하여 대의과정이 활성화될 뿐이라고 주장한다. 또한 그는 전자민주주의의 핵심은 일반 시민들이 집안에서 정책의 찬반을 결정하는 버튼을 누르고 투표결과가 전자적으로 순식간에 집계되는 직접민주주의 형태가 아니라, 정책결정에 있어 시민들이 보다 많은 숙의를 할 수 있는 다양한 정보와 토론의 기회를 제공하는 것에 있다고 주장한다.[43]

 엘시타인도 진정한 민주주의와 국민투표(plebiscite)를 혼돈하여서는 안 되며, 민주주의의 핵심적인 요소는 숙고의 과정을 거친 공공정책의 선택이라고 주장한다. 그는 정치과정이 전자기술을 사용하여 '버튼누

---

43) Christopher Arterton, *Teledemocracy: Can Technology Protect Democracy?* (Newbury Park, CA: SAGE Publications, 1987), pp. 14-15.

름' 식으로 변화한다면, 정치과정은 저급한 형태의 민주주의로 퇴보할 것
이라 경고한다.[44]

전자민주주의의 핵심은 정보통신기술을 활용함으로써 대의민주주의
하에서 제한될 수밖에 없었던 시민들의 정책결정과정에의 참여 기회를
확대하는 데 있다. 그러나 과연 사이버공간에서 수준 높은 정치토론이
가능할 것인가에 대해서는 의문이 제기된다. 가장 근본적인 문제는 사이
버공간에서 숙의가 가능할 것인가 하는 점이다.

정치적으로 숙의란 시민들이 공개적으로 공공문제에 대한 아젠다를
결정하고 여러 가지 해결방안에 대한 진지하고 이성적인 토론을 거쳐 합
의에 도달하는 과정을 말한다. 즉 숙의는 단순히 자신의 입장을 말하는
일방적 발언이 아니며 다양한 관점을 검토하고 공동체를 위한 최선의 대
안을 찾아가는 대화이다.[45] 참여정치를 통한 '강한 민주주의' (strong
democracy)의 실현을 주장하는 바버(Benjamin Barber)는 숙의를 '듣기
라는 상호참여예술' (the mutualistic art of listening)이라고 표현한다. 강
한 민주주의의 필수적 요건인 정치적 발언(political talk)은 단지 말하기
(speech)에만 국한되지 않으며 듣기(listening)를 포함하고 있다는 주장
이다.[46]

이처럼 숙의의 과정은 서로 다른 견해를 가진 다양한 집단들이 상대의
주장에 귀 기울이면서 합의점을 찾아가는 과정이다. 따라서 공적인 대화
에서는 반드시 서로 다른 시각과 견해들 간의 갈등이 존재하여야 한다.
유사한 생각을 가진 사람들끼리의 상호교류가 아닌 상이한 시각을 지닌
개인들 간의 상호작용만이 진정한 의미의 논쟁과 대화를 만들어 낸다.

---

44) J. B. Elshitain, "Democracy and the QUBE Tube," *The Nation* (1987 August),
   pp. 108-109.
45) 윤영민, 앞의 책, p. 143.
46) Benjamin Barber, *Strong Democracy: Participatory Politics for a New Age*
   (Berkeley, CA: University of California Press, 1984), p. 175.

이러한 상호작용을 통하여 개인들은 보다 다양한 대안에 대하여 인식하고, 사적 이익이 아닌 공익을 위한 정치적 판단을 할 수 있기 때문이다.[47] 숙의민주주의가 실천되는 공간인 공공영역 역시 단순히 공공 여론이 형성되는 장소에 머무르지 않고, 다양한 대안들이 서로 경쟁할 수 있도록 이들에 대한 충분한 정보가 제공될 때 비로소 제 기능을 할 수 있다.[48]

인터넷이 가진 기술적 특성은 분명히 자신과 다른 정치적 견해를 가진 다양한 집단들을 쉽게 접할 수 있는 기회를 제공하고 있다. 그러나 경험적 연구에 따르면, 시민들은 정치적 갈등을 회피하기 위하여 대체로 유사한 시각과 입장을 가진 사람들과의 정치적 대화를 선호하는 경향이 있다.[49] 즉 네티즌들은 사이버 공간에서 자신과 상이한 정치적 견해를 가진 집단과 대화하고 교류하기 보다는 유사한 입장을 지닌 사람들끼리 모여 자신들의 주장을 확인하고 강화하는 경향이 훨씬 높다. 이러한 곳에서는 의견의 다양성은 제한될 수밖에 없으며 반대의견을 포용하는 자세도 매우 약하다.[50] 또한 온라인 토론에서는 자신들의 의견이 제대로 수용되지 않을 경우, 반대자들은 쉽게 토론 그룹을 떠나게 된다.[51]

사이버 공간이 갖는 익명성도 숙의민주주의를 저해하는 요소로 지적

---

47) Michael MacKuen, "Speaking of Politic: Individual Conversation Choice, Public Opinion, and the Prospects for Deliberative Democracy," in John A. Ferejohn and James H. Kuklinski (eds.), *Information and Democratic Processes* (Urbana: University of Illinois Press, 1990), p. 60.

48) Cass Sunstein, *Republic.com* (Princeton: Princeton University Press, 2001).

49) Irid Marion Young, "Communication and the Other: Beyond Deliberative Democracy," Seyla Benhabib (ed.), *Democracy and Difference* (Princeton, NJ: Princeton University Press, 1996).

50) Anthony G. Wihelm, "Virtual Sounding Boards: How Deliberative Is Online Political Discussion?" in Barry N. Hugue and Brian D. Loader, (eds.), *Digital Democracy* (London: Routledge, 1999), p. 172.

51) Patricia Wallace, *The Psychology of the Internet* (Cambridge: Cambridge University Press, 1999), p. 82.

되고 있다. 전자민주주의 낙관론자들은 인터넷이 갖는 익명성이 사이버 공간을 평등하게 만들며 나아가 민주주의 발전에 긍정적인 영향을 끼칠 것으로 보았다. 익명성을 특징으로 하는 컴퓨터매개커뮤니케이션은 사회적 위계질서로부터 벗어날 수 있다. 이는 개인들이 갖는 사회경제적 속성 즉 성, 인종, 민족, 나이, 외모, 지위 등의 이유로 인해 면대면 상황에서 자신들의 의사를 제대로 표현할 수 없는 사람들에게 매우 유리하게 작용한다. 상대방의 모습을 전혀 볼 수 없는 상황에서 이루어지는 온라인 대화에서는 그 사람이 처한 사회적 맥락에 영향을 받지 않고 모든 대화는 그 내용에 의해 판단되고 평가받는다. 즉 익명성은 모든 참여자들에게 평등한 지위를 부여한다. 또한 익명성은 신변의 불이익에 대한 우려 없이 자신들의 생각을 마음껏 주장할 수 있는 표현의 자유를 보장하는 측면도 있다.[52] 하버마스는 공공영역은 누구에게나 개방되어야 하고 표현의 자유가 완전히 보장될 때 이상적으로 구현될 수 있다고 주장한다. 익명성이 보장되는 사이버 공간이야말로 이러한 조건을 만족시킬 수 있는 최선의 장소라는 것이 낙관론자들의 주장이다.

그러나 낙관론자들의 주장과 달리, 비관론적 입장에서는 익명성이 시민성을 약화시키고 신뢰형성을 방해함으로써 숙의민주주의를 저해시킨다고 주장한다. 바버(Benjamin Barber)는 익명성이 시민성(civility)[53]을 약화시키고 결과적으로 사이버 공간의 숙의민주주의를 저해하는 결과를 가져온다고 주장한다.[54] 또한 익명성은 공개적 발언을 촉진시키는 긍정적 효과가 있는 반면, 신뢰의 형성을 방해하는 부정적 효과도 있다. 공공

---

52) 윤영민, 『사이버 공간의 정치』, pp. 144-145.
53) 시민성은 근대적 인간이 자신만을 위한 협애하고 이기적인 이익을 자제하고 공동의 이익에 우선권을 부여하고자 하는 자발적 의지, 즉 공공선과 포용적 집단성을 획득하기 위해 개인의 이익을 희생하려는 자발적인 태도를 의미한다. E. Shills, *The Virtue of Civility: Selected Essays on Liberalism* (Indianapolis, IN: Liberty Fund, 1997) p. 345.
54) Benjamin Barber, Kevin Mattson and John Peterson, "The State of Electronical-

영역에서의 토론이 숙의의 과정이 되고 그 결과가 사회적 합의를 생성해
낼 수 있으려면, 참여자 상호간의 신뢰가 확보되어야 하며 토론과 합의
결과에 대한 책임이 담보되어야 한다. 그런데 인터넷의 익명성은 이러한
신뢰와 책임을 저해할 수 있다는 것이다.

숙의민주주의 측면에서 보았을 때 우리의 사이버 공간은 분명 문제가
있다. 정치참여와 토론의 공간으로 기능할 것을 기대하였던 인터넷 게시
판은 오히려 일방적 주장과 상호비방의 공간으로 변질되고 있다. 정보제
공 기능을 중시하는 미국이나 유럽 국가들과 달리, 우리의 정치관련 사
이트들은 네티즌의 목소리를 듣는 게시판에 더 많은 비중을 두고 있기
때문에 문제의 심각성은 더하다. 미국이나 유럽 국가들과 달리, 한국의
전자민주주의가 인터넷 게시판을 중심으로 한 토론과 여론수렴에 더 많
은 무게를 두고 있는 것은 우리가 겪은 권위주의 역사와 무관하지만은
않는 듯 하다. 수십 년 간의 권위주의 정권하에서 국민들이 정치적 주장
과 요구를 표출할 수 있는 언로는 상당히 제한되어 있었다. 중요한 정치
적 결정은 대표자의 몫이었고, 국민들에게는 온전한 침묵과 복종만이 요
구되었다. 정치사회적 민주화로 인해 시민들의 자유로운 발언이 가능하
게 되었으며, 인터넷을 중심으로 한 커뮤니케이션 혁명은 그러한 욕구를
마음껏 분출할 수 있는 환경을 조성하였다. 그러나 현재 사이버 공간상
에서 이루어지고 있는 자유로운 발언들이 과연 민주주의 발전에 도움이
될 것인가에 대해서는 회의적이지 않을 수 없다.

청와대 홈페이지의 경우, '참여정부'의 명칭에 걸맞게 국민들과의 쌍
방향 대화를 상당히 중시하고 있다. 청와대 홈페이지에서 국민들이 의견
을 게재할 수 있는 공간은 '게시판'과 '국민참여마당'이라는 두 가지 형
태가 있다. 게시판은 '회원게시판' '네티즌컬럼' '베스트뷰' '자유게시
판' 등 4개로 구성되어 있으며, 국민참여마당은 '주제토론'과 '국민제안

---

ly Enhanced Democracy: A Report of the Walt Whitman Center." http://wwc.
rutgers.edu/markleproj.htm (검색일: 2001년 5월 28일).

〈그림 9-5〉 청와대 게시판 사례

44901	인간방패 녀석들 재수없다.	외계인	2003-04-03	81	3
44900	… 나가죽어라(당신아들을 미국의 인간방…	배창일	2003-04-03	159	3
	▶Re:좀 다른말로 좋게 얼마든지 비판할수 있음?..	북진정책	2003-04-03	73	0
	▶Re:당신이나 나가죽어라(당신아들을 미국의 ?..	로스튜	2003-04-03	77	4
	▶Re: … 나가죽어라(당신아들을 미국의 인?..	나땡구	2003-04-03	54	0
44899	직무유기	최고인권	2003-04-03	34	0
44898	국민을 즐겁게 하는 정치는…	김종국	2003-04-03	19	0
44897	인간방패 홀리 야롱난다	인간방패	2003-04-03	89	4
	▶Re니놈은 전쟁나면 젤먼저 미국으로 튈놈	빙신	2003-04-03	61	0
	▶Re:니놈은 전쟁나면 젤먼저 미국으로 튈놈	하8하	2003-04-03	59	2
	▶Re::니놈은 전쟁나면 젤먼저 미국으로 튈놈	빙신똘마니	2003-04-03	49	0
	▶Re:::니놈은 전쟁나면 젤먼저 미국으로 ?..	ㅋㅋ	2003-04-03	46	1
44896	… 씨는 차라리 이라크에서 죽었어야 합니…	김정현	2003-04-03	113	4
	▶Re: … 씨는 차라리 이라크에서 죽었어야 ?..	김정한	2003-04-03	31	0

토론' 등 2개로 구분되어 운영되고 있다. 우선 '게시판'을 살펴보면, 4개의 게시판에 올라오는 글들의 내용이 사실상 뚜렷한 차이점을 보이지 않아 굳이 구분하여 운영할 필요가 없어 보인다. 보다 심각한 문제는 게시판이 공공의 문제에 대해 진지하게 토론할 수 있는 "공공 영역"의 기능을 수행하기보다는 불신과 갈등만을 조장하는 측면이 강하다는 점이다. 게시판 운영원칙에서 "음란성 글, 욕설, 지나친 인신공격 글, 지역감정을 조장하는 글은 해우소로 보냅니다"라는 경고문이 있기는 하나, 현실은 〈그림 9-5〉에서 보는 바와 같이 차분한 토론과 대화와는 상당한 거리가 있다.

앞서 살펴본 바와 같이 참여민주주의의 핵심은 숙의(deliberation)에 있다. 숙의는 단순한 발언 이상이다. 구성원들의 다양한 의견을 들으면서 문제를 해결해 나가는 방식이다. 따라서 숙의는 민주적 원칙에 의해 진행되어야 하며, 개인의 사적 의견을 공공여론으로 발전시키고 보다 합리적인 해결책을 만들어 낼 수 있도록 구성되어야 한다. 정보통신기술이 민주주의를 발전시킬 수 있다는 것은 단지 더 많은 발언의 기회를 제공할 수 있기 때문이 아니라, 단순한 커뮤니케이션을 숙의의 단계로 발전시킬 수 있는 장치를 제공할 수 있기 때문이다. 그리고 이러한 숙의의 과정은 사이버 공간 안에서 면밀하게 '디자인' 되어야만 비로소 가능하다. 사이버 공간의 숙의를 위해서는 다음과 같은 요건들이 갖추어져야 한다.[55]

① 접근성(accessibility): 공동체의 모든 구성원들이 토론에 참가할 수 있어야 한다.
② 무검열(no censorship): 표현의 자유가 보장되고 내용이 왜곡되지 않아야 한다.
③ 자율성(autonomy): 소극적 사용자가 아닌 공공과정의 적극적 참가자가 되어야 한다.
④ 책임성(accountability): 책임 있고 합리적인 공적 토론이 되어야 한다.
⑤ 투명성(transparency): 토론의 방식과 규칙이 공개되어야 한다.
⑥ 평등성(equality): 모든 구성원들이 공평한 발언의 기회를 가져야 한다.
⑦ 다원성(plurality): 다양한 견해가 표출될 수 있어야 하며, 특정 의견에 대한 제한이 있어서는 안 된다.
⑧ 충분한 정보(staying informed): 합리적이고 정확한 판단을 내리기 위해 필요한 정보가 충분히 제공되어야 한다.
⑨ 공공성(publicness): 개인이나 특정 집단의 이익이 아닌 공동체 전체의 이익을 추구하는 토론이 되어야 한다.
⑩ 용이성(facilitation): 토론 참가자들의 경쟁적 의견들을 조정할 수 있는 사회자가 있어야 한다.

---

55) Beth Simone Noveck, "Unchat: Democratic Solution for a Wired World," in Peter M. Shane, (ed.), *Democracy Online: The Prospects for Political Renewal Through Internet* (New York, NY: Routledge, 2004), pp. 21-24.

이러한 요건을 갖추면서 사이버 공간에서 숙의민주주의를 실험한 한 사례로 2000년 미국 환경보호청(EPA: Environmental Protection Agency)이 실시한 온라인 포럼인 National Dialogue on Public Involve-ment in EPA Decisions을 들 수 있다.[56] EPA가 대중참여정책(PIP: Public Involvement Policy)을 수립하기 전에 시민들의 견해를 수렴하기 위해 마련한 이 포럼은 다음과 같은 네 가지 목표를 설정하였다: ① 광범위하고 다양한 집단의 참여, ② 주제에 대해 충분한 정보를 가진 토론 참가자, ③ 숙의적 상호작용, 즉 다양한 대안을 둘러싼 논쟁과 합의 도달, ④ EPA 뿐만 아니라 시민들도 토론결과를 인정하는 신뢰받는 포럼.

이를 보다 자세히 살펴보면, 우선 다양하고 광범위한 집단들의 토론참여를 위해 EPA는 환경정책과 밀접한 관계가 있는 주요 집단들의 토론 참여를 적극 홍보하였다. 그 결과, 환경단체 및 지역공동체뿐만 아니라, 기업들도 EPA 정책에 대한 토론에 참여하였다. 둘째, 합리적 토론을 위해서는 토론 참가자들이 안건에 대해 충분한 지식을 가지고 있어야 한다. 포럼 참가자들 가운데 다수가 오랫동안 EPA와 관련된 분야에서 활동한 전문가이거나 환경문제에 많은 관심을 가진 시민들이어서 토론 안건에 대해 이미 상당한 수준의 지식을 갖고 있었다. 그럼에도 불구하고 EPA는 일일 요약문(daily summaries)과 요약보고서(briefing book) 등을 통하여 안건과 관련된 정보를 제공하였다. 셋째, 숙의는 집단적 의사결정의 과정이다. 즉 숙의의 과정은 개인적 의견(individual opinion)에서 집단적 선택(group choices)으로 그리고 행동(action)으로 나아가는 과정을 의미한다. 홀트(Holt) 등은 이러한 숙의의 과정을 다음의 6 단계로 설명한다: ① 토론 참가자들이 안건에 대해 이해하는 단계, ② 참가자들이 안건에 대한

56) Thomas C. Beierle, "Digital Deliberation: Engaging the Public Through Online Policy Dialogues," in Peter M. Shane, (ed.), *Democracy Online: The Prospects for Political Renewal Through Internet* (New York, NY: Routledge, 2004), pp. 156-165.

자신의 견해를 밝히는 단계, ③ 참가자들이 찬반의견을 비교하면서 대안을 분석하는 단계, ④ 참가자들이 사적 이익을 넘어서 자신들의 선택이 공공선에 미칠 영향을 고려하는 단계, ⑤ 참가자들이 공공선에 근거하여 집단적 선택을 하는 단계, 그리고 마지막으로 ⑥ 참가자들이 자신들의 선택을 실천하는 방안을 토의하는 단계이다.[57]

EPA 포럼에서는 안건을 이해하고 자신의 견해를 표현하는 1단계와 2단계는 쉽게 도달되었다. 대안을 분석하는 3단계의 경우도 대체로 성공적이었는데, 포럼 후 설문응답자 81%가 토론을 통해 개인적 의견에서 벗어나 각종 대안의 장단점을 이해하는 단계로 발전하였다고 응답하였다. 한편 공공선을 고려하여 대안을 선택하고 실천하는 4단계 이후의 과정은 거의 나타나지 않았다. 넷째, EPA는 포럼의 신뢰성을 높이기 위하여 질문에 즉각 응답하고 토론에 참가함으로써 토론 진행에 관해 많은 관심을 기울이고 있다는 사실을 지속적으로 보여 주었다. 또한 포럼을 통해 제기된 의견들은 PIP 수립 작업팀에 전달되었을 뿐 아니라, 내부 요약자료로 만들어져 직원들에게 회람되었다.

사이버 공간의 숙의민주주의를 실천하는 또 다른 사례로 슬래쉬닷 (Slashdot.org) 홈페이지를 들 수 있다.[58] 이 사이트는 사이버 공간에서의 숙의에 가장 큰 걸림돌이 되는 익명성의 문제를 해결하기 위하여 편집인 (editors)과 사회자(moderators)에게 많은 권한을 부여하고 있다. 누구나 슬래쉬닷 사이트에 토론주제를 제안할 수 있으나, 첫 화면에 나타나는 토론주제를 결정하는 권한은 토론방을 운영하는 소수의 '편집인' (edi-

---

57) M. E. Holt, F. Rees, J. D. Swenson, and P. B. Kleiber, "Evolution of Evaluation for Critical, Reflective, and Deliberative Discourse: National Issues Forums Online," A paper presented at the Special Interest Group on Assessment and Evaluation of the European Association for Research on Learning and Instruction, August 26-30, 1997, Athens, Greece.

58) 이 사이트는 1997년 Rob Malda라는 개인에 의해 만들어졌으며, 현재는 IT 관련 회사인 OSTG(Open Source Technology Group)에 의해 운영되고 있다.

tors)들에게 주어져 있다. 슬래쉬닷 사이트의 토론방식에서 눈에 띄는 것은 게재된 글들에 대해 점수가 부여된다는 점이다. 올려진 주제 글에 대해서 참가자들은 익명 혹은 실명에 상관없이 자유롭게 의견을 게재할 수 있다. 그러나 사이트에 올려진 모든 글들에는 토론에 대한 공헌도에 따라 점수가 부여되는데, 익명으로 처음으로 올려진 글은 0점에서 시작하며, 실명 글은 1점, 그리고 오랜 기간 동안 토론에 참가한 회원의 글은 2점부터 시작한다. 일단 처음에 부여된 점수는 토론참가자들의 투표에 의해 선정된 다수의 사회자들(moderators)에 의해 변경될 수가 있는데, 각 사회자들은 게재된 의견에 대해 5점의 '사회점수'(moderation points)를 부여할 수 있는 권한을 갖는다. 한편 사이트 방문자들은 특정 점수 이상을 받은 글들만 화면에 나타나도록 메뉴를 설정할 수 있어 모든 글들을 다 읽을 필요가 없다. 즉 이 사이트에서는 어떤 의견도 삭제되지 않고 검열되지 않지만, 참가자들의 협력적 필터링(collaborative filtering)을 통해 익명성의 문제를 해결하면서 토론의 질적 수준을 유지하고 있다.[59]

인터넷이 실질적 참여민주주의 구현에 긍정적 역할을 할 것인가의 여부는 사이버공간이 공공영역으로서 기능할 수 있느냐에 달려있다. 즉 사이버 공간이 공공문제에 대한 대화와 토론의 장으로 기능할 때 비로소 낙관론자들이 주장한 숙의민주주의가 구현될 수 있을 것이다. 사이버 공간을 공공영역화하는 데 있어 가장 중요한 요소는 무엇보다도 시민들의 성숙된 토론문화일 것이다. 그러나 이는 정보통신기술로 해결될 수 있는 문제라기보다는 사회 전반적인 시민문화의 성숙이 요구되며, 이는 짧은 시간에 기대하기 힘든 사안이다. 현시점에서 우리의 고민은 사이버토론방을 어떻게 운영할 것인가에 초점을 두어야 할 것이다. 현재의 자유게시판 방식은 토론문화 성숙과 숙의민주주의 발전에 결코 도움이 되지 못

59) A. Michael Froomkin, "Technologies for Democracy," in Peter M. Shane (ed.), *Democracy Online: The Prospects for Political Renewal Through Internet* (New York, NY: Routledge, 2004), pp. 12-14.

〈그림 9-6〉 정부정책포럼 사례

> 정책포럼 | 제 목 | 검색

국민들의 의견을 수렴하기 위한 온라인 정책토론의 장입니다.
각 기관에서 제안하는 정책에 대하여 좋은 의견 많이 개진해 주시기 바랍니다.

해당기관을 선택하세요 | 하위기관을 선택하세요

번 호	토론주제	담당기관	제안	개설일	상태
390	'생약등의중금속허용기준및시험방법' 개정(안)에 대한 의견 수렴	식품의약품안전청	0	2005.01.07	진행
389	'생약의잔류농약허용기준및시험방법' 개정(안)에 대한 의견 수렴	식품의약품안전청	0	2005.01.07	진행
388	의료용스쿠터 및 전동휠체어 의료기기기준규격 제정에 대한 의견 수렴	식품의약품안전청	0	2005.01.06	진행
387	의료기기기준규격중 "1회용주사기" 관련 기준규격을 개정을 위한 의견수렴	식품의약품안전청	0	2004.12.30	진행
386	식품위해요소중점관리기준개정안에 대하여	식품의약품안전청	2	2004.12.14	종료
385	건강기능식품표시및광고심의기준 개정에 대하여	식품의약품안전청	1	2004.12.04	종료
384	식품의기준및규격중 개정(농약잔류허용기준)안 의견수렴	식품의약품안전청	1	2004.12.01	종료
383	펜티라미너 고시(안)에 대한 의견 조회 (II)	식품의약품안전청	1	2004.10.15	종료
382	펜티라미너 고시(안)에 대한 의견조회 (I)	식품의약품안전청	3	2004.10.14	종료
381	의료기기 기술문서 심사 및 시험방법 표준화 향상에 대한 의견	식품의약품안전청	0	2004.10.06	종료

한다. 사이버토론방을 공론의 장으로 운영하기 위해서는 다음의 몇 가지가 고려되어야 한다.

첫째, 시민들의 적극적인 참여를 유도하고 실질적인 정책토론이 이루어지기 위해서는 구체적이고 시의성 있는 토론주제의 선정이 필요하다. 현재 대한민국 정부대표홈페이지(www.egov.go.kr)에서 운영하는 "정부정책토론방"의 경우를 보면 시의성 떨어진 주제로 인해 극소수의 시민들만이 참여하고 있다. 현시점에서 사회 내 이슈가 되고 많은 시민들이 관심을 갖고 있는 주제들을 선택함으로써 토론의 활성화를 제고할 수 있을 것이다. 시의성 있는 주제선택을 위해서는 자유게시판에서 자주 거론되는 주제를 우선적으로 선정하거나, 시민이나 시민운동단체로 하여금 주제를 선정할 수 있는 기회가 주어져야 할 것이다.

둘째, 체계적인 정책토론을 위하여 토론참가자를 일반시민, 시민운동단체 대표자, 정치인 등으로 구분하여 토론방을 운영할 필요가 있다. 즉 정책토론방을 대중포럼, 시민단체포럼, 정치인포럼으로 구분하여 각각의 토론방에 참가할 수 있는 자격을 일반시민, 시민단체대표, 정치인으로 제한할 필요가 있다. 물론 이 경우에도 토론방을 열람할 수 있는 권한은 모든 시민들에게 제한 없이 주어진다. 시민운동단체 대표들에게 개별적인 토론방을 제공함으로써 시민운동단체와 정부 사이의 공식적인 커뮤니케이션 채널을 제공할 수 있게 되어, 이들이 가진 전문적 지식을 보다 효율적으로 활용할 수 있을 것이다. 현재 우리사회에서 시민운동단체가 차지하고 있는 위상을 고려할 때, 이러한 공간은 반드시 필요하다고 여겨진다. 또한 정치인포럼을 통해 국회의원의 정책연구를 유도할 수 있으며, 시민들의 입장에서는 각각의 국회의원들이 가진 정책적 입장을 보다 정확히 파악할 수 있을 것이다.

셋째, 정책토론방의 성공적인 운영을 위해서는 무엇보다 각 토론방을 전담하는 인력이 필요하다. 세 개의 포럼방은 각각 몇 개의 주제를 선정하여 토론을 진행하게 되는데, 이 토론을 담당할 전담인력이 지정되어 각 주제에 대한 자료를 제공하고 토론의 결과를 정리하여 공개하여야 한다. 또한 사이버정책포럼이 실질적인 정책결정과정의 한 부분이 되기 위해서는 사이버정책포럼의 결과가 현실정치에서 어떻게 반영되었는가에 대한 결과를 공개하여야 한다. 실제 정책결정과정에 토론의 결과가 반영되지 않는 사이버정책포럼은 아무런 의미를 가질 수 없을 것이다.

넷째, 활발한 토론을 위해서는 포럼 운영방식도 매우 중요하다. 무엇보다 토론방의 접근성을 개선하여야 한다. 현재 정부정책토론방을 비롯한 대부분의 토론방들은 게시판방식을 이용하고 있다. 이는 토론에 직접 참여하거나 토론 진행상황을 관찰하기 위해서는 매번 해당 사이트에 접속하여야 하는 수고를 요한다. 토론방에 대한 접근성을 높이기 위해 미네소타주의 e-democracy 프로그램은 이메일 리스트서버와 하이퍼 메일 방식을 혼용하고 있다. 즉 개인은 이메일 리스트로 글을 올려 모든 회원에게 직접 자신의 메시지를 전달하게 되며, 이 메시지는 자동적으로 웹 사이트의 목록에도 저장되게 된다. 이 경우 등록된 회원들은 웹 사이트에 접속할 필요 없이 곧바로 이메일로 다른 사람들의 메시지를 받아 볼 수 있으며, 비회원들도 웹사이트를 방문하여 토론을 관찰할 수 있다. 이

방식은 포럼에 대한 접근성을 한층 높이는 효과를 지닌다. 대부분의 네티즌들에게 이메일 확인은 일상화되어 있는 반면, 일상생활에 바쁜 개인들로서는 포럼의 존재 자체를 잊고 생활하는 경우가 많기 때문이다.

제10장

전자민주주의: 구현과 전망

1. 참여민주주의로서의 전자민주주의

　민주주의란 어원적으로 그리스어의 Demos(민중)와 Kratos(지배·권력)라는 두 단어가 결합된 것으로 모든 민중이 자유롭고 평등한 입장에서 정치에 참여하는 통치체제를 의미한다. 민주주의 정치체제의 핵심은 무엇보다도 '국민에 의한 통치'(government by the people)에 있다. 이를 위해서는 국민 개개인이 자유롭고 동등한 입장에서 정치과정에 참여하여 의사 표현을 하고, 여기에서 정치적 결정이 이루어지면, 그러한 결정이 존중되어야 한다.[1]

　이처럼 국민들의 참여를 핵심으로 하는 민주주의 사상에도 불구하고 현실정치에 있어 시민들의 참여는 극도로 제한되어 왔다. 모든 시민들이 의사결정에 참여하였다는 아테네의 직접민주주의에서도 시민의 자격은 대단히 엄격하여 전 인구의 약 90%가 시민권에서 제외되었다. 근대에 이르러서도 루소(Jean-Jacque Rousseau)가 "영국인들은 자신이 자유롭다

---

1) 이극찬, 『정치학』(서울: 법문사, 1999), pp. 498-499.

고 믿지만, 그들은 선거 때만 자유롭고 대의원이 선출되자마자 노예화
된다'라고 지적할 만큼 시민들의 실질적 참여가 배제되는 엘리트 중심의
대의민주주의가 지배적이었다.[2]

전자민주주의의 기본 이상은 이러한 엘리트 중심적 대의민주주의에서
벗어나 모든 시민들이 자유롭고 동등하게 참여하는 실질적 참여민주주
의를 구현하는 데 있다. 릴리(Thomas B. Riley)는 "전자민주주의는 대의
민주주의와는 대조적인 성격을 갖는 참여민주주의(participatory democ-
racy)를 추구하며, 인터넷과 새로운 정보통신기술을 이용하여 시민들이
상호접촉하고 조직화함으로써 변화를 갈망하는 자신들의 목적을 성취하
고자 하는 것"이라고 보았다.[3]

이러한 전자민주주의의 이상은 정보공유, 공공토론, 그리고 의사결정
에의 직접 참여라는 세 가지 단계를 통하여 실현될 수 있다. 첫째로, 전자
민주주의 실현을 위한 시민참여의 가장 기본적인 단계는 정보습득이라
할 수 있다. 민주주의에서 강조하는 시민의 자기 통치원리가 현실화되기
위해서는 모든 정치적 의사가 시민들의 직·간접적인 참여와 의사표시
에 근거해야 한다. 이러한 시민의 참여는 '의사의 자율성,' '행위의 자기
결정성,' 그리고 '행위결과에 대한 자기책임성'을 전제로 한다. 여기에
정보습득의 중요성이 있다. 시민들이 공공문제에 대한 스스로의 의견을
갖고 합리적인 의사결정을 하기 위해서는 사안에 대한 충분하고 정확한
정보를 갖고 있어야 한다.[4]

참여민주주의를 추구하는 전자민주주의 구현의 두 번째 단계는 공적
문제에 대한 토론과 국민여론의 수렴이다. 바커(Ernest Barker)는 민주주

2) 유광수 (외), 『정보화 시대의 민주주의』(서울: 나노미디어, 2000), pp. 167-187.
3) Thomas B. Riley, "The Riley Report." http://www.rileyis.com/report/
index.html. 2001.
4) 강상현, "전자 민주주의와 시민 참여: 사이버 스페이스의 참여 민주적 공간화를
위하여," 크리스찬 아카데미 시민사회 정보포럼 (편), 『시민이 열어가는 지식정보
사회』(서울: 대화출판사, 1999), p. 137.

의를 공통의 문제에 대해 모든 사람들이 참여하여 토론하는 정치적 결정
의 방법, 즉 '토론에 의한 통치'(government by discussion)라고 정의하
였다.[5] 민주주의제도하에서 각 개인은 사회의 일반적 문제에 대해서 자
신의 의견을 표현할 권리가 있으며, 또한 정책결정을 위한 토론과정에 참
여할 권리를 갖는다는 것이다. 현실공간과 달리, 시공간적 제약을 상대적
으로 덜 받는 사이버 공간은 분명 '토론에 의한 정치'를 실현할 수 있는
새로운 기회를 제공하고 있다. 자유게시판, 주제토론방, 정책포럼 등 다
양한 형태의 사이버 공간이 시민들 간의 그리고 정치인과 시민 간의 공적
토론의 장을 제공함으로써, 일반시민들도 공공문제에 대해 의사를 표현
하고 정책결정에 참여할 수 있는 기회를 갖게 되었다.

　　전자민주주의가 최종적으로 구현되는 단계는 사이버 공간을 통한 의
사결정과 정치행동이 일상화되는 시점이라 할 수 있다. 이 단계에서는
국민들의 정치참여가 단순히 공공문제에 대한 의사표현이나 여론형성에
그치지 않고 정책결정의 범위까지로 확대되게 된다. 대의민주주의하에
서 대표자들에게 위임되었던 의사결정권한의 많은 부분들이 국민들에게

〈표 10-1〉 온라인 정치참여 유형

수준	참여유형	참여행태	참여 수단
개인	정보습득	공공문제에 관한 정보검색과 인지	각종 정보제공 사이트
	의견형성	개인적인 숙고와 의견형성·표출	이메일, 게시판
집단	정치토론	집단적 토의와 여론형성	게시판, 토론방, 사이버포럼
	정치행동	집단적인 의사결정과 실행	인터넷투표, 온라인공청회, 전자청원

출처: 강상현, "전자민주주의와 시민참여: 사이버스페이스의 참여 민주적 공간화를 위
　　하여," 크리스찬 아카데미 시민사회 정보포럼 (편), 『시민이 열어가는 지식정보
　　사회』(서울: 대화출판사, 1999), p. 148에서 재구성.

5) 이극찬, 『정치학』, p. 503.

되돌려지게 되면서, 국가의 지배권력이 어떤 특정한 집단이 아니라 사회
전체의 구성원들에게 합법적으로 부여되게 된다. 즉, 국민이 권력을 가
지는 동시에 그 권력을 스스로 행사한다는 민주주의 원리에 충실하게 된
다. 의사결정과정에의 직접적 참여는 대표자를 선출하는 인터넷선거, 법
제정을 위한 전자청원, 그리고 공공정책 결정을 위한 인터넷투표 등의
형태로 실현될 수 있다.

　물론 정보공유, 공공토론, 그리고 직접적 의사결정 참여라는 전자민주
주의의 세 가지 단계가 순차적으로 발생되고 또 구현되어야 하는 것은
아니다. 한국의 경우, 정보공유의 수준은 떨어지나 사이버 공간을 이용
한 여론수렴과 공공토론은 매우 활발하게 이루어지고 있다. 한편 우리보
다 앞서가고 있는 미국의 전자민주주의는 공공토론보다는 정보공유에
더 많은 비중을 두고 있다. 이는 청와대와 백악관의 홈페이지를 비교해
보면 분명히 드러난다. 청와대 홈페이지에서 제공되는 정책 관련 정보는
매우 제한적인데 비해, 국민의 목소리를 듣는 게시판은 다양하게 구비되
어 있다. 한편 백악관 홈페이지의 경우, 방대한 양의 정보를 체계적으로
제공하고 있지만 여론수렴을 위한 공간은 부분적으로 운영되고 있다. 이
처럼 전자민주주의 구현 경로는 각 국가의 정치문화적 특성과 현실적 필
요성에 따라 다르게 나타날 수 있다.

　그럼에도 불구하고 전자민주주의 구현 경로를 세 가지 단계로 구분하
는 것은 각 단계별로 구현의 난이도에는 분명한 차이가 있기 때문이다.
즉 단계를 밟아 갈수록 전자민주주의 구현을 위해 필요한 요건들이 더욱
많아지고 복잡해진다. 정보공유의 단계는 정보인프라의 구축과 함께 정
보생산자들의 정보공유 의식의 뒷받침만으로도 구현 가능하다. 이에 비
해 공공토론은 우선 사이버 공간상에 토론의 장이 마련되어야 하지만,
이 보다 더 중요한 것은 시민적 토론문화, 즉 의사소통의 합리성이 전제
되어야만 사이버 공간에 새로운 공론의 장이 형성될 수 있다. 한편 직접
적 의사결정 참여단계에 이르자면, 앞서 지적된 모든 요건과 함께 권력
의 분산과 이동을 위한 정치문화가 자리 잡고 법제도적 장치가 갖추어져

야 한다. 정치엘리트들이 그간 독점적으로 행사해 왔던 의사결정권한을 일반국민들에게 이양하는 것에 합의하여야 하나, 이는 결코 쉽지 않은 과제이다.

이미 지적하였듯이, 우리의 전자민주주의가 실질적 참여민주주의의 단계에 이르기까지는 아직 많은 과제가 남아 있다.

첫째, 정치권력을 감시하기 위한 정보뿐만 아니라 정치참여에 요구되는 정보조차도 체계적으로 공유되지 못하고 있으며, 인터넷을 이용한 의제설정과 의사결정 역시 아직까지는 이루어지지 않고 있다.

둘째, 많은 정치관련 사이트에서 정책토론이나 여론조사를 실시하고 있다. 그러나 이는 누군가가 토론을 조직하고 대안들을 제시하면 시민들은 단순히 그에 대해 반응하는 시스템일 뿐이며, 의제설정의 권한은 여전히 정부나 정치인 혹은 언론 등 기존 권력집단들의 몫으로 남아있다.

셋째, 사이버 공간에서의 토론과 여론수렴 역시 형식적 수준에 그칠 뿐이며, 그 결과가 정책결정에 실질적으로 반영되고 있다는 증거는 찾아보기 어렵다. 사이버 공간을 통해 일반시민들의 목소리가 전달되고 있다고는 하나 정책결정자들의 판단에 실제 영향을 미치는지는 상당히 의심스럽다.

넷째, 사이버 공간의 정책토론이나 여론조사 과정을 공식적인 정책결정과정의 한 부분으로 인정하고 있는 제도는 아직까지 보이지 않고 있다. 사이버 공간의 정치는 여전히 현실공간의 정치를 보완하는 부가적 수준에 머물러 있을 뿐 현실정치를 대체하는 새로운 정치공간으로 자리잡지 못하고 있다.

2. 전자민주주의 구현요건

토플러(Alvin Toffler)는 정보사회의 민주주의 모습을 다양한 인종적, 사회적 주체들이 각자의 개성을 가지고 참여하는 '모자이크 민주주의'

로 설명하였다. 그는 다음과 같은 정보화시대의 세 가지 정치원리를 제시하였다.

첫째, 소수세력(minority power)의 원리이다. 다수파를 만드는 것이 아니라 소수자들로 이루어진 사회에서 그들 간의 차이점을 명백히 하여 오히려 소수파의 역할이 강화되어야 한다. 또한 소수파의 의견이 반영될 수 있는 새로운 형태의 투표제도가 필요하며, 이는 새로운 정보통신기술에 의해 가능하다.

둘째, 반(半)직접민주주의의 원리이다. 시민들은 대표자들에 대한 의존에서 탈피하여 스스로 대표자가 되는 방향으로 전환하여야 한다. 즉 자신들과 관련된 정책은 스스로 결정할 수 있어야 한다.

셋째, 결정권의 분산을 통한 엘리트층 확대의 원리이다. 정보사회에서는 정치권력이 소수에 집중되지 않고 국민 다수가 공유하는 엘리트층의 확대 현상이 요구된다.[6] 과연 토플러가 전망한 권력구조의 분산과 소수 세력의 부상은 실현될 수 있을 것인가?

인터넷의 확산이 직접민주주의 혹은 실질적인 참여민주주의 실현을 가능하게 한다는 것이 낙관론자들의 기본적 주장이나, 이들의 주장처럼 새로운 기술 자체에 특정한 정치제도의 모습이 내재되어 있지는 않다. 바버(Benjamin Barber)는 신기술 자체에 현실세계에 존재하지 않는 새로운 형태의 정치조직이 내재되어 있다고 보는 것은 지나친 기대라고 말한다. 기술은 현재의 사회구조를 그대로 반영하며, 한편으로는 현상을 강화시키는 방향으로 사용될 것이라는 것이 그의 생각이다.

또한 그는 정보통신기술산업이 보이고 있는 독점적 경향을 지적하면서, 새로운 기술에 내재된 다원주의와 자유에 대한 잠재적 가능성이 현실적으로 실현될 것으로 기대하는 것 역시 환상에 불과한 것이라고 주장한다.

---

6) Alvin Toffler and Heidi Toffler, *Creating a New Civilization: The Politics of the Third Wave* (Atlanta: Turner Publishing, Inc., 1995).

〈그림 10-1〉 전자민주주의 구현요소

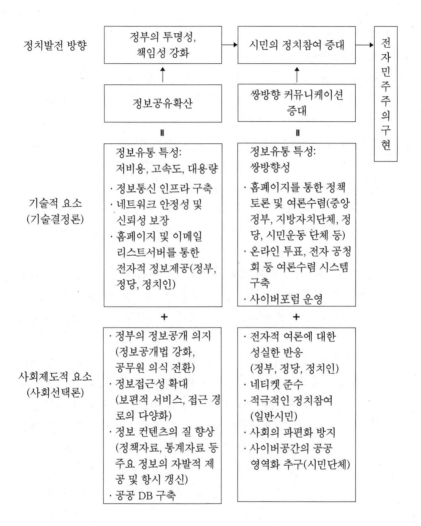

많은 낙관론자들은 새로운 기술이 권력의 다원화, 개인 자유의 신장, 정치적 투입 경로 및 접근성의 확대 등과 같은 민주적 변화를 가져올 것으로 기대하였다. 그러나 바버의 우려대로 정보통신 인프라, 컴퓨터 하드

웨어 및 소프트웨어, 그리고 월드와이드웹 등의 시장은 기존의 경제를 지배하던 소수 대기업세력들에 의해 여전히 소유되고 통제되고 있다. 현재 경제구조를 지배하고 있는 독점세력들이 새로운 기술도 지배하고 있는 것이 현실이다.[7]

새로운 기술이 가져올 수 있는 정치적 변화의 내용은 사용 주체의 의지 그리고 기술이 적용되는 사회적 맥락의 특성에 따라 결정될 것이다. 인터넷이 갖는 신속성, 쌍방향성, 협송전달, 익명성 등의 특성은 진정한 참여민주주의를 실현하는 방향으로 활용될 수 있다. 다른 한편, 인터넷은 권력구조의 집중, 사회적 불평등의 심화, 그리고 사회파편화 등 비민주성을 강화하는 결과를 가져올 수도 있다. 인터넷을 통해 추구하는 전자민주주의나 사이버정치는 결코 현실정치와 별개의 모습으로 나타나지 않으며, 오히려 현실정치의 특성을 그대로 반영하면서 기존 구조를 더욱 강화하거나 기껏해야 부분적인 변화만을 가져올 수 있다. 따라서 인터넷이 사회적 약자에게 새로운 기회를 제공하여 권력의 분산과 불평등 해소를 가져다 줄 것으로 보는 것은 지나치게 안이한 기대이다. 새로운 기술의 민주적 활용에 대한 연구와 노력 없이 전자민주주의는 결코 보장되지 않는다.

결국 전자민주주의의 구현 여부는 민주주의 발전과 마찬가지로 사회구성원들의 적극적인 노력이 있을 때 비로소 가능하다고 할 수 있다. 전자민주주의의 기본 이상은 참여민주주의 발전에 있으며, 이는 정보공유의 확산, 쌍방향 커뮤니케이션의 증대, 그리고 이를 바탕으로 하는 시민의 정치참여 확대를 통해 실현될 수 있다. 정보공유의 중요성은 국민의 알 권리 확보, 국민에 의한 행정의 감시 및 감독체제의 강화, 정부의 투명성 확보 등에서 찾을 수 있다. 즉 정보공유는 정치발전과 민주주의 발달

---

7) Benjamin R. Barber, "Which Technology for Which Democracy? Which Democracy for Which Technology?" *International Journal of Communications Law and Policy*, Issue 6 (Winter 2000/2001).

의 중요한 기본 전제이다. 정보공유는 또한 정치참여의 준비단계이기도 하다. 많은 학자들이 인터넷이 정치참여 자체를 증대시키는 데는 한계가 있으나, 정치참여의 질을 높이는 효과는 가져 올 수 있다고 본다.[8] 이미 정치에 관심이 있는 개인들이 정치적 수혜자가 될 수 있다는 것이다. 국가정책에 대한 정확하고 다양한 정보제공은 국민들에게 정치에 대한 관심과 참여 동기를 부여할 것이며, 또한 국민들은 충분한 정보를 가질 때 올바른 정치적 판단을 내릴 수 있을 것이다.

(1) 정보공유의 확산

전자민주주의 구현을 위한 첫 단계라 할 수 있는 정보공유의 확산을 위해서는 다음과 같은 기술 및 사회제도적 요건이 구비되어야 한다.

우선 기술적 요건을 살펴보면, 정보통신 인프라가 구축되어야 한다. 이러한 면에서 한국은 국제사회에서 선두주자이다. 한국은 2002년 6월 현재 초고속 인터넷 사용자가 1,000만 명을 넘어서면서, 이 부문에서 세계 제1위를 기록하였다. 또한 일반 인터넷 사용자도 2003년 말 현재 2,900만 명을 기록하여, 세계 제2위를 차지하였다. 그러나 앞장에서 살펴본 바와 같이, 한국은 여전히 소득, 교육, 그리고 지역간의 정보불평등 문제를 해결해야 하는 과제를 안고 있다.

둘째, 정보공유의 확산을 위해 네트워크의 안정성과 신뢰성이 확보되어야 한다. 각종 업무가 컴퓨터 시스템에 의해 처리되고 이들 시스템이 네트워크로 연결되는 정보사회에서 해킹 등으로 인한 네트워크 붕괴는 전 사회를 마비시키는 재앙을 초래할 수도 있다. 여러 선진국의 사례에도 불구하고, 정부가 선뜻 온라인 투표를 도입하지 못하는 이유도 아직까지는 온라인 투표시스템의 안정성에 대한 자신이 없기 때문이다.

---

8) 윤영민, 『사이버 공간의 정치』(서울: 한양대학교 출판부, 2000), p. 46-47.

셋째, 전자적 정보제공시스템이 구축되어야 한다. 전자적 정보제공은 단순히 홈페이지를 통한 정보공개뿐만 아니라 이메일 리스트서비스 등 다양한 수단이 확보되어야 하며, 시민들이 원하는 정보를 제때에 제공할 수 있는 맞춤형 정보제공시스템이 구축되어야 한다.

이상의 기술적 요건과 더불어, 정보공유의 확산을 위해 중요한 것은 다음과 같은 사회제도적 요건들을 갖추는 것이다.

첫째, 전자민주주의 구현을 위해서는 두 가지 성격의 정보―권력 감시에 필요한 정보와 참여의 질을 높이기 위한 정보―모두에 대한 효율적 접근이 가능하여야 한다. 그러나 권력 감시에 필요한 정보의 공유 여부는 사실상 정부의 의지가 중요하며 정보통신기술이 개입할 수 있는 여지는 별로 없다. 전자민주주의의 수준이 결국은 현실정치의 수준을 그대로 반영할 것이라는 주장의 근거도 여기에 있다.

두 번째 사회제도적 요건은 정보접근성의 확대이다. 정보통신기술의 혜택을 받을 수 있는 시민들의 범위가 확대되어야 한다. 사이버 공간에서의 정보습득, 정책토론, 온라인 투표 등이 가능하기 위해서는 일정 수준의 인터넷과 컴퓨터 사용능력이 요구된다. 다시 말해, 인터넷 활용능력이 결여된 유권자들은 애초부터 온라인에서 제공하는 다양한 정치참여의 기회를 접할 수 없게 된다. 더욱 심각한 문제는 정치참여에 적극적인 중상류층에 비해, 정치적으로 소극적인 하층민들의 인터넷 사용능력이 크게 뒤떨어진다는 점이다. 이는 결국 계층간 정치참여의 불균형을 심화시키는 결과를 초래할 것이다.

세 번째 사회제도적 요건은 정보컨텐츠의 질적 향상이다. 인터넷상에서 얻을 수 있는 정치관련 정보가 급격히 증가한 것은 사실이나, 정보 양의 증대가 시민들의 정치에 대한 관심과 참여의 증가를 가져오지는 않는다. 오히려 현재와 같이 걸러지지 않은 정보가 범람하는 상황에서는 시민들의 판단력을 흐리게 할 가능성이 높다.[9] 정보범람의 상황에서는 정보의 체계적인 전달과 신뢰성이 매우 중요하다. 공공기관의 홈페이지에

서 제공되는 정보가 단순히 홍보를 위한 내용이거나 시의성이 떨어지는
자료일 경우, 시민들은 이를 외면하게 된다. 전자민주주의 구현을 위해서
는 국가정책과 관련된 정보와 통계자료들이 체계적으로 제공되고 항시
적으로 갱신되어야 한다. 이 역시 정보통신기술보다는 정보공개제도와
담당자들의 의지와 밀접히 관련된 사안이다.

(2) 시민의 정치참여 확대

전자민주주의 구현을 위한 다음 단계는 시민의 정치참여 확대이다. 이
는 정부와 시민 간, 그리고 시민과 시민 간의 쌍방향 커뮤니케이션 증대
를 통하여 실현될 수 있다. 쌍방향 커뮤니케이션의 증대 역시 기술적 요
소와 사회제도적 요소가 모두 갖추어져야 비로소 실현 가능한 사안이다.

우선 기술적 요소로서는 중앙정부, 지방자치단체, 그리고 정당 등의 홈
페이지에 정책토론을 위한 토론방 운영이 필요하다. 현재 대부분의 정부
기관 홈페이지에서 시민참여를 위한 공간으로 자유게시판을 운영하고
있으나, 정책토론과 여론수렴이라는 목적은 전혀 충족시키지 못하고 있
다. 게시판에 게재된 글들의 내용을 보면 대화나 토론보다는 일방적 발
언이 대부분이고, 심지어 비방과 욕설로 사회 갈등을 조장하는 경우도 적
지 않다. 실질적인 정책토론과 여론수렴을 위해서는 특정 이슈에 대해
상호 의견을 교환하는 주제토론방 형식으로 운영되어야 할 것이다. 현재
청와대와 몇몇 정부부처 사이트에서 운영되는 사이버포럼도 시민들만의
토론과 여론수렴의 단계에서 벗어나 정책 담당자와 국회의원들이 함께
참여하는 포럼시스템으로 변화하여야 한다.

또한 온라인 정치참여의 효능감을 높이기 위해서는 정책결정의 공식

---

9) Beth Simone Noveck, "Paradoxical Partners: Electronic Communication and
Electronic Democracy," in Peter Ferdinand(ed), *The Internet, Democracy and
Democratization* (London · Portland, OR: Frank Cass, 2000), p. 24.

적 과정에 시민들이 직접 참여할 수 있도록 사이버공청회 및 온라인 투표시스템을 제도화하여야 한다. 서구 선진국들의 경우, 이미 공직자 선거뿐만 아니라 청원과 주민투표 등에서도 온라인 참여를 제도화하고 있다.

쌍방향 커뮤니케이션 증대를 통한 시민의 정치참여 활성화 역시 기술적 노력만으로는 불충분하며, 다음과 같은 사회제도적 요건이 동시에 구비되어야만 그 목적을 제대로 실현할 수 있다.

첫째, 전자적 여론에 대한 정부와 정치인들의 반응성이 확보되어야 한다. 인터넷이 실질적인 정치참여의 수단으로 활용되지 못하는 데는 정치인과 관료들이 인터넷을 정치참여의 수단으로 인식하지 않는데도 중요한 원인이 있다. 현재 많은 정치관련 사이트들이 자유게시판, 주제토론방, 사이버 포럼 등의 형태로 시민참여의 공간을 제공하고 있으나, 정작 토론을 이끌고 그 결과를 정책에 반영하는 데에는 무관심하다. 즉 대부분의 사이트들이 정책결정과정에서 국민의사의 수렴에 초점을 맞추기 보다는 정부활동과 정책에 대한 홍보의 목적으로 운영되는 측면이 강하다.

둘째, 전자민주주의 구현을 위해서는 시민들의 올바른 참여가 필수적이다. 인터넷을 이용한 정치관련 정보습득 및 정치참여를 위해서는 시민들의 시간과 노력의 투자가 필요하다. 인터넷 정치참여는 일반대중들이

〈표 10-2〉 주요 인터넷 사이트 접속순위

정치관련 기관	정치인	게임	쇼핑
국회(556위)	유시민(3,264위)	한게임(7위)	옥션(6위)
열린우리당(604위)	박근혜(5,170위)	네오위즈(12위)	인터파크(19위)
청와대(635위)	노회찬(9,702위)	넷마블(13위)	G마켓(25위)
민주노동당(656위)	원희룡(10,658위)	넥슨(15위)	디앤샵(32위)
한나라당(1,715위)	김근태(14,400위)	Mgame(37위)	LG홈쇼핑(48위)

출처: http://www.rankey.com에서 재작성 (검색일: 2005년 1월 5일).

기꺼이 감당할 수 있는 수준 이상의 지속적인 정치에 대한 관심과 시간의 투자를 필요로 한다. 라디오나 TV와 달리, 인터넷 민주주의는 유권자들이 지속적으로 정책이슈에 관심을 갖고 토론하며 의사결정에 참여하여야 하는 상당히 높은 수준의 적극적 참여를 필요로 한다. 즉 전자민주주의는 이상적인 시민을 전제로 하고 있다는 것이다. 그러한 이상적 시민은 사실상 찾기 힘든 것이 현실이다. 한국의 인터넷 이용률은 세계적 수준이나, 그 이용행태는 대부분 게임과 오락 등에 치중되어 있으며 정치참여를 위한 인터넷 활용수준은 매우 낮다. 이는 인터넷 사이트 접속 순위에서 여실히 드러난다. 게임, 쇼핑, 취미 등을 위한 사이트의 접속률은 매우 높은 반면, 청와대 등 정부기관 사이트와 정치인 사이트에 대한 접속 빈도는 매우 낮은 것이 현실이다.

인터넷이 정치 무관심층의 참여를 동원하는 역할을 수행하지 못할 때, 인터넷은 이미 정치에 관심이 있는 시민들에게만 혜택을 주게 될 것이다. 인터넷을 통한 정치동원이 필요한 계층은 정치적으로 무관심하고 소극적인 계층들이다. 그럼에도 불구하고, 인터넷의 정치적 활용은 이미 정치적으로 적극적인 중상류 계층의 목소리를 더욱 크게 해주는 결과를 초래할 가능성이 높다. 따라서 정치적 무관심을 최소화하고 시민들의 정치참여를 만들어 내기 위해서는 무엇보다도 현실정치의 발전이 뒷받침되어야 한다. 전자민주주의가 현실정치의 문제를 해결할 수 있는 하나의 방안이라고 주장하면서, 동시에 현실정치의 발전이 있어야 전자민주주의가 구현될 수 있다고 말하는 것은 매우 역설적인 주장이다. 그럼에도 불구하고, 현실정치와 전자민주주의 수준은 서로 맞물려 발전하는 것이 사실이다. 현실공간에서의 정치적 관심과 효능감이 높아질 때 온라인 정치참여가 증가되며, 온라인 정치참여가 활성화될 때 현실공간에서의 정치참여가 질적으로 향상되는 선순환이 가능하기 때문이다.

셋째, 전자민주주의 구현을 위한 사회제도적 요건으로 사이버 공간의 공공영역화를 들 수 있다. 전자민주주의와 관련하여 공공영역의 필요성과 가능성에 대해서는 서로 상반된 견해가 있다. 벡커(Ted Becker)는 시

민들이 정치적 사안에 관해 결정할 수 있는 권리인 투표권이 민주주의의
핵심이며 전자민주주의는 책임성과 투표권을 핵심적 요소로 포함하여야
한다고 주장하였다. 그는 전자포럼이나 전자공청회 같은 정보의 교환보
다도 시민 개개인의 의사표시가 최대한 반영되는 투표행위가 민주주의
구현의 최선의 방안이며, 따라서 대의민주주의를 대체하는 전자국민투
표(electronic plebiscite)를 도입하는 방향으로 정보통신기술을 이용하여
야 한다고 보았다.[10]

그러나 아터튼은 결정의 신속함이 아니라 결정에 있어 많은 숙의를
할 수 있는 토론기회와 정보제공이 전자민주주의의 핵심이며, 컴퓨터매
개커뮤니케이션의 발달이 대의제를 직접민주주의로 대체하지 않더라도
대의의 과정을 활성화하며 이를 통해 숙의민주주의를 실현할 수 있을 것
으로 보았다.[11] 또한 엘시타인(Elshitain)은 진정한 민주주의의 요소로서
숙의의 과정, 다른 시민들과의 집단적 참여, 사회에 대한 도덕적 책임감,
국가를 위한 행동을 통한 개인적 가능성의 실현 등을 들면서, 새로운 정
보통신기술이 이를 위한 공공영역을 제공할 것이라고 보았다.[12]

사이버 공간이 공론의 장이 되기 위해서는 자유로운 의사표현이 보장
되어야 하며 무엇보다도 자신의 의견과 상이한 집단의 의견에 귀를 기울
이고 토론할 수 있는 분위기가 조성되어야 한다. 그러나 현재의 사이버
공간은 익명성의 보호막 아래 자신과 다른 의견에 대해서는 일방적으로
비방하는 네티즌으로 가득하다. 이러한 일탈적 참여는 시민간의 상호불
신과 정치혐오증만 낳을 뿐이다.

서로 비슷한 입장과 생각을 가진 네티즌들이 끼리끼리 모이는 사이버

---

10) Ted Becker, "Teledemocracy-Gathering Momentum in State and Local Govern-
    ment," *Spectrum* (1993 Spring).
11) 크리스토퍼 아터튼, 『텔레데모크라시: 21세기 정보화시대의 정치혁명』(서울: 거
    름, 1994).
12) J. B. Elshitain, "Democracy and the QUBE Tube," *The Nation* (August 1987).

공간 역시 전자민주주의 발전에는 크게 도움이 되지 않는다. 지난 2003
년 대선 기간 중 노무현 후보와 이회창 후보 홈페이지는 많은 지지 네티
즌들을 동원하였다. 그러나 지난 대선기간 동안 각 후보의 게시판은 같
은 생각을 지닌 사람들이 모여 자신들의 주장에 대한 논리적 근거를 강화
하는 장으로만 기능하였다. 즉 자신들과 상이한 의견을 청취하고 토론할
수 있는 공론의 장은 전혀 형성되지 않았다. 이러한 게시판 토론문화가
각 후보자의 선거운동에는 긍정적인 역할을 수행하였을지 모르나, 정치
발전이라는 측면에서는 결코 바람직한 현상으로 해석될 수 없을 것이다.
　비슷한 정치적 입장을 지니고 동일한 후보를 지지하는 네티즌들 사이
에 이루어지는 토론은 사실상 토론이라기보다는 '자기강화'(self rein-
forcement)적 성격이 강하다. 상이한 생각을 가진 사람들이 모여 자신들
의 주장을 펼치는 동시에 타인의 의견을 청취하면서 서로 간에 합의점을
찾아가는 데 토론의 진정한 의미가 있다. 사이버 공간이 '끼리 집단'들
의 자기강화를 위한 수단으로 활용된다면, 이는 사회파편화 현상을 부추
길 뿐이다.[13]
　이처럼 전자민주주의 구현은 기술적 요건만으로는 불충분하며, 시민
들의 실질적 참여를 가능하게 하는 사회제도적 요소가 동시에 구비되어
야 한다. 또한 참여주체인 정치인과 시민들의 자질, 즉 적극적 참여의식
과 의사소통의 합리성 등이 복합적으로 전제된 상황에서 인터넷의 정치
적 활용이 활성화될 때 비로소 전자민주주의는 실현될 수 있다.[14]
　비록 각 국가들이 동일한 정보통신기술을 정치과정에 도입한다 하더
라도 기술이 적용되는 사회의 정치적, 사회경제적, 그리고 문화적 구조에
따라 그 결과는 전혀 다르게 나타날 수 있다. 정보통신기술 자체가 민주
주의를 발전시키거나 위협하지는 않는다. 중요한 것은 기술이 가지고 있

---

13) 윤성이, "16대 대통령선거와 인터넷의 영향력"『한국정치학회보』 37집 3호 (2003
　　가을).
14) 강정인, "정보사회와 원격민주주의,"『계간 사상』통권 26호 (1995 가을), p. 180.

는 참여적 · 민주적 잠재성을 어떻게 극대화시킬 수 있는가에 대한 고민
이다.

  이러한 맥락에서 전자민주주의에 대한 논의는 정보통신기술의 특성과
이것이 민주주의에 미치는 영향보다는, 민주주의를 위해서 정보통신기
술을 어떻게 이용할 것인가에 더 많은 관심을 기울여야 할 것이다. 즉 사
이버 공간상에 민주주의를 위한 '공공건축물' (public architecture)을 어
떻게 만들어갈 것인가에 대한 보다 많은 고민이 필요하다 하겠다.

참고문헌

1. 국내 문헌

강대기. 1999. "정보화와 공동체의 변화: 지역공동체와 가상공동체." 『정보사회의 이해』 (서울: 나남).

강상현. 1999. "전자민주주의와 시민참여: 사이버스페이스의 참여 민주적 공간화를 위하여." 크리스챤아카데미 시민사회 정보포럼(편). 『시민이 열어가는 지식정보사회』 (서울: 대화출판사).

강원택. 2003. 『한국의 선거 정치: 이념, 지역, 세대와 미디어』 (서울: 푸른길).

강정인. 1995. "정보사회와 원격민주주의." 『계간사상』 통권 26호(가을).

고순주 · 강근복. 2001. "정보격차 해소 정책의 대안탐색에 관한 연구: 미국의 정보격차 해소 정책사례를 중심으로." 『정보화정책』 8권 3호.

김광식. 2000. "정치인의 인터넷 마인드." (주)인티즌/한국정당정치연구소 주최 『인터넷과 정치 세미나』 발표논문.

김용철 · 윤성이. 2000. "인터넷의 정치적 활용과 16대 총선." 『한국정치학회보』 34집 3호.

_____. 2001. "인터넷과 선거운동: 16대 총선후보자의 인터넷활용 및 네티즌의 참여실태 분석." 『한국과 국제정치』 제17권 2호(가을 · 겨울).

김용철. 2002. "전자민주주의: 인터넷투표의 활용가능성과 문제점." 『민주주의와 인권』 2권 2호.

_____. 2003. "인터넷 선거운동의 활성화 방안." 『바람직한 국회의원 선거제도와 정당정치』 (2003년 한국정당학회 추계학술대회 논문집)

_____. 2003. "인터넷 투표: 미국의 실험과 한국에서의 전망." 『한국정치학회보』 37집 5호

_____. 2004. "한국과 미국 정당들의 인터넷 선거운동과 경쟁양상." 『한국정당학회보』 3권 1호.

_____. 2004. "제17대 총선과 인터넷 홈페이지를 이용한 선거운동: 선거운동유형과 네티즌참여를 중심으로." 『21세기정치학회보』 14집 2호.

_____. 2004. "인터넷과 의정활동: 이메일활용과 토론방운용을 중심으로." 『국

회도서관보』 41권 6호.

김용호. 2003. "한국 정치집단의 유권자 연계전략: 파벌, 정당, 그리고 노사모." 김성국(외), 『우리에게 연고는 무엇인가』 (서울: 전통과 현대).

김용호·윤성이·박동진·황종성. 2002. 『사이버 정치과정에 대한 신인도 조사』 (서울: 정보통신부).

김주찬. 2002. "수도권과 비수도권의 정치격차 실태연구." 경상대학교 사회과학 연구원(엮음). 『수도권과 비수도권간의 지역격차』 (서울: 한울).

김주찬·민병익. 2003. "수도권과 비수도권의 정보격차 현황과 정책방향 연구." 『지방정부연구』 제7권 제1호.

김형오. 1999. "정보화 사회의 도전과 한국 전자민주의의 가능성에 관한 연구." 경남대 박사학위 논문.

권기현. 2003. 『정보체계론: 정보사회와 국가혁신』 (서울: 나남).

노혜경(외). 2002. 『유쾌한 정치반란, 노사모』 (서울: 개마고원).

다니엘 벨(서규환 역). 1980. 『정보화 사회와 문화의 미래』 (서울: 디자인 하우스).

마크 세스 본체크(원성묵 옮김). 1997. 『브로드캐스트에서 넷캐스트로』 (서울: 커뮤니케이션북스).

명승환. 2001. "미래 전자정부의 방향에 관한 연구: 이론적 배경과 사이버 거버넌스와의 관계를 중심으로."『지방정부연구』 5:2 (여름).

박동진. 2003. "전자국회의 현실과 이상."『국회도서관보』 40권 8호.

박재창(편저). 1993. 『정보사회와 정치과정』 (서울: 비봉출판사).

박형준. 1996. 『정보화의 문명사적 의미와 국가전략의 방향』 (서울: 박영률출판사).

소영진. 1998. "정보사회의 개념정립을 위한 시론." 최성모(편). 『정보사회와 정보화정책』 (서울: 나남).

이유진. 1997. "PC통신, 인터넷와 한국의 전자민주주의 가능성에 대한 고찰." 『한국정치학회보』 31:1 (봄).

이원태. 2002. "사이버공동체와 한국사회."『계간사상』 (여름).

이현우. 2001. "인터넷투표와 대표성의 문제: 2000년 미국 애리조나 민주당 예비선거."『한국정치학회보』 35집 3호.

앨빈 토플러. 1989. 『제3의 물결』 (서울: 한국경제신문사).

_____. 1990. 『권력이동』 (서울: 한국경제신문사).

유지열(외). 2000. 『정보생활실태 및 정보화인식 조사』 (서울: 한국정보문화센터).

윤성이. 1999. "정보기술의 발달이 정부 정책결정과 민주주의 발달에 미치는 영향." 『정보화동향분석』 통권 131호.

_____. 2000. "전자민주주의의 가능성과 한계." 경상대학교 사회과학연구소(엮음). 『디지털혁명과 자본주의의 전망』 (서울: 한울).

_____. 2001. "인터넷 혁명과 시민운동의 새로운 전개." 한국정치학회(편). 『정보사회와 정치』 (서울: 오름).

_____. 2003. "16대 대통령선거와 인터넷의 영향력." 『한국정치학회보』 37집 3호.

_____. 2004. "스코틀랜드 의회 홈페이지 둘러보기." 『국회도서관보』 41호 3권.

윤영민. 1999. "정보공간의 정치: 시민 권력의 가능성과 한계." 정보사회학회 창립기념 학술심포지엄.

_____. 2000. 『사이버 공간의 정치』 (서울: 한양대학교 출판부).

월간중앙 정치개혁포럼 · 사이버문화연구소. 2003과 2004. 『국회의원 홈페이지 평가보고서』.

새천년민주당. 2003. 『16대 대통령선거 백서』.

손연기 · 한세역. 1997. "지역공동체의 변화 전망." 『정보화정책』 제4권 2호.

송경재. 2004. "한국의 사이버 공동체와 정치참여에 관한 연구." (경희대학교 정치외교학과 박사학위논문).

정연정. 2000. "미국 시민이익집단 활동과 인터넷 이용." 『한국정치학회보』 34:4.

_____. 2001. "인터넷과 시민운동." 미출판논문.

조대엽. 2003. 고려대 웹진 시사포커스 기고문. http://www.korea.ac.kr (검색일: 03/12/11).

조정문. 2001. "한국 정보격차의 특징과 함의." 『정보화정책』 제8권 제2호.

중앙선거관리위원회. 2000. 『제16대 국회의원선거 투표율분석』.

_____. 2002. 『제3회 전국동시지방선거에 관한 유권자 의식조사』.

_____. 2004. 『제17대 국회의원선거 투표율분석』.

최남희. 2003. "유비쿼터스 컴퓨팅을 활용한 u-Government의 기본 구도와 추진과제." 『사이버 사회, 무엇이 문제인가?』 (2003년 사이버커뮤니케이션학회 춘계학술대회 논문집).

최문휴. 2002. 『인터넷과 TV 시대의 선거전략』 (서울: 예응).

최한수. 1996. 『한국선거정치론』 (서울: 문왕사).

한국전산원. 1996. 『정보사회의 개념정립 및 정보화 추진방안에 관한 연구』 (서

울: 한국전산원).

_____. 2000. 『한국인터넷백서』 (서울: 한국전산원).

_____. 2003. 『한국인터넷백서』 (서울: 한국전산원).

_____. 1999. 『국가정보화백서』 (서울: 한국전산원).

_____. 2004. 『국가정보화백서』 (서울: 한국전산원).

한백연구재단(편역). 1994. 『텔레데모크라시: 21세기 정보화시대의 정치혁명』 (서울: 거름).

황성돈 · 정충식. 2002. 『전자정부의 이해』 (서울: 다산출판사).

황주성(외). 2002. 『사이버문화 및 사이버공동체 활성화 정책방안 연구』 (서울: 정보통신정책연구원).

황종성. 2003. "전자정부의 쟁점과 연구동향." 『정보화정책』 10권 3호(가을).

황종성 · 류석상 · 박양열. 2003. "미래 전자정부 청사진." 『정보화정책』 10권 2호(여름).

홍성걸. 2003. "모바일 정부(m-Government)의 산업적 측면: 정보화정책에 대한 정치경제학적 접근." 『사이버 사회, 무엇이 문제인가?』 (2003년 사이버 커뮤니케이션학회 춘계학술대회 논문집).

2. 해외 문헌

Alstyne, Maeshall Van & Erik Brynjolfsson. 1997. "Electronic Communities: Global Village or Cyberbalkans?" http://web.mit.edu/marshall/www/papers/CyberBalkans.pdf (검색일: 01/03/16).

_____. 1997. "Widening Access and Narrowing Focus: Could Internet Balkanize Science?" *Science*, 274:29 (November).

Arizona Secretary of State. 2000. *Election Day 2000 Online Voting Demonstration Project*. http://www.sosaz.com/election/onlinevoting.htm (검색일: 00/07/10).

Arterton, Christopher. 1987. *Teledemocracy: Can Technology Protect Democracy?* (Newbury Park, CA: SAGE Publications).

Astrom, Joachim. 2001. "Should Democracy Online be Quick, Strong, or Thin?" *Communication of the ACM* (January).

Bacard, Andre. 1993. "Electronic Democracy: Can we retake our government?" *Humanist*, Vol. 53, Issue 4.

Barber, Benjamin. 1999. "Three Scenarios for the Future of Technology and

Strong Democracy." *Political Science Quarterly*, 113.

_____. 2000/2001. "Which Technology for Which Democracy? Which Democracy for Which Technology?" *International Journal of Communications Law and Policy*, vol. 6.

_____. 1984. *Strong Democracy: Participatory Politics for a New Age* (Berkeley, California: University of California Press).

Barber, Benjamin, Kevin Mattson and John Peterson. 1997. "The State of Electronically Enhanced Democracy: A Report of the Walt Whitman Center." http://wwc.rutgers.edu/markleproj.htm (검색일: 02/02/11).

Barme, Geremie R & Sang Ye. "The Great Firewall of China." *Wired Magazine*, 5:6.

Baym, N. K. 1997. "Interpreting Soap Operas and Creating Community: Inside and Electronic Fan Culture." In S. Kiesler, ed. *Culture of the Internet* (Mahweh, NJ: Lawrence Erlbaum).

Becker, Ted. 1993. "Teledemocracy - Gathering Momentum in State and Local Government." *Spectrum* (Spring).

Beierle, Thomas C. 2004. "Digital Deliberation: Engaging the Public Through Online Policy Dialogues." In Peter M. Shane, ed. *Democracy Online: The Prospects for Political Renewal Through Internet* (New York, NY: Routledge).

Beirne, Martin & Harvie Ramsay. eds. 1992. *Information Technology and Workplace Democracy* (London: Routledge).

Bellamy, Christine and Charles D. Raab. 1999. "Wiring-up the Deck-Chairs?" *Parliamentary Affairs*, 52:3 (July).

Bike, William S. 1998. *Winning Political Campaign: A Comprehensive Guide to Electoral Success* (Juneau, Alaska: The Denali Press).

Bonham, G. Matthew, Jeffrey W. Seifert, and Stuart J. Thorson. "The Transformational Potential of e-Government: The Role of Political Leadership." http://www.maxwell.syr.edu/maxpages/faculty/gmbonham/ecpr.htm (검색일: 02/01/17).

Boroevich, Eddi. 1995. "Read my HTML—Campaigning on the Net." *Critical Mass*, 2:2, http://hoshi.cic.sfu.ca/~cm/issue5/campaign.html (검색일: 98/10/23).

Budge, Ian. 1996. *The New Challenge of Direct Democracy* (Cambridge, MA: Policy Press).

Caltech/MIT. 2001. *Voting: What Is What Could Be*, http://www.vote.caltech.edu/Reports/july01/July01_VTP_%20Voting_Report_Entire.pdf (검색일: 01/12/14).

Castells, Manuel. 2001. *The Internet Galaxy: Reflections on the Internet, Business and Society* (Oxford: Oxford University Press).

Center for Democracy & Technology. 2002. *The E-government Handbook for Developing Countries* (November 2002). http://worldbank.org/publicsector/egov/E-gov%20Handbook.pdf (검색일: 03/07/11).

Cleveland, Harlan. 1986. "Government is Information (But Not Vice Versa)." *Public Administration Review*, 46:6.

Coleman, S. J.A. Taylor and van de Donk. 1999. "Parliament in the Age of the Internet." *Parliamentary Affairs*, 52:3 (July).

Confield, Michael. 2000. *Online Campaigning: A Primer* (The George Washington University).

Congress Online Project. 2001. *E-Mail Overload in Congress: Managing a Communications Crisis* (George Washington University and the Congressional Management Foundation). http://www.congressonlineproject/emailoverload.pdf (검색일: 02/07/13).

Corrado, Anthony & Charles Firestone, eds. 1996. *Elections in Cyberspace: Towards a New Era in American Politics* (Washington, D.C.: Aspen Institute).

Cranor, Lorrie Faith. 2000. "Voting After Florida: No Easy Answer." http://www.research.att.com/~lorrie/voting/essay.html (검색일: 01/06/05).

Crewe, Ivor, et al. 1996. *Citizen and Education* (London: Citizenship Foundation).

Dahl, Robert A. 1998. *On Democracy* (Yale University Press).

Davis, Richard. 1999. *The Web of Politics: The Internet's Impact on the American Political System* (New York: Oxford University Press).

Deibert, Ronald J. 1998. "Altered Worlds: Social Forces and in the Hypermedia Environment." In Cynthia J. Alexander, and Leslie A. Pal, eds. *Digital*

Democracy: Policy and Politics in the Wired World (Toronto, Oxford, New York: Oxford University Press).

Department of Defense. 2001. *Voting Over the Internet Pilot Project Assessment Report* (Washington, D.C.: Federal Voting Assistance Program).

Depla, Paul F. G. and Pieter W. Tops. 1995. "Political Parties in the Digital Era: The Technological Challenge?" In W. B. H. J. van de Donk, I. Th. M. Snellen, and P. W. Tops, eds. *Orwell in Athens: A Perspective on Information and Democracy* (Amsterdam: IOS Press).

Dennett, D. 1986. "Information, Technology, and the Virtues of Ignorance." *Daedlus*, no. 3.

Dudley, Robert L. and Alan R. Gitelson. 2002. *American Election 2002: The Rules Matters* (New York: Longman).

Edgerton, Russ. 1995. "Bowling Alone: An Interview with Robert Putnam About America's Collapsing Civic Life." *AAHE Bulletin* (September).

Elshitain, J. B. 1987. "Democracy and the QUBE Tube." *The Nation* (August).

Engardio, Pete, Richard S. Dunham, Heidi Dawlwy, Irene Kunii, and Elisabeth Malkin. 1999. "Activists Without Borders." *Business Week* (October 4).

Federal Election Commission. 2002. *National Voter Turnout in Federal Elections: 1960-1996.*

Franda, Marcus. 2002. *Launching into Cyberspace* (Boulder, Colorado: Lynne Rienner Publishers, Inc.).

Frisson, Paul. 1997. "The Virtual State: Postmodernization, Infomatisation and Public Administration." In Brian D. Loader, ed. *The Governance of Cyberspace* (New York: Routledge).

Froomkin, A. Michael. 2004. "Technologies for Democracy." In Peter M. Shane, ed. *Democracy Online: The Prospects for Political Renewal Through Internet* (New York, NY: Routledge).

Fukuyama, Francis. 1995. "Now Listen, Net Freaks, It's not Who You Know, But Who You Trust." *Forbs*, 156:3 (December).

Gartner Group. 2000. "Gartner's Four Phases of E-Government Model." *Research Note.*

George Washington University and Congressional Management Foundation. 2002. *Congress Online: Assessing and Improving Capital Hill Web Sites*

(Washington, D.C.: Congress Online Project).

Goldhaber, Gerald M., Dennis III, S Harris, Gary Richetto M. and Osmo A. Wiio. 1979. *Information Strategies: New Pathways to Corporate Power* (Englewood Cliffs: Prentice Hall).

Golding, Peter. 2000. "Information and Communication Technologies and the Sociology of the Future." *Sociology*, 34:1.

Goldschmidt, Kathy, Nicole Folk, Mike Callahan, Richard Shapiro, and Brad Fitch. 2000. *Congress Online: Assessing and Improving Capitol Hill Web Sites* (Washington, D.C.: Congress Online Project).

Granese, Steven. "The Challenge of Using Remote Internet Voting in High-Profile public Elections." http :// sgranese.com/ files/votingsecurity.pdf (검색일:02/05/10).

Grossman, Lawrence K. 1995. *The Electronic Republic: Reshaping Democracy in America* (New York: Viking).

Gualtier, Robert. 1998. *Impact of the Emerging Information Society on the Policy Development Process and Democratic Quality* (OECD Publication Services).

Gutstein, Donald. 1999. *E.com: How the Internet Undermines Democracy* (Toronto: Stoddart).

Hagua, Barry N. and Brian D. Loader. 1999. *Digital Democracy: Discourse and Decision-making in the Information Age* (London: Routledge).

Held, David. 1987. *Models of Democracy* (California: Stanford University Press).

Hill, K. and J. E. Hughes. 1998. *Cyberpolitics: Citizen Activism in the Age of the Internet* (Lanham, Maryland: Rowman & Littlefield Publishers, INC).

Hillery, G. 1955. "Definition of Community: Areas of Agreement." *Rural Sociology*, 20.

Hirschman, Albert O. 1970. *Exit, Voice, and Loyalty: Responses to Decline in Firms, Organizations, and States* (Cambridge, MA: Harvard University Press).

Holmes, Douglas. 2002. *eGov: eBusiness Strategies for Government* (London: Nicholas Brealey Publishing).

Holt, M. E., F. Rees, J. D. Swenson, and P. B. Kleiber. 1997. "Evolution of Evaluation for Critical, Reflective, and Deliberative Discourse: National Issues Forums Online." Paper presented at the Special Interest Group on Assessment and Evaluation of the European Association for Research on Learning and Instruction, August 26-30, Athens, Greece.

Hughes, Paul. 1996. "Electronic Democracy—An Opportunity for the Community to Improve its Power of Governance." http://www.naturespace. co.nz/ed/edov.htm (검색일: 01/12/15).

Institute for Politics, Democracy & the Internet. 2002. *Online Campaign 2002: A Primer* (Washington, D.C.: The George Washington University).

Internet Policy Institute. 2001. *Report of the National Workshop on Internet Voting: Issues and Research Agenda.* http://www.internetpolicy. org/research/results.html (검색일: 01/12/10).

Ireland, Emilienne and Phil Tajitsu Nash. 2001. *Winning Campaigns Online: Strategies for Candidates and Causes* (Bethesda, Maryland: Science Writers Press).

Johnson, Dennis W., et al. 2001. *Constitutes and Your Web Sites: What Citizens Want to See On Congressional Web Sites* (Washington, D.C.: Congress Online Project).

Jordan, Tim. 1999. *Cyberpower: The Culture and Politics of Cyberspace and the Internet* (New York: Routledge).

Kalathil, Shanthi. 2000/2001. "The Internet and Asia: Broadband or Broad Bans?" *Foreign Service Journal*, 78:2 (Feb).

Kapor, M. 1993. "Where is the digital highway really heading?" *Wired*, (July/August).

Katz, Richard S. and Peter Mair. 1995. "Changing Models of Party Organization and Party Democracy: The Emergence of the Cartel Party." *Party Politics*, 1:1 (January).

_____, eds. 1994. *How Parties Organize: Change and Adaptation in Party Organizations in Western Democracies* (London: Sage).

Kirchheimer, Otto. 1996. "The Transformation of the Western European Party Systems." In Joseph LaPalombara and Myron Weiner, eds. *Political Parties and Political Development* (Princeton, New Jersey: Princeton University Press).

Koole, Ruud. 1994. "The Vulnerability of the Modern Cadre Party in the Netherlands." In Richard S. Katz and Peter Mair, eds. *How Parties Organize: Change and Adaptation in Party Organizations in Western Democracies* (London: Sage).

Koku, E. Nazer N. & Wellman B. 2001. "Netting scholars: Online and Office." *American Behavioral Scientist*, 44:10.

Karen, Layne and Jungwoo Lee. 2001. "Developing Functional E-government: A Four Stage Model." *Government Information Quarterly*, 18 (Summer).

Lallana, Emmanuel C. "eGovernment for Development: mGovernment Definitions and Models." http://www.egov4dev.org/mgovdefn.htm (검색일: 04/08/10).

Lessig, Lawrence. 1999. *Code and Other Laws of Cyberspace* (New york: Basic).

Levine, Peter. 2000. "The Internet and Civil Society." *Philosophy & Public Policy*, 20:4.

Lips, Miriam. 1998. "Reorganizing Public Service Delivery in an Information Age." In I. Th. M. Snellen and Wim B. H. J. van de Donk, eds. *Public Administration in an Information Age* (Amsterdam: IOS Press).

Lipschutz, Ronnie. 1992. "Restructuring World Politics: The Emergence of Global Civil Society." *Millennium: Journal of International Studies*, vol. 21.

Loader, B. D. 1998. *Cyberspace Divide: Equality, Agency and Policy in the Information Society* (London & New York: Routledge).

Lofgren, Karl and Colin Smith. 2003. "Political Parties and Democracy in the Information Age." In Rachel Gibson, Paul Nixon and Stephen Ward, eds. *Political Parties and the Internet: Net Gain?* (London and New York: Routledge).

London, Scott. 1997. "Civic Networks: Building Community on the Net." Paper prepared for the Kettering Foundation. http://www.scottlondon.com/reports/networks.html (검색일: 02/04/11).

Lovelock, Peter. 1999. *E-China: Putting Business on the Internet* (New York:

Maverick Research and Virtual China).

Ludlow, Peter, ed. 2001. *Crypto Anarchy, Cyberstates, and Pirate Utopias* (Boston: MIT Press).

Luke, Timothy W. 1998. "The Politics of Digital Inequality: Access, Capability and Distribution in Cyberspace." In Chris Toulouse and Timothy W. Luke, eds. *The Politics of Cyberspace* (New York and London: Routledge).

MacKuen, Michael. 1990. "Speaking of Politic: Individual Conversation Choice, Public Opinion, and the Prospects for Deliberative Democracy." In John A. Ferejohn and James H. Kuklinski, eds. *Information and Democratic Processes* (Urbana: University of Illinois Press).

Margolis, Michael and David Resnick. 2000. *Political As Usual: The Cyberspace Revolution* (London: Sage).

Margolis, Michael, David Resnick, and Joel D. Wolfe. 1999. "Party Competition on the Internet in the United States and Britain." *The Harvard International Journal of Press/Politics*, 4:4.

McCaughey, Martha, Michael D. Ayers. 2003. *Cyberactivsm: Online Activism in Theory and Practice* (New York, NY: Routledge).

McLaughlin, Margaret, Kerry Osbrne and Christin Smith. 1995. "Standards of Conduct on Usenet." Steven Jones, ed. *Cybersociety* (Thousand Oaks: Sage).

Morris, Dick. 2001. *vote.com* (Los Angeles: Renaissance Books).

Mueller, Milton and Zixiang Tan. 1996. *China in the Information Age* (Washington, D.C.: Center for International and Strategic Studies).

Mulder, Bert. 1999. "Parliamentary Futures: Re-Presenting the Issue Information, Technology and the Dynamics of Democracy." *Parliamentary Affairs*, 52:3 (July).

Murdock, G. 2002. "Tackling the Digital Divide: Evidence and Intervention." *The Digital Divide Day Seminar* 발표논문(2월 19일).

Myers, Daniel J. 1998. "Social Activism Through Computer Networks." Collective Behavior and Social Movement Working Paper Series. http://www.nd.edu~dmyers/cbsm/vol1/myers2.html (검색일: 01/08/23).

Naisbitt, John. 1986. *Megatrends: Ten New Directions Transforming Our Lives*

(Warner Books).

Newman, Bruce I. 1999. *The Mass Marketing of Politics: Democracy in an Age of Manufactured Images* (Thousand Oaks, CA: Sage).

Nixon, Paul and Hans Johansson. 1999. "Transparency through Technology: The Internet and Political Parties." In Barry N. Hans and Brian D. Loader, eds. *Digital Democracy: Discourse and Decision Making in the Information Age* (London: Routledge).

Norris, Pippa. 2000. "Democratic Divide?" (A paper presented in APSA annual meeting. Washington, D.C. Aug. 31~Sept. 2, 2000).

_____. 2000. *A Virtuous Circle: Political Communication in Postindustrial Societies* (Cambridge, UK: Cambridge University Press).

_____. 2001. *Digital Divide: Civic Engagement, Information Poverty, and the Internet Worldwide* (UK: Cambridge University Press).

_____. 2001. "US Campaign 2000: Of Pregnant Chads, Ballots and Partisan Vitriol." *Government and Opposition*, 36:1 (Winter).

_____. 2003. "Preaching to the Converted Pluralism, Participation and Party Website." *Party Politics*, 9:1.

Noveck, Beth Simone. 2000. "Paradoxical Partners: Electronic Communication and Electronic Democracy." In Peter Ferdinand, ed. *The Internet, Democracy and Democratization* (London · Portland, OR: Frank Cass).

_____. 2004. "Unchat: Democratic Solution for a Wired world." In Peter M. Shane, ed. *Democracy Online: The Prospects for Political Renewal Through Internet* (New York, NY: Routledge).

Nye, Joseph. 1997. "Introduction: The Decline of Confidence in Government." In Joseph S Nye, Jr, Philip D Zeilkov, and David C. King, eds. *Why People Don't Trust Government* (Cambridge, Masschusetts: Harvard University Press).

_____. 1999. "technology.gov: Information Technology and Democratic Governance." In Elaine Ciylla Kamarck and Joseph S. Nye, Jr. *democracy.com? Governance in a Networked World* (Hollis NH: Hollis Publishing Company).

Office of the Vice President. 1993. *Reengineering Government Trough IT* (Government Printing Office, Washington, D.C.).

Oldenberg, Ray. 1989. *The Great Good Place: Cafes, Coffee Shops, Community Centers, Beauty Parlors, General Stores, Bars, Hangouts, and How They Get You Through the Day* (New York: Paragon House).

Owen, Diana, Davis Richard, and Vincent James Strikler. 1999. "Congress and the Internet." *Harvard International Journal of Press/Politics*, 4:2 (Spring).

Panebianco, Angelo. 1988. *Political Parties: Organization and Power* (Cambridge: Cambridge University Press).

Phillips, Debora M. and Jefferson David. 2000. "Is Internet Voting Safe?" http://www.voting- intergrity.org/text/2000/internetsafe.shtml (검색일: 00/10/08).

Phillips, Deborah M and Spakovsky Han A Von. 2001. "Gauging the Risks of Internet Election." *Communications of the ACM*, 44:1 (January).

Poster, Mark. 1995. "Cyberdemocracy: Internet and the Public Sphere." http://www.hnet.uci.edu/mposter/writings/democ.html (검색일: 02/04/29).

Putnam, Robert. 1996. "The Strange Disappearance of Civic America." *The America Prospect*, 24 (Winter).

_____. 2000. *Bowling Along: The Collapse and Revival of American Community* (New York: Simon & Schuster).

Rash, Wayne, Jr. 1997. *Politics on the Nets: Wiring the Political Process* (New York, New York: Freeman).

Reeve, Andrew and Alan Ware. 1992. *Electoral Systems: A Comparative and Theoretical Introduction* (London: Routledge).

Resnick, David. 1998. "Politics on the Internet: The Normalization of Cyberspace." In Chris Toulouse and Timothy W. Luke, eds. *The Politics of Cyberspace* (New York and London: Routledge).

Rheingold, Howard. 1993. *The Virtual Community: Homesteading on the Electronic Frontier* (Reading, MA: Addison-Wesley).

Rogers, Everett M. 1986. *Communication Technology: The New Media In Society* (New York: The Free Press).

Roy, Jeffrey. 2001. "E-Government: Enabling & Empowering Tomorrow's Public Service." (A paper submitted to Privy Council Office, Government of Canada on January 31).

Samoriski, Jan. 2002. *Issue in Cyberspace: Communication, Technology, Law, and Society on the Internet Frontier* (Boston, MA: Allyn & Bacon).

Safevote. 2000. "Internet Voting: U.S. Market Intelligence Study, Part 1." *The Bell*, 1:1 (May).

Schafer, Alliaon. 2000. "Fizzled as The Internet Election." *OJR: Online Journalism Review*. http://ojr.usc.edu./content/story.cfm? request=525 (검색일: 01/01/11).

Schmidtke, Oliver. 1998. "Berlin in the Net: Prospects for Cyberdemocracy from above and from below." In Roza Tsagarousianou, D. Tambini, and C. Bryan, eds. *Cyberdemocracy: Technology, Cities and Civic Networks* (London and New York: Routledge).

Schwartz, E. 1996. *Netactivism: How Citizens Use the Internet* (Sebastopol, CA: Songline Studies).

Seifert, Jeffrey W. 2004. "The Transformative Potential of E-Government in Transitional Democracies." http://www1.worldbank.org/publicsector/egov (검색일: 04/09/18).

Selnow, Gary W. 1998. *Electronic Whistle-Stops: The Impact of the Internet on American Politics* (Westport, CT: Praeger).

Selwyn, Neil. 2003. "Defining the Digital Divide: Developing a Theoretical Understanding of Inequalities in the Information Age." http://www.cardiff.ac.uk/socsi/selwyn (검색일: 04/06/27).

Shills, E. 1997. *The Virtue of Civility: Selected Essays on Liberalism* (Indianapolis, IN: Liberty Fund).

Silcock, Rachel. 2001. "What is e-government?" *Parliamentary Affairs*, 54:1 (January).

Smith, Colin. 1988. "Political Parties in the Information Age: From Mass Party to Leadership Organization?" In I. Th. M. Snellen and W. B. H. J. van de Donk, eds. *Public Administration in an Information Age* (Amsterdam: IOS Press).

Smolka, Richard G. 2001. "Recommendation for Reform." *Journal of Democracy*, 12:2 (April).

Soudriette, Richard. 2001. "Promoting Democracy at home." *Journal of Democracy*, 12:2 (April).

Spiro, Peter J. 1994. "New Global Communities: Nongovernmental Organizations in International Decision-Making Institutions." *The Washington Quarterly* vol. 18.

Sproull, L. S. & S. B. Kiesler. 1991. *Connections: New Ways of Working in the Networked Organization* (Cambridge, MA: MIT Press).

Staton, C. D. 1994. "Democracy's Quantum Leap." *Demos Quarterly*, No. 3.

Steinberg, Tom. 2001. *A Strategic Guide for Online MPs* (London: Hansard Society).

Sunstein, Cass. 2001. *Republic.com* (Princeton: Princeton University Press).

Swett, Charles. 1995. *Strategic Assesment: The Internet* (Washington, D.C. Office of the Assistant Secretary of Defense for Special Operation and Low-Intensity Conflict, the Pentagon).

Tarrow, S. 1999. "Fishnets, Internets and Catnet: Globalization and Transnational Collective Action." In M. Hanagan, L. Moch, and W. TeBrake, eds. *The Past and Future of Collective Action* (Minneapolis: University of Minnesota Press).

The Economist Intelligence Unit. 2003. *The 2003 E-readiness Rankings* (London, UK: The Economist Intelligence Unit).

Thierer, Adam D. 2000. "How Free Computers Are Filling the Digital Divide." (April 20). http://www.heritage.org/Research/InternetandTechnology/BG1361.cfm(검색일: 02/02/24).

Toffler, Alvin and Heidi Toffler. 1995. *Creating a New Civilization: The Politics of the Third Wave* (Atlanta: Turner Publishing, Inc.).

Toregas, Costis. 2001. "The Politics of E-Gov: The Upcoming Struggle for Redefining Civic Engagement." *National Civic Review*, 90:3 (Fall).

Tsagarousianou, Roza, ed. 1998. *Cyberdemocracy: Technology, Cities and Civic Networks* (London and New York: Routledge).

UNDPEPA and APSA. 2002. "Benchmarking E-government: A Global Perspective." http://www.unpan.org/e-government/Benchmarking%20E-gov%202001.pdf (검색일: 02/04/20).

U. S. Commission on Civil Right. 2002. "Voting Irregularities in Florida During the 2000 Presidential Election." http ://www. usccr..gov/pubs/vote2000/report/ main.htm (검색일: 02/11/20).

U. S. Census Bureau. 2002. *Voting and Registration in the Election of November 2002.*

Vegh, Sandor. 2003. "Classifying Forms of Online Activism: The Case of Cyberprotests against the World Bank." In Martha McCaughey and Michael D. Ayers, eds. *CYBERACTIVISM: Online Activism in Theory and Practice* (NY: Routledge).

Waldman, Tom. 2000. *The Best Guide To American Politics* (Los Angels, CA: Renaissance Books).

Wallace, Patricia. 1999. *The Psychology of the Internet* (Cambridge: Cambridge University Press).

Ward, Stephen and Rachel Gibson. 2001. "The Politics of the Future? UK Parties and the Internet." In Stephen Coleman, ed. *Election in Age of the Internet: Lesson from the United States* (UK: Hansard Society).

Wellman, B. 2001. "Physical Place and Cyber Place: The Rise of Personalized Networking." *International Journal of Urban and Regional Research,* vol. 25.

Westen, Tracy. 1998. "Can Technology Save Democracy?" *National Civic Review* (March).

Wihelm, Anthony G. 1999. "Virtual Sounding Boards: How Deliberative Is Online Political Discussion?" In Barry N. Hugue and Brian D. Loader, eds. *Digital Democracy* (London: Routledge).

_____. 2000. *Democracy in the Digital Age: Challenges to Political Life in Cyberspace* (New York: Routledge).

Wolfensberger, Donald R. 2003. "Can Congress Cope with It? Deliberation and the Internet." In James A. Thurber Colton C. Cambell, eds. *Congress and The Internet* (Upper Saddle River, New Jersey: Prentice Hall).

Young, Irid Marion. 1996. "Communication and the Other: Beyond Deliberative Democracy." In Seyla Benhabib, ed. *Democracy and Difference* (Princeton, NJ: Princeton University Press).

색 인

지은이 소개

김용철

현재 전남대학교 정치외교학과 교수.

최근 저서로 *Korea's Globalization*(Cambridge University Press, 2000; 공저)과 『현대 한국정치의 새로운 인식』(박영사, 2001; 공저) 등이 있다. 최근 주요 논문으로는 "The Shadow of the Gwangju Uprising in the Democratization of Korean Politics," *New Political Science* (June 2003); "인터넷투표: 미국의 실험과 한국에서의 전망," 『한국정치학회보』(2003년 겨울); "한국과 미국 정당들의 인터넷 선거운동과 경쟁양상," 『한국정당학회보』(2004년 봄); "제17대 총선과 인터넷 홈페이지를 이용한 선거운동," 『21세기정치학회보』(2004년 여름) 등이 있다.

윤성이

현재 경상대학교 정치행정학부 교수.

최근 저서로 『디지털혁명과 자본주의의 전망』(한울, 2000; 공저)과 『정보사회와 국제평화』(오름, 2002; 공저) 등이 있다. 최근 주요 논문으로는 "전자민주주의 연구 동향과 과제," 『정보화정책』(2002년 겨울); "한국의 사이버민주주의," 『계간사상』(2003년 여름); "The Internet and the 2002 Presidential Election in South Korea," *Korea Journal* (Summer 2003); "16대 대통령선거와 인터넷의 영향력," 『한국정치학회보』(2003년 가을) 등이 있다.

김용철 · 윤성이의 공동논문으로 "인터넷의 정치적 활용과 16대 총선," 『한국정치학회보』(2000년 가을); "인터넷과 선거운동: 16대 총선후보자의 인터넷활용 및 네티즌의 참여실태 분석," 『한국과 국제정치』(2001년 가을/겨울); "제17대 총선에서 인터넷의 영향력 분석," 『한국정치학회보』(2004년 겨울) 등이 있다.

전자민주주의: 새로운 정치패러다임의 모색

초판 1쇄 발행 2005년 2월 28일
초판 2쇄 발행 2006년 10월 27일

지은이 김용철 · 윤성이
발행인 부성옥
발행처 도서출판 오름
등록번호 제2-1548호 (1993. 5. 11)

· 서울특별시 서초구 서초동 1420-6 통일시대연구소빌딩 301호
전화 (02)585-9122, 9123   팩스 (02)584-7952
E-mail oruem@oruem.co.kr
URL http://www.oruem.co.kr

ISBN 89-7778-230-9   93340   값14,000원

* 잘못된 책은 교환해 드립니다.